学霸速读记忆法

郭亮 · 著

贵州出版集团
贵州人民出版社

图书在版编目（CIP）数据

学霸速读记忆法 / 郭亮著．— 贵阳：贵州人民出
版社，2023.10
　　ISBN 978-7-221-17789-6

　　Ⅰ．①学… Ⅱ．①郭… Ⅲ．①读书方法 Ⅳ．
① G792

中国国家版本馆 CIP 数据核字（2023）第 155072 号

学霸速读记忆法
XUEBA SUDU JIYIFA

郭　亮 / 著

出 版 人	朱文迅	
策划编辑	郭予恒	
责任编辑	任蕴文	
责任印制	李　静	
出版发行	贵州出版集团　贵州人民出版社	
地　　址	贵阳市观山湖区会展东路 SOHO 办公区 A 座	
邮　　编	550081	
印　　刷	大厂回族自治县德诚印务有限公司	
开　　本	787mm×1092mm　1/16	
印　　张	21	
字　　数	274 千字	
版次印次	2023 年 10 月第 1 版　2023 年 10 月第 1 次印刷	
书　　号	ISBN 978-7-221-17789-6	
定　　价	69.00 元	

写在正文前的话

各位大朋友、小朋友：

你们好！

首先，非常感谢大家选择这本关于快速阅读和记忆方法的书，你们的选择让我非常开心；其次，我想大家选择这本书的原因应该大同小异，都是希望能够提高阅读能力和记忆效率，那我恭喜各位，你们的选择是正确的；最后，我想提前告诉大家的是，这本书将会讲到11位小朋友在阅读记忆中遇到的困难与挑战，我想你们也会找到自己的影子。

那么，就让我们正式开始吧！

目 录

第四章

第五章

第六章

阅读前的准备——精神力

在一次阅读课上，一位果果同学跟我说："老师，读书有什么难的？翻开书直接读就行了呀。"我猜，很多朋友都是这样认为的。我问果果："我想你每一次拿起新书的时候，应该是非常激动的，迫不及待地想要去读。但老师想问问你，你是不是经常会读不完一本书？"

果果低头回想了一阵儿，然后笑着点点头："我经常读完一章或者几十页，就把书放下做别的事情了。"

我想，很多朋友都会出现像果果一样的情况吧？其实，快速读完一本书，就像打一场胜仗，要在"战斗"之前做好"战前准备"。只有在正式读书前做好准备，才会更加高效地把一本书读完哦！

那么，接下来看看如何做好阅读前的"战前准备"吧！

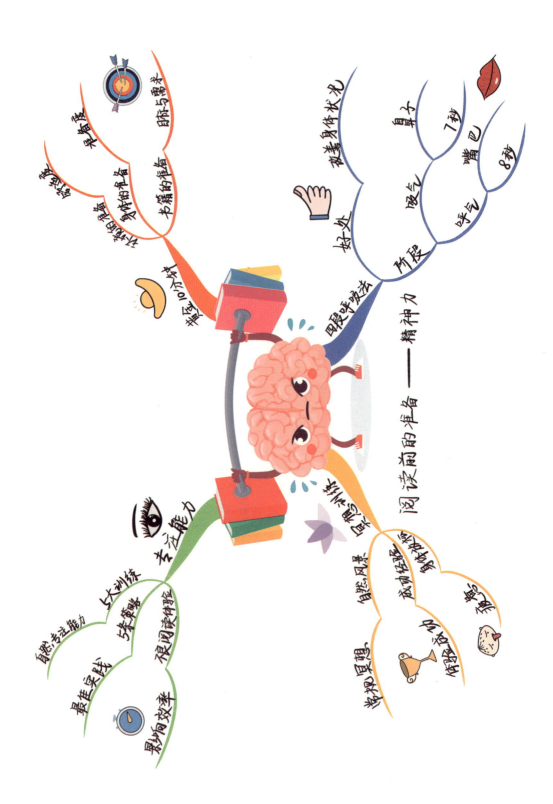

阅读前的准备 —— 精神力

观察身体状况
鼻子
吸气
呼气
嘴巴
1秒
8秒
好处
阶段

四段呼吸法

书籍的准备
身体的准备
地点的准备
准备度
脐所与需求
限定10分钟

专注能力
五大训练
快乐源
深阅读体验
自然法注意力
最佳实践
最佳影响效率

图像冥想
自然风景
感动经历
期待神游
幸福瞬间
体验改变
愉悦

第 1 节　阅读前的黄金 10 分钟

大家都知道，做好充分的准备，才会让我们想做的事情获得良好的结果。比如，在跑步之前，我们会提前热身；在旅游之前，我们会提前做旅游的计划和物品的准备。这就像常识一样，但是很多人在读书的时候，好像忘记了这个常识，总是拿起书不做任何准备，就开始阅读。

阅读前的 10 分钟，我称为"黄金 10 分钟"，顾名思义，就是在每一次读书前都要利用好这 10 分钟的时间，去做好各方面的准备，包括：1. 环境的准备；2. 身体的准备；3. 书籍的准备。

环境的准备

阅读其实不仅仅是一个人、一本书这么简单，想要拥有更好的阅读体验，需要关注非常多的细节，因为细节会对阅读有很大的影响。

一、阅读的位置和光线

只要条件允许，我们就在自然光下阅读和学习，这意味着，你的书桌要尽可能地靠近窗户。如果在晚上或者阴天，需要台灯的时候，尽量让台灯在你的左边，让光线从左边照射，因为我们大部分人习惯右手翻书和写字，光线从右边照射会有一定的影响。另外，光线的亮度要适中，不要跟房间的其他地方有巨大的反差。

其次，请让你的身体处于刚刚有一点儿舒服的状态。为什么说有一点儿舒服，而不是特别舒服呢？有的同学说，我坐在沙发上甚至躺在床上会特别舒服，心情也好，也能读书。但是你会发现，这样看一会儿书就会怎么样呢？你会想睡觉，甚至你可能已经睡着了。所以我们要有一点儿舒服，而不是特别舒服。坐在椅子上看书，尽量让椅子的靠背是直的，这样对你的身体也是有好处的。

二、桌椅的高度

首先是椅子的高度，当你坐着的时候，最好让你的大腿与地面保持平行。对于桌子的高度，在保证身体的受力情况下，跟椅子相比，高出大约 20 厘米就好。

我发现有的朋友在看书的时候，喜欢拿着书蜷缩在椅子上阅读，这种姿势会让身体不够放松，处于一种紧绷的状态，那么时间一长，身体内的血液供给和循环就会出现问题，我们的阅读时间不可避免地会被大大缩短。

所以，适当调整桌椅的高度，会让我们身体中的血液循环更加顺畅，最大程度地保障我们大脑的养分供给，助力我们进行流畅的阅读。

三、文字与眼睛的距离

文字与眼睛的距离最好保持在 30—50 厘米之间，当然，不必每次阅读的时候都拿尺子量一下。开始的时候，你可以拿胳膊比画一下，大概一个上臂的距离，等到习惯慢慢养成了，身体形成肌肉记忆自然就好了。这样的距离不仅会让你的注意力更加容易集中，也会减少因阅读时间长而头疼之类的情况。

身体的准备

一、坐姿的准备

坐姿的准备非常重要，也最容易被忽视。我发现很多朋友看书的姿态都不一样，有躺着的，有趴着的，有把书平放在桌子上的……其实这些都是不好的姿态。在阅读的时候，我们的坐姿有这样几个注意事项：

1. 尽量坐直，后背稍微弯曲一点儿。这样会比较舒服，不容易疲劳；

2. 不要跷二郎腿。长时间保持这个姿势，不仅会让身体的血液循环不畅，导致腿部发麻，影响整个身体的感觉，也会影响大脑的专注能力；

3. 尽量把书拿在手里，让书是竖起来的，然后进行阅读。

每一次的阅读不仅仅是眼睛在看、大脑在分析，还是我们整个身体共同作用的结果。读书的姿态往往会影响阅读的过程和结果，所以，请大家务必重视坐姿的准备和调整。

二、呼吸的准备

有的朋友可能会觉得，我们每天都在呼吸，这个应该是比较简单的吧。其实，我们平时大多数采用的是"胸式呼吸"，这种"胸式呼吸"只能够把气体吸入到胸腔中，而肺底部的许多肺泡没有经过彻底的扩张与收缩，得不到很好的锻炼。这样氧气就不能充分地被输送到身体的各个部位，时间长了，身体的各个器官就会有不同程度的缺氧状况。在读书的时候，我们的大脑是处于高度集中、高度耗能的状态，也就是说，大脑在阅读的时候需要大量的氧气，如果供给不足的话，就会出现"困倦""注意力不集中"等情况，读书的效率自然就不够高了。

科学家通过大量的实验研究和分析发现，采用一分钟 4—6 次的腹式呼吸节奏，会让注意力更加集中，从而提高学习和工作的效率。我们在本章第 2 节会详细讲到腹式呼吸的方法。

三、精神状态的准备

这部分调整的主要目的是把我们阅读时的注意力变得更加集中，让我们大脑的脑波调整到合适的阅读状态。

大脑在工作的时候，信息是通过电信号进行传递的，所以在大脑工作过程中会产生脑电波。脑波频率越高，人越容易精神分散，尤其到了高 β 波的时候。我们通过精神状态的调整，比如放松练习、冥想练习等，可以让大脑逐渐放松，提高专注力，更加适合我们的阅读和记忆。

书籍的准备

一、阅读的目标

英国哲学家弗朗西斯·培根曾经说过："一些书可以浅尝辄止；一些书可以狼吞虎咽；而有些书则需要细嚼慢咽，好好消化。"简单来说，就是有的书简单了解就行，有的书可以快速浏览，有的书则需要细细赏阅、认真品读。

如何确定什么书应该怎么读，很大程度上取决于自己的阅读目标。阅读目标就是当我们拿起一本书准备阅读的时候，要问自己以下问题：

1."我为什么要看这本书？"通过这个问题可以明确自己为何要看这本书。是为了打发时间？还是自己的兴趣？或者是想从书本中得到什么样的启示和知识？

2."这本书对我来说非常重要吗？"通过这个问题，我们能够搞清楚这本书对自己的价值，从长远来看，这本书对自己的意义在哪里。

3."我想从书里了解什么内容？想获取什么知识？"这个问题就更加明确了，根据这个问题我们就好像在做射击运动一样，有了一个看得见摸得着的"靶子"。

4."我要花多长时间读完这本书？"这个问题设定了阅读这本书的时间，那么在整个阅读的过程中，我们就会更加集中，让阅读变得高效。结合前面的几个问题，我们的内心也就更加明确，为读这本书而付出自己宝贵的时间是非常值得的。

这些问题都需要我们在决定看一本书之前想清楚，如果没有弄清楚这些问题，我们在看书的时候就会经常走神，甚至是放弃阅读。因为，当我们没有目标和意义地看书时，单纯"用眼睛追逐文字"，大脑就会经常出现"好无聊啊""我在干什么？""我为什么要在这儿读书"这些负面的声音。

是否确定了阅读的目标，其实就是主动阅读和被动阅读的区别。在被动阅读的时候，大脑常常会进入一种停滞状态，甚至已经开始准备"睡眠"了；而主动阅读时，大脑的神经连接更紧密，运作也更加充分，更加兴奋。

阅读在有目标的状态下，虽然还是有可能走一些弯路，但是我们前进的方向有了，最重要的大方向就不会错。在阅读前想好目标，知道自己想从一本书中获得什么，就会有所收获，从知识获取的角度来看，这也有助于阅读效率的提升。

阅读没有目标，就像旅游没有目的地一样，在出发之后都不知道该往哪里走。比如拿到一本书，不由分说，想都不想就开始翻看里面的内容，看了一会儿后，可能还是迷糊的。感觉好像看了很多，但又不知道自己在干什么，学了多少，理解了多少。

举个例子，有一天早晨，我用 30 分钟看完了一本书，书名是《油漆式速读术》。这本书大概有 12 万字，可以算一下，我阅读这本书的速度大概每分钟 4000 字。其实，平时我的阅读速度和效率并没有这么高，能在 30 分钟看完并消化这本书大部分的内容，仅仅是因为我在读这本书的时候，带着非常明确的目标，就是想要了解这本书中讲到的速读技术跟我的方法有何区别，有哪些地方是我能够学到的。所以，我的阅读速度会加快很多，理解效率也提高了很多。

通过我的阅读体验，建议大家的阅读目标要简单但目的性要强。所以大家以后在阅读的时候，一定要先给自己确立好目标。尤其在前期阅读，大家可以先建立 1—2 个目标，刚开始的时候不宜心急，一下子给自己定 N 个目标。重要的是，先找到那种有目的阅读的感觉，然后再慢慢增加多一点儿目标，不要好高骛远。

以《小王子》这本大家耳熟能详的书为例，看这样一个表格如何在阅读前帮助我们设定阅读目标。

书名：	日期：
	*如何确定一本书的阅读目标

第1步：迅速将书名和阅读日期填入表格；

书名：《小王子》	日期：××年×月×日
	*如何确定一本书的阅读目标

第2步：根据这几个问题来完成阅读目标的制订；

书名：《小王子》	日期：××年×月×日
1. 为什么要读这本书？	因为好奇，我觉得我也是小王子
2. 这本书重要吗？	非常重要
3. 我想了解什么内容？	我想了解这里面的小王子都做了什么事情
4. 准备花多长时间？	1个月
	*如何确定一本书的阅读目标

当然，我要强调一点，每一个人问题的答案都是不同的，也就是说，每一个人的目标都是不同的。在这里，老师只是提供一个参考而已，同学们要发挥自己的聪明才智，主动思考哦！

二、阅读前的"3—4—3"法则

回顾一下本小节的内容，我们提到了在阅读前的黄金10分钟，需要做三方面的准备，分别是：1. 环境的准备；2. 身体的准备；3. 书籍的准备。

有一个"3—4—3"法则，可以帮助大家合理分配阅读前的10分钟。

每次花3分钟调整环境，重点调整阅读的光线，阅读的姿态；花

4分钟调整身体的状态，通过呼吸和精神状态的调整，让自己的身体更专注于阅读；最后花3分钟，思考一下本次阅读的目标，重点想清楚希望从书本中得到什么。

第2节　四段呼吸法调整身体状态

刚才在黄金10分钟的准备工作中讲到身体的准备，是为了让我们的身体和大脑进入一种非常集中的状态，并且在整个阅读过程中保持这种高度的专注，从而让我们很轻松地记忆和理解书中的文字和内容，也会更容易存储和调取这些知识。

这种专注的状态，可以通过呼吸的调整和一些冥想的练习来进入。我们先看一下如何进行呼吸的调整。

科学家通过大量的实验研究和分析发现，采用一分钟4—6次的腹式呼吸节奏，会让注意力更加集中，从而提高学习和工作的效率。而这种方法，我们可以称为"四段呼吸法"。

跟普通的胸式呼吸相比，腹式呼吸有很多好处，比如：

1. 缓解紧张和焦虑情绪。当一个人感到紧张和焦虑时，呼吸会变得急促，心跳也会加快。这时候进行腹式呼吸可以让呼吸变得顺畅，提高血氧浓度，心跳也会恢复平稳，紧张和焦虑的情绪会逐渐消失。

2. 调节肠胃功能。在进行腹式呼吸时，随着腹肌的不断起伏，肠胃的蠕动增加，从而使人体更好地吸收营养和排出代谢物，有利于保持肠胃健康。

3. 改善睡眠质量。 睡前进行腹式深呼吸，每次持续 12—15 秒。当呼吸频率慢下来，情绪也会逐渐平静，全身肌肉随之放松，睡眠也会慢慢地启动。 每晚睡前进行腹式深呼吸练习，大约 10 分钟，对促进睡眠有很好的效果。 甚至有些人会在进行腹式呼吸的时候，不知不觉就睡着了。

4. 增加氧气供给量。 腹式呼吸还可以促进血液循环，增大肺活量，增加全身的氧气供给量，使人精力充沛。

在这里，我们采用的是一分钟呼吸 4 次的"四段呼吸法"。

吸气环节 { 第一阶段，用鼻子慢慢地吸气，大约 4 秒的时间。
第二阶段，屏住呼吸，大约 3 秒的时间。

呼气环节 { 第一阶段，呼气，大约 6 秒的时间。 这时候要用嘴巴慢慢地呼气，缓慢而均匀。
第二阶段，放松，大约 2 秒的时间。

一次完整的腹式呼吸大约需要 15 秒的时间，一分钟大约可以完成 4 次。 刚开始可能时间不好把握，大家可以在心里默数，比如吸气，1、2、3、4……一定要记住，吸气的时候要让气到达下腹部，肚脐以下 3—10 厘米的地方。 实在找不到感觉，就记得把气吸入小肚子里就好；吐气的时候，肚子是一点一点瘪下去的。

腹式呼吸方法很简单，重要的是应用，我们可以用下面两篇文章来进行练习。 首先，以平常的阅读习惯来阅读第一篇文章。 然后，按照我们的"四段呼吸法"调整呼吸 3—4 分钟，再阅读第二篇文章，同学们可以自己比较一下前后两次阅读的感受。

始业日

今天开学了，乡间的三个月，梦似的过去，又回到了这丘林的学校里来了。早晨母亲送我到学校里去的时候，心里还一味想着在乡间的情形哩，不论哪一条街道，都充满着学校的学生们；书店的门口呢，学生的父兄们都拥挤着在那里购买笔记簿、书袋等类的东西；校役和警察都拼命似的想把路排开。到了校门口，觉得有人触动我的肩膀，原来这就是我三年级时候的先生，是一位头发赤而卷拢、面貌快活的先生。先生看着我的脸孔说：

"我们不再在一处了！安利柯！"

这原是我早已知道的事，今天被先生这么一说，不觉重新难过起来了。我们好不容易地到了里面，许多夫人、绅士、普通妇人、职工、官吏、男用人、女用人，都一手拉了小儿，一手抱了成绩簿，挤满在接待所楼梯旁，嘈杂得如同戏馆里一样。我重新看这大大的休息室的房子，非常欢喜，因为我这三年来，每日到教室去都穿过这室。我的二年级时候的女先生见了我："安利柯！你现在要到楼上去了！要不走过我的教室了！"

说着，恋恋地看着我。校长先生被妇人们围绕着，头发好像比以前白了。学生们也比夏天的时候长大、强壮了许多。才来入一年级的小孩们不愿到教室里去，像驴马似的倔强，勉强拉了进去，有的仍旧逃出，有的因为找不着父母，哭了起来。做父母的又重新回去，有的诱骗，有的叱骂，先生们也弄得没有法子了。

我的弟弟被编入了名叫代尔卡谛的女先生所教的一组里。午前十时，大家进了教室，我们一级共五十五人。从三年级一同升上来的只不过十五六人，惯得一等奖的代洛西也在里面。一想起暑假中跑来跑去游过的山林，便觉得学校里暗闷得讨厌。又忆起三年级时候的先生来：那是常常对着我们笑的好先生，是和我们差不多大的先生。那个先生的红而卷拢的头发已不能看见了，一想到此，就有点难过。这次的先生，身材高长，没有胡须，长长的、留着花白的头发，额上皱着直纹，说话大声，他瞪着眼一个一个地看我们的时候，眼光竟像要透到我们心里似的。而且还是一位没有笑容的先生。我想："唉！一天总算过去了，还有九个月呢！什么用功，什么月试，多讨厌啊！"

一出教室，恨不得就看见母亲，飞跑到母亲面前去吻她的手。母亲说："安利柯啊！要用心啰！我也和你们一样用功呢！"

我高高兴兴地回家了。可是因为那位亲爱快活的先生已不在，学校也不如以前有趣味了。

——[意]亚米契斯《爱的教育》

（北京联合出版公司　夏丏尊　译）

我们的先生

从今天起，现在的先生也可爱起来了。我们进教室去的时候，先生已在位子上坐着。先生前学年教过的学生们都从门口探进头来和先生招呼。"先生早安！""配巴尼先生早安！"大家这样说着。其中也有走进教室来和先生匆忙地握了手就出去的。可知大家都爱慕这位先生，今年也想请他教。先生也说着"早安"去拉学生伸着的手，却是不看学生的脸。和他们招呼的时候，虽也现出笑容，额上皱纹一蹙，脸孔就板起来，并且把脸对着窗外，注视着对面的屋顶，好像他和学生们招呼是很苦的。完了以后，先生又把我们一一地注视，叫我们默写，自己下了讲台在桌位间巡回。看见有一个面上生着红粒的学生，就让他中止默写，两手托了他的头查看，又摸他的额，问他有没有发热。这时先生后面有一个学生趁着先生看不见，跳上椅子玩起洋娃娃来。恰好先生回过头去，那学生就急忙坐下，俯了头预备受责。先生把手按在他的头上，只说："下次不要再做这种事了！"其他什么都没有说。

默写完了，先生又沉默了，看着我们好一会儿，用粗大的亲切的声音这样说：

"大家听我说！我们从此要同处一年，让我们好好地过这一年吧！大家要用功，要规矩。我没有一个家属，你们就是我的家属。去年以前，我还有母亲，母亲死了以后，我只有一个人了！你们以外，我没有别的家属在世界上，除了你们，我没有可爱的人！你们是我的儿子，我爱你们，请你们也喜欢我！我一个都不愿责罚你们，请将你们的真心给我看看！请你们全班成为一家，给我慰藉，给我荣耀！我现在并不要你们用口来答应我，我确已知道你们已在心里答应我'愿意'了。我感谢你们。"

这时校役来通知放学，我们很静很静地离开座位。那个跳上椅子的学生走到先生的身旁，抖抖索索地说："先生！饶了我这次！"先生用嘴亲着他的额说："快回去！好孩子！"

——［意］亚米契斯《爱的教育》

（北京联合出版公司 夏丏尊 译）

练习完两篇文章后，你或许没有感到明显的效果，不要心急，可以多练习几次，感受会更深。毕竟这个方法让很多人都受益，阅读效果有了明显的改变。通过练习，你可能已经悄悄发生了一些改变。比如，你不会再"跳行串行""回视返读"了。

这种呼吸方法不仅适用于阅读，我们也可以在写作业之前采用"四段呼吸法"来愉快地写作业，也可以在考试前通过呼吸的调整降低紧张与焦虑的情绪，还可以在上课前进行2—4分钟的呼吸调整。

第 3 节　通过冥想让大脑高度集中

　　想要快速集中注意力，仅通过调整呼吸是不够的。在阅读之前，我们的身体足够放松，阅读时的注意力才会更容易集中。如果我们能在阅读的过程中保持这样的注意力，那么整体的阅读速率、记忆效率、理解程度都会有非常大的提高。接下来，我给大家介绍一种简单的冥想活动，它可以非常快速地帮助大家集中注意力，从而提高阅读理解的效率。

　　对于我们学生来说，冥想可以从三个角度或者三种类型来展开：1. 身体放松冥想；2. 成功经验冥想；3. 自然风景冥想。

　　每一种冥想练习都有不同的目的和效果。

身体放松冥想

　　身体放松冥想主要适用于身体比较疲惫的时候，尤其是上了一天的课或写了很长时间的作业之后，使用这种冥想练习，可以让自己的身体快速放松，重新充满元气。那它如何操作呢？操作顺序是这样的：

　　1. 闭上眼睛，采用"四段呼吸法"调整呼吸，大概 2 分钟的时间。

　　2. 坐在一把舒服的椅子上，放松自己的身体。

　　3. 进行想象。可以想象在金色的沙滩上，碧海蓝天，你躺在舒适的躺椅上，感受着暖洋洋的日光沐浴、清风微拂，身体感到非常舒服。

4. 保持想象的状态，尽量放松。首先放松大脑，持续积极性的想象，你会逐渐感到轻松，缓释了压力和负面情绪。然后，放松你面部的每一个部位，让它前所未有地松弛。接下来放松你的脖子，向左向右轻轻扭一扭自己的脖子，减少头对脖子的压力。接着开始放松双肩、手臂和手指，想象有人正在给你进行按摩，力度刚刚好，不轻不重，非常舒服。放松完上半身，开始放松我们的下半身。先放松大腿和小腿，感受血液和养分在被一点一点地输送到你的腿中，随之而来的是能量，是放松的感受，腿仿佛被充了电一样，非常舒服。最后，让自己的脚也充分放松，舒服得感受不到鞋子。现在，你的整个身体处于一种极度放松的状态。

5. 在 3—5 分钟的放松之后，开始让自己逐渐恢复清醒。可以倒数 5 个数，每数一个数，你的状态就更加清醒一些，当倒数完 5 个数之后，可以慢慢睁开眼睛，回到现实的世界了。

以上就是身体放松冥想的练习过程，当然没有必要完全把它背下来，知道如何做就可以了。最重要的是，在整个冥想的过程中需要全程配合"四段呼吸法"，以及全身心地投入。

成功经验冥想

第二种冥想的小练习，叫作成功经验冥想。这种练习是阅读之前最常见的一种练习，前面提到，在每一次读书之前最好给自己一个明确的阅读目标，结合这个目标，我们就可以进行这种成功经验的冥想。它的操作顺序是这样的：

1. 闭上眼睛，采用"四段呼吸法"调整呼吸，大概 2 分钟的时间。

2. 坐在一把舒服的椅子上，放松自己的身体。

3. 进行想象。 想象自己拿着接下来要读的书，已经设定好了阅读的目标，并且在头脑中反复明确、强化这个目标。

4. 保持想象的状态。 想象在强化阅读目标后，自己开始阅读这本书，你的专注力非常集中，眼睛就像"扫描仪"一样快速扫描着文字，大脑飞速运转，将那些"关键词"一个一个提取出来，"游刃有余"地完成了书籍的阅读。 继续想象，你开始快速地找到需要的信息，得到了阅读前所提问题的答案，完成了你的阅读目标，你非常激动、非常兴奋。

5. 在成功经验冥想 3—5 分钟后，让自己逐渐恢复清醒，可以倒数 5 个数，每数一个数，你的状态就更加清醒一些，当倒数完 5 个数之后，可以慢慢睁开眼睛，回到现实的世界了。

这就是成功经验冥想的一个简单练习过程，我们是以阅读这件事为例的。 当然，这种冥想练习也可以运用到其他方面。

比如说，在考试之前，我们可以通过这种练习想象自己考试成功的感觉，试卷所有的题目都是自己掌握的，自己也达成了考前制定的目标等。 有的同学可能会担心，要是通过这些冥想练习让自己从"放松"进入"睡眠"，在考场上睡着了怎么办？ 其实完全不用担心，这种短暂安静的、高度集中的状态，会让大脑更加清醒，也更容易激发我们的潜在能力。

这种成功经验冥想也可以用在做作业上，想象自己以很专注、认真的状态完成了各个科目的作业，并且每一项作业都是按照老师要求完成的，甚至还完成了额外的作业和任务。 那么，在做作业的时候，我们的信念感就会加强，提高完成作业的效率。

但是，各位也不要认为只要学会这种想象，不做任何其他的学习，就可以在一瞬间读完一本书；功课不用预习、复习，就可以门门考 100 分……这是不可能的。 成功经验的冥想，只是会让我们大脑感受成功的喜悦，更容易进入兴奋的状态。当然，无论对看书、学习还是考试仅有兴奋的状态，是远远不够的。

所以，各位在冥想练习之余，更重要的是认真、努力地学习哦！

自然风景冥想

第三种自然风景冥想的练习，适用于更宽泛的情况，尤其是需要快速调整自己精神状态的时候。自然风景冥想练习的操作顺序是这样的：

1. 闭上眼睛，采用四段呼吸法调整呼吸，大概 2 分钟的时间；

2. 坐在一把舒服的椅子上，放松自己的身体。

3. 进行想象。先给脑海中输入一幅美丽画面，可以是你去过的地方，也可以是你凭空想象出的属于自己的"伊甸园"。

4. 深入想象。假如我们现在在海边，眼前是一望无际的碧蓝，海浪在欢快地舞蹈着，一次次涌上岸边嬉闹，又一次次地退向远方。每一次的退去都会为金色的沙滩留下礼物，仔细瞅瞅，发现有五彩的贝壳，有红色的海星，甚至还有可爱的小海龟……远处的水面上还盘旋着各类海鸟：有红嘴的海鸥、褐色的海燕、体形略大的信天翁等等。

5. 自然风景冥想 3—5 分钟后，逐渐恢复清醒状态，自己倒数 5 个数，每数一个数，你的状态就更加清醒一些，当倒数完 5 个数之后，慢慢睁开眼睛，回到现实的世界。

当然，除了想象大海，我们还可以想象郁郁葱葱的森林、鸟语花香的花园等不同的景象。不过需要注意的是，在想象的过程中，尽可能细致一些，这样更容易让我们进入专注的状态。

在自然风景想象的时候，我们不仅是在脑海描绘画面，还可以调动我们的五感，去听、去闻，甚至去触摸，全面感受你想象的世界。当想象得越细致、越真实，大脑的状态就越集中。

结合"四段呼吸法"的冥想练习，不仅能够快速帮助我们集中注意力，经过长期的练习，很多人还能够进入一种"心流"的状态，这种状态对个人的提升非常有帮助。

第 4 节　如何提高阅读中的专注能力

专注力，指一个人专心于某一事物或者活动时的心理状态。保持良好的专注力，是大脑进行感知、记忆、思维、想象等心理活动的基本条件。专注力就好像阻隔知识的大门，门缝开得越大，知识就越容易进入我们的大脑，开得越小，我们学习就越困难。所以，专注力也是影响学习效率最重要的因素之一。

对于阅读也是一样，很多朋友觉得自己的阅读速度慢，读过的内容记不住，理解得也不全，其实这种情况多是专注力不够导致的。

专注力不集中导致阅读的不良体验

大家回忆一下，自己是否出现过以下现象：

1. 丢字落字。这种情况往往在阅读的时候不太明显，但在朗读文章的时候经常发生。明明挺认真，但嘴巴有时候好像不受控制一样，磕磕巴巴，容易漏掉一些字词，甚至读不清楚。想想看，朗读的时候会这样，难道平时默读的时候不会吗？自然也是有的。丢字落字，难免会影响最终阅读理解的效率。

2. 做白日梦。这里要解释一下，这里的"做白日梦"是在看书的时候想一些与阅读无关的事情。比如：一会儿吃什么呢？周末去哪儿玩呢？还有一些朋友喜欢在看书的时候，把手机放在旁边，看会儿书就拿起手机刷朋友圈、刷微博、拍自拍等。半个小时过去了，这时候能回过头来继续看书就已经非常不容易了，大多数朋友可能就把书放到一边，沉迷于手机了。这样做不仅影响阅读的速度和效率，而且非常浪费时间，还会自欺欺人，自己花在看书、学习上的时间看似很长，其实不然。

3. 思维发散。这一点跟第二点有点儿像，但并不一样。这里的思维发散是指，当你在阅读时看到某个内容，甚至是词语的时候，你的大脑会不由自主联想一些与这个内容或词语有关的信息，尤其是熟悉的部分。比如看到"美食"，你就会想起一些吃过或者想吃的食物，等回过神来继续看书，前面看的内容可能就忘得差不多了。

4. 回视返读。这个是非常常见的现象，也是大家最容易忽视的。回视返读，指你在阅读一篇文章或一本书时，会突然产生一些疑问："前面讲什么来着？""那个人名是什么来着？"然后，返回去重新阅读，了解之后再回来继续往下看。有人会想，这样多次反复地阅读不是会加深记忆，更好地理解内容吗？其实不是这样的，这种不好的阅读习惯，会让我们把大量的时间、精力浪费在重复的信息上，而且对于整本书的内容来说，这些重复的信息可能并不重要。

请记住，不管是阅读一篇文章还是一本书，最好的方式都是在看完一遍之后，从整体的角度理解文章、感知内容。只有这样，阅读效率才更高，理解才更透彻。

提高阅读中专注能力的 5 条策略

其实，专注力跟智商没多大关系，只要通过科学合理的策略，每个人都可以改善专注能力。这里给大家列举 5 个改善专注能力的策略和技巧。

一、打造一个干净独立的"阅读空间"

对于孩子来说，容易有一个不太好的学习习惯——边学边玩。有些孩子经常看一会儿书，就拿起手边的玩具玩一会儿，然后再看一会儿，再玩一会儿……只要旁边有玩具，就怎么也静不下心来去读书，这样一来就导致本来 30 分钟的阅读时间，变成了 1 个小时。所以说，一个干净的、不被打扰的阅读空间是非常有必要的。

在家里专门打造一个"阅读空间"，不要放置任何跟"读书"无关的内容，同时，尽量让这个"阅读空间"不容易被外界打扰。这样的好处是，每一次当我们进入"阅读空间"的时候，会有一定的"仪式感"，大脑会自动判定我们接下来要开始进行阅读了；其次，没有其他的"干扰因素"，可以只专注于阅读。

所以，赶紧去打造一个属于你的"阅读空间"吧。每天可以拿出5分钟把这个空间整理一下哦！

二、固定时间阅读

之所以建议大家固定每天的阅读时间，是因为多数人总是在作业写完或工作做完之后，才拿出一点儿时间来阅读，这样的好处是时间相对灵活，可以利用好空闲时间，但弊端也很明显，由于时间不固定，就需要花费一些时间调整进入读书的状态，长此以往，读书的效率明显不会高。

固定的阅读时间可以让我们创造独有的"生物钟"。这样可以让我们的大脑和身体保持同步和一致，变得更有紧迫感、有目标感，从而注意力会更加集中，提高阅读效率，也有助于养成我们长期的阅读习惯。

刚开始不宜把固定时间设置得过长，可以先从15分钟开始。习惯逐渐养成之后，再调整自己的生物钟，把时间增加成30分钟，坚持一段时间后，根据实际情况再次进行调整。总之，习惯是慢慢养成的，生物钟的"创造"也不是一蹴而就的。

三、阅读前设定具体的阅读目标

阅读的时候没有阅读目标，就容易失去方向，读到哪儿算哪儿；目标感不强，就容易拖拉，专注力低。所以，我们不仅要有阅读目标，还应该有一个更清晰、更具体的阅读目标。

设定目标的时候可以遵循几个原则：

1. 目标具体化：设定的目标要具体、清晰。比如要读多少页、想要知道哪方面的知识等。

2. 时间限定：在设定目标的时候，限定什么时间完成。比如 20 分钟阅读 30 页、两天读完一本书等。

3. 实事求是：在设定目标时，不要过分夸张，如 10 分钟读完 10000 页，也不要妄自菲薄低估自己，如 100 分钟读完 1 页。目标尽量设定得比当下的能力高一点儿，比如平时 10 分钟能看 30 页，那么可以尝试 10 分钟看完 35 页。

四、学会拆分阅读时间和阅读任务

让你立刻读完、读懂一本书，你一定会觉得压力很大，而这种无形的精神压力可能会导致你立刻放弃，甚至厌恶阅读。

越是这种情况，我们越需要"拆分"的思维模式。俗话说"一口吃不成个胖子，一步跨不到天边"，什么事情都不是一蹴而就的。所谓拆分阅读的时间和任务，就像我们平时吃西瓜的时候，不可能上来就"啃"，需要先把西瓜切成块儿，然后再吃。我们读书也是这样的，不要上来就读，而是要先"切书"，看看共有多少页，多少字，然后根据自己的实际能力拆分任务目标。比如，一本书有 300 页，自己每个小时能读 30 页，设定 10 天读完这本书，那每天阅读 1 个小时，就能够轻松搞定这本书了。

这样有目标、有计划地实施，会让阅读压力变小，容易达成阅读目标，也会更容易专注阅读，提高效率。

五、通过规律的休息提高专注能力

想要保持高度的专注力和效率，就一定要保证充分的休息。专注力、效率和休息并不矛盾，因为每个人的专注力集中的时间都是有限的，如果在疲惫的时候没有得到有效的休息和放松，反而强迫自己的大脑继续"工作"，那么只会适得其反，效率会越来越低，而在充分地休息之后，压力感、紧张感会得到有效的缓解和释放，大脑也会更加轻松，可以更高效地投入到下一轮的"工作"当中。

那么，怎样做到有效的休息呢？

第一，保证充足的睡眠时间。中小学生的睡眠时间至少要保证 8 小时，这对大脑的发育和身体的成长是至关重要的。

第二，当专注力不够集中的时候，可以通过冥想来进行放松。比如连续阅读 1 小时之后，可以通过调整呼吸和身体冥想来缓解疲惫感。

提高个人专注能力的 5 个训练

专注能力也可以通过日常的一些训练进行提高，这些训练可以从 4 个维度进行：

1.持久度，指专注于某一事项上的时间长短。可以通过增加时间长度来进行训练，比如之前只能专心致志地读书 10 分钟，那么可以在保证同等专注力的情况下，试着延长到 15 分钟，逐次增加，慢慢地，有效的阅读时间就会变得更长。

2. 深度，指的是专注于某事物时思考的深度。思考得越深，越容易出成果。

3. 集中度，指思维集中于某一对象上而不动摇。在训练专注力的时候，要尽可能减少注意力的分散，减少外部的干扰。

4. 转移度，指专注力从一件事情转移到另一件事情的速度。训练转移度，可以让我们以最快的速度调整好状态，保持专注力的灵活转移。

关于具体的专注力训练内容，有 5 个：

一、固点凝视训练

第一个是固点凝视训练。首先在一张 A4 纸的正中心，画一个直径 1 厘米的黑色圆点，然后将 A4 纸放在距离眼睛 30 厘米处，双目平视这个黑点，大概持续 3 分钟的时间。在这段时间内，什么都不要想，把全部的专注力都集中在黑点上。

在大家专心观察黑点的过程中，可能会有这几种情况：

有人发现黑点在无限变大或者是变得立体了。出现这种变化，证明专注力非常不错；

而大多数人会发现在黑点的周围有白色的光斑。如果出现这种情况，则证明专注力还可以，处于中等水平；

还有少数人会发现黑点完全没有任何变化，或者黑点变成了两个。如果这样的话，就说明专注力真的需要大幅度加强和提高了。

这项训练大家可以每天做一次，并且记录下来，通过一段时间的训练，你就能得到自己专注力的变化情况了。

二、手写数字训练

第二个叫作手写数字训练。首先，准备一张纸、一支笔和一个计时器，深呼吸让自己放松，同时让你的大脑和身体都做好准备；然后，按下计时器的同时，快速从 1 开始写数字，一直写到 300，一定要注意，中间不允许停顿，即使觉得很累或者是手酸，还是要坚持写下去；最后，在书写的过程中即使出现错误或遗漏，也不必停下来修改。

总之，以最快的速度，不用过分追求美观，只要保证写的数字能够认出来，并且不是连笔就行。书写完之后，让自己好好休息一下，揉一揉手，再去检查一下自己写错了多少，漏了多少，一定要一个一个地检查，不要想当然。

大家可以在训练之后回顾一下，写的过程中，当总是关注下一个数字是多少，或者走神想别的事情时，就容易写漏或者写错数字，可以多次训练体会一下这种专注和走神的感觉。

另外，如果在训练中，这两个数据都在变化，那证明你的训练是有效果的。第一，每次书写的时间缩短了。第二，每次书写错误的数量越来越少。

这个训练不必每天练习，一周练习一次，并且记录书写时间和错误的数量就可以了。

三、数字转移训练

数字转移训练不仅可以有效提升我们的专注能力，对计算能力也会有所帮助。那如何来进行这项训练呢？

首先，在纸上写出两个小于 10 的整数，一上一下排列：

6

8

然后，两个数字相加，将和的个位数写在上方（6 的旁边），注意这里只需要写前两数之和的个位数，再将上方的原数 6 写在 8 的旁边，

$$14 = \begin{matrix} 6 & 4 \\ + & \\ 8 & 6 \end{matrix}$$

依次类推，进行如上计算，将和的个位数写在上方，然后将前一组上方的数字写在下方。

6 4 0 4 4 8 2 0 2 2

8 6 4 0 4 4 8 2 0 2

大家可以经常做这个练习，不要忘记计时（1 分钟或 2 分钟都可以），然后可以记录一下自己在规定时间内做了多少组。

四、数字划消训练

数字划消应该是注意力训练中最常用、最简单的一种训练方法，而且训练方式有很多种，这里简单介绍几种。

1. 指定数字划消，比如在一堆数字中找出所有的"6"，并划掉，数一数有多少个。这种可以锻炼注意的指向性和集中性；

2. 把指定数字前面的数字划消，比如划掉"6"前面的一位数字。这种是对注意转移力的一种训练；

3. 把指定数字的新指定数字划消，比如把"6"前一位是"7"的数字（或其他数字）划掉。这种训练有助于发展注意的选择性；

数字划消的训练方式还可以有更多好玩的方式，像这样：

1. 从下面的数字中圈出所有的"7117"。

7171 1717 7117 1771 7711 1177 1717 1771 7171 1771 1771 7171
7117 1717 7711 1771 7171 1717 7117 7171 1717 1771 1717 7117
7171 1177 1717 7171 1717 1177 1717 7711 7117 1771 7171 1717
1771 1717 1177 1717 7171 1717 7171 7711 1177

2. 用 2 分钟的时间，找出下面"23"共出现多少次。如"03023"算有一个"23"，"23523"算有两个"23"。

54375 34477 97865 56425 67432 23345 25236 42353 54908
34522 52387 57432 31685 76439 35785 42356 94232 46556 91423
58653 72134 43678 86465 51243 69345 25254 96912 43234 65465
65776 23555 63536 96576 95356 57633 72311 68346 76587 42423
76845 34643 13426 86544 86724 97535 53135 75325 02354 86732
92146 02346 85632

大家还可以自行创造一些有趣的玩法，增加趣味性。

五、舒尔特表训练

最后一个，也是非常经典的专注力训练，叫作舒尔特表格训练。先认识一下舒尔特表格，表格一般由 5×5 的格子组成，每个小格子为 1 厘米，数字 1—25 在格子中随机排列。

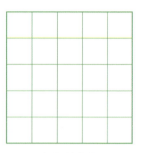

舒尔特表格

认识舒尔特表格之后，如何用舒尔特表格进行训练呢？非常简单，用你的手指在表格中找到 1，并且读出来；然后找到 2，指读出来；找到 3，指读出来……依次类推，一直找到 25，就算完成一组练习。最后看一下完成所用的时间是多少。

可以通过这个训练，衡量一下自己的注意力水平：

7—8 岁，未经训练能在 50 秒左右完成，少于 50 秒，注意力算好的，反之，注意力就需要加强了；

9—12 岁，未经训练能在 40—50 秒之间完成；

13 岁及以上的，未经训练能在 30—40 秒之间完成；

如果有成年的朋友也参与，25—30 秒完成一个表格，是未经训练的正常状态。

经过一段时间训练之后，大家会看到自己注意力水平的变化，甚至我的一些学生可以在 10 秒的时间就完成一个舒尔特表格。

这个训练，建议大家每天锻炼 5 分钟，不要时间太长，训练完之后闭上眼睛休息一下。

专注力的好坏是由多种条件共同控制和决定的，比如当下的心情，比如你对内容是否感兴趣，甚至是看书的时间长短等，很多的细节都会影响我们的专注力。

当然，想要提高专注力不仅只有做一些枯燥的训练，也可以通过游戏的形式"玩"出来。

小游戏：夹豆子

游戏介绍：在规定时间内，用筷子夹豆子，夹得越多越好。

❶ 事先准备两个碗，一个放入若干豆子，一个什么也不放；

❷ 3 分钟内，将碗中所有豆子夹入空碗中；

❸ 在游戏过程中只可以用夹的方式，不得用其他的方式（比如用筷子拨豆子）；

❹ 可以两人比赛，看谁夹的豆子多。

小游戏：听词语分类

游戏介绍：由一人随机说若干个中文词语，另一个人找出某一类别的词语。

① 双人游戏，开始前分角色，由一个人出题，一个人挑战；

② 在游戏开始前，出题者规定好挑战者需要找出哪一类别的词语（水果，动物，体育等）；

③ 出题者开始随机说词语，挑战者在听到规定好类别的词语时，拍手一次；

④ 出题人说词语的速度需要逐渐加快，挑战者在最后需要统计出拍手的总次数。

知识矩阵 >>>>

在第一章中，我们一共讲解了 12 个重点知识，来帮助我们提高在阅读前的准备度，为高效阅读奠定良好的基础。

阅读前环境的准备

1. 位置和光线的调整
2. 桌椅高度的调整
3. 文字与眼睛的距离

阅读前身体的准备

1. 坐姿的调整
2. 呼吸的调整
3. 精神状态的调整

阅读前书籍的准备

根据自身阅读目的和阅读需求，确定当下的阅读目标

四段呼吸法的好处

1. 缓解紧张和焦虑情绪
2. 调节肠胃功能
3. 改善睡眠质量
4. 增加氧气供给量

四段呼吸法的步骤

1. 吸气：用鼻子吸气，持续 4 秒
2. 屏住呼吸：持续 3 秒
3. 呼气：用嘴巴呼气，持续 6 秒
4. 放松：持续 2 秒

身体放松冥想

当处于疲惫或压力状态时，适合采用身体放松冥想练习

成功经验冥想

在阅读、考试、上课等需要获得成果的场景下，适合采用成功经验冥想练习

自然风景冥想

当需要快速调整状态时，适合采用自然风景冥想练习

专注力不足的影响

1. 丢字落字
2. 做白日梦
3. 思维发散
4. 回视返读

提升专注能力的 5 条策略

1. 营造干净独立的"阅读空间"
2. 在固定时间阅读，提高专注力
3. 阅读前设定具体的阅读目标
4. 学会拆分阅读时间和阅读任务
5. 通过规律的休息提高专注能力

提升专注能力的 5 项训练

1. 固点凝视训练
2. 手写数字训练
3. 数字转移训练
4. 数字划消训练
5. 舒尔特表训练

提升专注力的小游戏

1. 夹豆子游戏
2. 听词语分类游戏

任务卡片 》》》

知识需要从"知道"到"做到",而在这个过程中,我们需要完成一系列的小任务哦!

 Task

打造专属独立的"阅读空间"

保障这个空间中书桌的位置和光线强度,以及座椅的高度。最重要的是,这个空间要"免打扰"哦

One

 Task

确定专属的"读书时间"

根据实际情况,确定一个每日的固定"读书时间",刚开始的时候时间可以不必很长,逐渐增加时间

Two

 Task

制定好每日休息计划

根据个人的实际情况,确定自己的每日休息计划,包括:早起时间、午休时间、晚上睡觉时间

Three

 Task

周一的固点凝视训练

每周一晚写作业前,完成3分钟的固点凝视训练

Four

 Task

周二的手写数字训练

每周二晚写作业前,完成一组1—300的手写数字训练

Five

 Task

周三的数字转移训练

每周三晚写作业前,完成两组各2分钟的数字转移训练

Six

 Task

周四的数字划消训练

每周四晚写作业前,可以完成一组数字划消训练

Seven

 Task

周五的舒尔特表格训练

每周五晚写作业前,完成三组舒尔特表格训练

Eight

 Task

周末的亲子游戏时间

每周六或周日,跟爸爸妈妈一起享受亲子游戏时间,可以采用专注力小游戏哦

Nine

第二章

阅读中的速度——视觉力

子晴，我的高效阅读课的一个学生。刚接触的时候，我发现他虽然在阅读的时候很专注，但速度非常慢，短短几页文字他需要看几十分钟。

子晴也特别苦恼，他找到我说："郭老师，有没有什么办法可以让我看书快一点儿呢？"

我反问他："子晴，你为什么要提高阅读速度呢？"

"因为我现在需要看很多书，考试也会考，所以我很着急，要是一直看书这么慢的话，根本看不完要求的那些书啊！老师，我该怎么办啊？"

很多学生都有跟子晴一样的困扰，学业压力越来越大，阅读量的要求也越来越多，经常感觉时间不够用，但看书速度又一直提高不上去，很苦恼。那到底是什么导致我们的阅读速度慢呢？主要有这样4个原因：

1.音读占据主导地位

音读是什么意思呢？从字面意思来理解，音读就是有声音的朗读。常见的就是上语文课的时候，老师让大家集体朗读课文，要读出声音，还要整齐划一。当然，这种阅读方式对我们的专注力、对课文的理解、记忆都会有不错的帮助，但也正是因为这样的一个要求，让我们在看到任何文字类的信息时，会下意识读出来。有时会在心里默读，读给自己听，大家想想，以前阅读的时候有没有这样的现象？

这种现象为什么会影响阅读速度呢？因为，每个人说话的速度是有限的。大多数人的语速是每分钟240—300字，稍快一点儿的每分钟500字，更快的以"中国好舌头"华少为例，一分钟能够达到540字。所以不难看出，只要音读占据阅读的主导地位，阅读速度就必然会受到限制。

大家可能会问，如果不一个字、一个字去读的话，我能否完全理解文章的含义呢？

举个例子，当你在欣赏一幅有山、水、动物等的画时，是不需要跟自己说，"嗯，这是一座山，山上有绿树……"整个过程是不需要"读"的，因为我们的眼睛接受画面信息后，大脑会进行快速的信息处理，自动分解赏析。

传统的阅读过程是"看—读—听"，在此过程进行理解和记忆，这是比较复杂的。其实，"读、听"是不必要的，这也是快速阅读最基本的理念：眼脑直映阅读法，就是把眼睛看到的文字信息当成图像、一个整体，然后直接传送到大脑中去感知、理解和记忆。

2. 左右脑不平衡

影响阅读速度的第二个因素是左右脑不平衡。人类的大脑包括左脑和右脑，这两个半脑的主要功能是不太相同的。其中左脑主要负责语言、文字、逻辑、线性等功能，被称为语言脑或逻辑脑，右脑主要负责声音、图像、想象、创造、发散等功能，也被称为图像脑或想象脑，将左右脑连接在一起的部分叫作胼胝体。左脑和右脑之间想要配合得更好，那胼胝体传输信息的速度就要更快。

了解了左右脑分工理论后，那是什么会造成左右脑的不平衡呢？

主要原因有两个：第一个，大脑的正常发育，这是不可逆的。总的来说，6岁以前的阅读、记忆和思维，主要以右脑图像化的方式为主。随着语言系统的逐渐完善，左脑的功能逐渐发挥主要作用，也就是线性、逻辑思维开始占据主导，记忆也从图像化的记忆慢慢转变为逻辑、理解的记忆。

第二个，就是学习过程的影响。学校里学习的科目和内容遵循大脑的自然发展，不过像数学、物理、化学等，更注重逻辑、线性思维的发展。这种情况下，容易忽视右脑的图像化记忆和理解功能，进而造成左右脑的不平衡。这就好像我们放弃了两条腿走路，仅用一条腿蹦跳着前进一样，虽然在前进，但速度却很慢，而且容易摔倒。

阅读是学习知识最重要的一种方式，但如果左脑和右脑之间相互配合的能力不足、效率低，那么阅读效果就不会理想。比如：以左脑为主，对文章一个字一个字、一个词一个词地线性阅读，读完再去理解，消化一整句话、整篇文章，这样的阅读不仅效率低，而且在过程中很容易出现理解上的偏差。所以有的时候，文章读到最后才发现，之前理解的是错的，作者不是这个意思。而我们希望的阅读当然是整体理解和整体感知，这时候就需要用到右脑图像化的功能，后面的章节里会着重分享这部分内容。

3. 眼部基础能力弱

与短跑名将博尔特相比，为什么他跑起来跟飞一样，而我们跑起来跟走一样呢？有人可能会说，人和人是不一样的，身体结构、肌肉密度、力量都不一样。没错！就是身体的基础不一样。

奥运会有一个项目是"飞碟射击"，需要参赛选手在飞碟飞出的一瞬间，眼睛迅速捕捉目标，然后抬枪命中，整个过程对眼睛的灵活度和肌肉的力量要求非常高。其实阅读也是同样道理。

大家应该都有这样的情况，看书一段时间后就会觉得眼睛有点儿累、酸痛，甚至还会流眼泪。这是因为眼部的肌肉缺乏有效的锻炼。想一想，如果身体长时间不锻炼，突然一次健身或跑步，你的四肢就会很酸痛，但再坚持锻炼一段时间之后，这种感觉会越来越少。

阅读的时候，眼睛是冲在第一线的、最辛苦的，而且要一直"停、动、停、动"保持运动，如果缺乏锻炼，就会出现刚才那种情况。给大家介绍一种可以在平时做的锻炼。

如果手里拿着手机或其他东西，现在请放下，给你的双手"减负"。然后，两手做点赞的姿势，手臂伸直，两臂距离比肩略宽一点儿。接下来，眼睛在两个大拇指之间左右移动，过程中一定要注意头不能动。当然眼睛不仅可以左右移动，还可以上下，也可以斜着。这个训练平时多做一做，对眼睛有好处。

4. 视幅范围狭小

法国眼科专家儒伐尔在 1906 年以前就发现，阅读时人的眼球并不是连续不断地移动，而是做不均匀的忽动忽停的跳动。这种运动叫作"眼跳"，跳动中时间稍长的停顿在阅读学上称作"眼停"，也就是"注视"。

人们看书的时候，由于纸上的文字是静止的，所以眼睛也必须保持相对静止。但要连续看许多文字符号，眼睛是不可能不动的。这显然是矛盾的。只有按照动、静的顺序合理安排眼睛的动作，才能解决矛盾。

那么眼睛在"注视"的时候抓取的信息越多，阅读速度是否就越快呢？没错，这涉及高效阅读中的一个概念：视幅范围。有关汉字阅读的研究表明，在阅读时，每次眼停最多可见 6—7 个字，最少的不到 1 个字；因为有时 1 个字要经过两三次的注视才能感知。

我们可以计算一下，一篇 1000 字的文章，如果一次眼停看 4 个字，平均需要 250 次能够看完一遍，如果将视幅范围提高到一次看 8 个字，只需要 125 次就能看完，那么阅读速度就提高了一倍。美国空军的心理学家和战术教育专家，也曾使用速视仪进行训练证明，经过训练的普通人可以在一分钟内辨认 20000 个英文单词。

所以，对于高效阅读来说，合理地安排眼球运动速度和扩大视幅范围，是可以得到事半功倍的效果的。

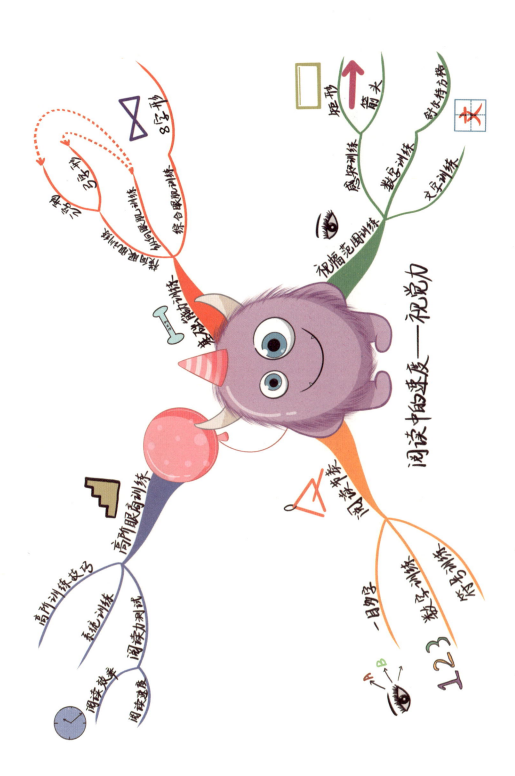

第 1 节　提升阅读中眼睛的运动速度

　　阅读过程中，眼睛始终是冲在第一线做"眼动—眼停—眼动—眼停"运动的。前面也提到，想要提升阅读速度，可以通过一些训练提高眼睛运动的速度。接下来，让我们学习一些训练的技巧和方法。

眼部基础能力的训练——热身训练

　　正式训练之前，先来做一个眼睛的"热身训练"。首先，让眼睛自然注视图上方的黑圆点，然后按照顺时针的方向，沿着大圆圈快速进行圆周运动。在训练过程中，眼睛需要一直保持沿着大圆圈的轨迹进行旋转，并且头不能跟着旋转。

　　另外，在训练的时候要双手拿着训练内容，双目平视，大概距离30厘米处，过高或过低、过远或过近，对眼睛都是不好的，后续的此类训练都要注意这一点。

　　这个"热身训练"每次 1 分钟左右即可。

　　眼部训练的"正餐"，一共有六个，分别是：

横向"之"字形训练

第一个眼部基础能力训练：横向"之"字形训练。训练内容是由左右两列的黑点以及中间连接黑点的直线组成。训练步骤是，眼睛从左上方的

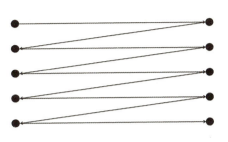

黑点出发，沿着箭头所指的方向，在两列黑点间来回进行快速的运动。训练过程中，一定要注意头不能动。当眼睛运动到最右下角的黑点时，再按照原来的路线返回到左上方的黑点，依次往复进行训练。

有一个细节需要特别注意，就是眼睛运动的幅度。很多人会为了追求更快的速度而忽视幅度，让眼睛在很小的范围来回运动，这样训练的效果并不理想。因为在将这项训练实际应用到阅读书籍的时候，是需要我们的头和书保持相对静止的状态，只让眼睛飞速运动，从而保障阅读的速度，所以，在这项训练中眼睛左右运动的幅度需要足够大。

纵向"之"字形训练

第二个，纵向"之"字形训练。与横向"之"字形训练非常相似，只是把横向排列的训练内容调整成了纵向排列，主要训练我们眼睛的纵向灵活度和眼部纵向肌肉。有一个关键的点需要大家特别注意，因为我们的眼球平时很少做上下运动，所以刚开始进行纵向"之"字形训练，

眼睛会特别不适应，头会很自然跟着上下运动，速度一快就好像点头一样。所以，刚开始做这个训练的时候稍微慢一点儿，保证自己做的训练运动幅度足够、轨迹正确就可以了。

以上两种训练，每个训练内容每次 1 分钟即可。

刚开始每分钟能做 7—10 次，大家可以参考这个数值来判断自己的练习情况，如果刚开始就远远超过这个数字，比如 1 分钟做了 20 多次，甚至更多，那么是数错了，要么是做的幅度不到位，需要大家重新检验。

横向"弓"字形训练

第三个，横向"弓"字形训练，它是横向和纵向眼部肌肉和灵活度训练的综合性练习。这个训练是，眼睛先从左上方的黑点出发，沿着箭头的方向，向右移动，然后向下  移动，再向左移动……以此类推，当运动到最后一个黑点时，按照原路返回。同样是 1 分钟的时间，可以记录自己完成的次数。

纵向"弓"字形训练

第四个叫作纵向"弓"字形训练，同样是眼睛按照箭头的方向进行移动，计时 1 分钟，看自己能做多少次。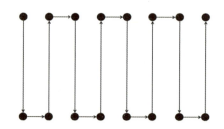

横向"8"字形训练

第五个训练，横向"8"字形训练。顾名思义，就是眼球在运动的过程中，会形成一个"8"的形状。训练内容由左上、右上、左下、右下四个黑点以及中间连接的箭头组成。

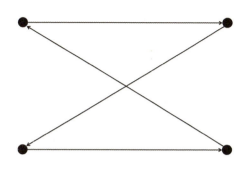

纵向"8"字形训练

最后一个，纵向"8"字形训练。跟横向"8"字形训练大同小异，只有方向不同。

跟之字形训练相同，"8"字形的训练也要注意眼睛快速移动，头保持不动。"8"字形的训练时间也是 1 分钟，刚开始 1 分钟运动 30—50 次。

以上六个训练的规则和注意事项很简单，最重要的是实际操作，而且只要是训练就需要经常练习，只有这样收获才更大！

当眼部基础能力有了一定的提高，就可以将这种训练的结果实战应用到阅读中去，接下来我为大家准备了几篇文章的片段，一起来感受这种"飞一样"的阅读体验吧！

阅读之前，让眼睛的中线对准文本的中间，不要偏左或偏右。阅读过程中，保证头不动，眼睛沿着箭头进行快速移动。

白雪公主（节选）

很久以前，在一个王国里住着一位国王和王后。因为一直没有孩子，所以他们每天都向上帝祈祷："上帝啊，我们是善良的国王和王后，请赐给我们一个孩子吧！"

一年后，王后生下了一个漂亮的女儿。她的皮肤像雪一样白，双颊红得如同最娇艳的玫瑰花，头发乌黑柔顺，国王和王后给她取名"白雪"。

白雪公主在国王和王后的宠爱下一天天长大了，变成了一个美丽的少女。白雪公主心地很善良，经常和小动物们玩耍，小鸟、小兔子、小刺猬这样的小动物都很喜欢她。白雪公主一直生活得无忧无虑。可是这种幸福的生活并没有永远地延续下去，因为王后生病去世了。

不久，国王迎娶了一位新王后，是个精通法术的女巫。虽然新王后长得很漂亮，但她个性骄傲、脾气暴躁，而且嫉妒心极强，不能容忍任何女人长得比她漂亮。

新王后有一面神奇的魔镜，从那里可以得到她想知道的一切问题的答案。所以，王后经常问魔镜："魔镜，魔镜，快告诉我，谁是世界上最美丽的女人？"

魔镜回答："是您，王后！您是世界上最美丽的女人！"王后听了很高兴。

有一天，她像往常一样去询问，可这次魔镜却回答："王后，您虽然很美丽，但白雪公主比您更美丽，现在白雪公主才是世界上最美丽的女人！"

王后听到后怒火中烧，叫来了一名仆人，对他说："我再也不想看到白雪公主了，你将她偷偷带到大森林里杀掉，再把她的肝和肺带回来。"

这名仆人悄悄把白雪公主带到大森林里，要杀了她。白雪公主哭着哀求仆人放过她，仆人不禁同情起她来，说："公主，你快逃吧，逃得越远越好！"

这时，仆人看到一只小野猪跑了过来。他飞起一刀，杀死了野猪，掏出内脏，作为杀死白雪公主的证据带了回去。

——［德］格林兄弟《格林童话》

（北京联合出版公司　黄声华　译）

这次，在刚才的基础上，提高眼睛左右移动的速度。

蜣螂（节选）

蜣螂第一次进入人们的生活至今，已有六七千年的时间。在古代埃及，农民在春天灌溉农田的时候经常见到这种昆虫。它们黑黑的、肥肥的，忙着向后推着一个圆球形的东西。这个奇怪的圆球让古代埃及农民感到很惊讶，同今天这里的农民一样。

这个圆球被古埃及人想象成了地球的模型，并且蜣螂的动作也与天上星球的运转相合。因此，他们认定这种甲虫一定掌握了很多天文知识，便给它取名叫"神圣的甲虫"。当时他们还认为蜣螂滚的圆球中装满了自己的卵，小蜣螂也是从那里面出来的。但是他们错了，大多时候里面并没有卵，不过是一个食物储藏室而已。

你要是认为这是什么可口食品的话，那就大错特错了。因为蜣螂的工作，是把各种污物从地表上收集起来。这个食物球便是用它收集到的垃圾搓卷起来的。

蜣螂扁平的头前边长着六只尖细的牙齿，它们呈半圆形分布，就像是一种弯形钉耙。无论是刨除自己不需要的东西，还是收集自己挑拣好的食物，蜣螂都要靠这些牙齿。它的前腿也是非常有用的工具，这些弓形的前腿不但非常坚固，而且还在外端长了五颗锯齿，蜣螂就是用它来搬动一些障碍物的。

——［法］亨利·法布尔《昆虫记》

（北京联合出版公司　富强　译）

第 2 节　提升阅读中眼睛的视幅范围

阅读其实就是"眼动—眼停"的循环过程，而注意和吸收文字信息是在眼停的那一瞬间。多数人每次眼停看到的文字是 2—3 个，所以就导致眼停次数过多，造成阅读速度慢。所以，如果每一次眼停的时候能看到更宽的范围，整体的阅读速度就会提高。

我们来学习一些训练的技巧，看看如何提高视幅的范围。

字母感知训练

字母感知训练，由五个点和几条线组成。首先眼睛自然注视中心的黑点，然后眼睛保持不动，用余光去感知字母 A，等到字母 A 清晰之后，去感知字母 B，依次类推。

结束后，我们可以用眼睛余光同时感知两个字母，首先是字母A+C，然后是字母 B+D，这是第二轮次。第三轮次是同时感知四个字母。需要注意的是，训练过程中，眼睛是保持不动的，一直在中心黑点上。这样的循环，每天可以训练 1—2 分钟。

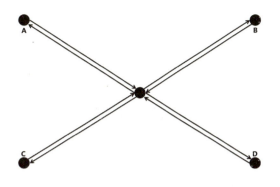

扩大的矩形

扩大的矩形，由中间的实心矩形和周围的空心矩形组成。这个训练的方式是，眼睛先自然注视在中间的实心矩形上，然后用余光依次感知周围的空心矩形。

不需要记录任何次数，只需要保证训练过程中眼睛一直看着中间，体验视辐扩大的感受就可以。

扩大的箭头

第三个视辐扩展的训练，由一个黑点和周围的箭头组成。眼睛需要先自然注视中间的黑点，然后用余光依次由内而外去感知周围的箭头，需要注意的是，当外圈的箭头不清晰的时候，按原路返回最内圈的箭头，进行反复训练。

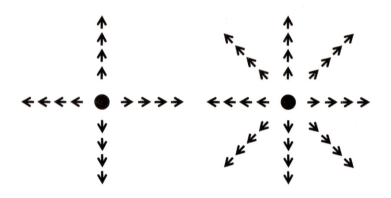

舒尔特表格训练

视幅范围训练里最常见的项目，舒尔特表格，我们曾用它做过注意力训练，现在用它来扩大视幅范围。

首先，眼睛自然注视表格最中心的数字，以下面第一个表格为例，表格中心是数字"1"，然后保持眼睛不动，用余光按照"1—2—3—4"的顺序依次寻找到"25"。之后再倒序从"25"找到"1"。训练时间也是1分钟，记录自己1分钟做的次数。可以使用另外两个表格进行练习。

18	3	2	12	7
4	22	16	9	15
25	13	1	6	23
21	8	19	17	11
24	14	10	5	20

7	2	25	8	9
14	11	15	1	12
6	18	3	16	17
24	21	23	4	10
22	19	5	13	20

24	3	18	14	2
7	11	19	10	17
23	1	6	16	4
15	8	21	12	25
9	20	5	22	13

关于舒尔特表格，大家一定要注意训练注意力和视幅范围的区别：

注意力训练中，要求用最快的速度从"1"找到"25"，过程中眼睛是可以动的，记录的数据是完成一个表格需要的时间；

视幅范围训练中，眼睛不能动，用余光按照"1—25"的顺序找出数字，记录的是 1 分钟能完成的次数。

文字矩阵训练

接下来的文字矩阵训练，会让我们更加适应用眼睛余光进行阅读。

首先是四格文字矩阵，训练过程中，眼睛自然注视表格的中心部位，然后用余光依次感知左上、右上、左下、右下的文字，保证训练过程中眼睛不动。

伟大的	思想能
变成巨	大财富

时间是	财富中
最宝贵	的财富

有所作	为是生
活的最	高境界

自信和	希望是
青年人	的特权

逐渐适应这种阅读的感受之后，需要增加一些挑战，加大一些难度。

比如九格文字矩阵，需要的视幅范围就更大。训练方式是同样的，眼睛停留在表格中间，用余光去感知周围的文字即可。

最大的	骄傲与	最大的
自卑都		表示心
灵的最	软弱和	最无力

学问是	异常珍	贵的东
西我们		从任何
地方吸	收都是	不可耻

你热爱	生命吗	那别浪
费时间		因为时
间是组	成生命	的东西

读书是	在别人	思想的
帮助下		建立起
属于自	己的独	立思想

当然，这种矩阵对你来说也非常轻松之后，就可以继续去挑战更大的文字矩阵。

第 3 节　学会有节奏的阅读技巧

说到节奏，基本都会联想到音乐，音乐中的节奏加上一些抑扬顿挫的音阶，就会形成一段或激昂，或舒缓的音乐。我们听到不同类型的音乐，会有不同的反应：当我们听到舒缓的音乐，可能会想象自己在一个晴朗的午后，舒服地坐在窗前，看一本喜欢的书；当我们听到摇滚音乐的时候，可能会想象自己正在足球世界杯决赛的现场，观看精彩激烈的比赛……不同的音乐带给我们不同的听觉体验。

阅读也是一样，只不过带来的是不同的视觉体验。但阅读也可以像听音乐一样，去抓住书中特有的节奏感。之前在影响阅读速度的因素中，提到了音读，就是在阅读时一个字一个字地按照顺序读出来，是一个左脑式的阅读。这种习惯，不仅会大大降低阅读速度，更严重的还会影响我们对内容整体的理解以及对作者写作意图的把握。

所以高效阅读有一个基本的概念，就是将文字进行区块的划分，以行、块，甚至是页为单位进行整体阅读，也就是我们所谓的"一目十行"。

仔细看下面这句话，文字的顺序对吗？

研表究明，汉顺字序并不定一影阅响读。

没错，大多数情况下，汉字的顺序并不影响阅读。这就为我们破除音读带来的阅读影响提供了可能性。那么以行、块，甚至是页为单位进行的阅读情况，音读不再占据主导地位，比如看到一行文字，然后整体感知理解这行文字所表达的意思，那么阅读速度必然会提升。而且采用这样的阅读方式，再结合一些科学的脑力和思维训练，会让连接左右脑之间的胼胝体得到一定的训练，同时促进左右脑的功能的发展。

接下来给大家分享的训练方法很简单，也是破除音读最有效的办法。

符号节奏训练

在进行阅读文字的节奏训练之前，我们先从符号节奏训练开始。

这种训练让大脑不会产生"读"的冲动，比较容易屏蔽掉语言中枢和听觉中枢，全心全意地享受阅读的节奏感（这就好像英语不好的人听英文歌一样，不太会纠结歌词，而是会单纯享受音乐的韵律）。

两个图形为一组进行训练，看的同时，心里打节奏（节拍），比如"哒哒哒哒"或者"嘀嘀嘀嘀"都可以。

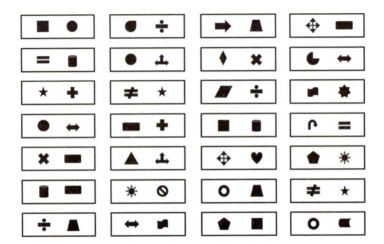

节奏训练需要结合自己眼肌眼动训练的实际情况展开，如果眼部运动的速度比较快，节奏可以快一点儿，如果眼部灵活度稍微差一点儿，节奏慢一点儿即可。

数字节奏训练

符号节奏训练熟悉之后，就可以进行数字节奏训练了。一般从一组四位数字开始，训练规则跟符号节奏训练一致。

1039	3475	6546	2341
7673	9872	5457	7561
2347	0874	1235	5641
0983	1235	5645	8768
1934	9324	1237	5151
7851	6571	0824	1234
5670	1230	1324	6572

在进行数字节奏训练的时候要避免音读（即使读得非常快也不行），看一眼让自己在那一瞬间知道是什么内容就可以了，不必强迫记忆。每次进行 2—3 分钟的练习，尽可能地保持同一种节奏。

一目多字训练

经过符号和数字训练，可以正式进入一目多字的训练了。

以一目四字为例，也就是一眼要看 4 个文字，看的同时在心里打节拍，比如"嗒嗒嗒嗒"或者"嘀嘀嘀嘀"。这项训练的目的是让大家慢慢习惯不去读文字，也可以看清甚至理解文字的内容，通过"嗒嗒"或"嘀嘀"的节奏给大脑一个干扰，对语言中枢和听觉中枢进行强制干预。

另外，除了这种有节奏的阅读，还可以尝试在眼睛看到文字的刹那，尝试将文字"转换成"图像。比如"门可罗雀"，就可以瞬间在脑海中转化为"一扇大门前，人烟稀少"的画面。

门可罗雀	名胜古迹	宝刀未老	小题大做
点点滴滴	一毛不拔	栩栩如生	勤勤恳恳
叽叽喳喳	五彩缤纷	彬彬有礼	黑白相间
闭月羞花	隐隐约约	灯火通明	大可不必
一手遮天	栩栩如生	四面八方	比比皆是
明察暗访	一叶障目	眉飞色舞	冷冷清清
倾盆大雨	金碧辉煌	如鱼得水	花团锦簇

一目多字训练可以说是前面所有训练效果的综合体现，这个训练的开始，你可能会非常不适应，会觉得自己没办法这么看书，即使看完了也记不住。但是，我们要知道，现在不好的阅读习惯已经很多年了，而想要改变一个习惯是非常痛苦、非常难的一件事，但只要我们坚定信念，改掉不好的习惯，就会发现高效阅读的乐趣，体验飞一般的阅读感受。

　　大概 10 年前，有一对夫妻学员一起来学习我的高效阅读课程，老公是从美国回来的留学生，老婆是一位大学的英语老师。我在课程中也提到了一些破除音读的训练，比如一目多字的训练，这位女老师一直比较排斥，不太相信这种训练有帮助，相反，男的特别坚信，完全跟着我的课程内容进行训练。课程结束时，两人的学习效果差异很明显，男性学员的阅读速度能够达到每分钟 3000 字，另外一位大概每分钟 1000 字。

　　破除音读是比其他训练更漫长的一个过程，根据统计，只有阅读速度超过每分钟 5000 字，音读才算完全消失。在这之前，音读还是会占据阅读的主导位置，所以大家在训练过程中不必着急，放松心态。最重要的是，一定要将这种阅读的节奏应用到平时的阅读中去，去检验学习的结果。

　　前面 3 小节中已经进行了眼部灵活度、视幅范围以及阅读节奏的训练，现在让我们进行两篇"实战"练习。在练习的过程中，需要做到 3 点：

　　1. 阅读过程中，始终保持头部不动，只有眼睛进行左右（上下）的快速运动；

　　2. 按照"一目多字"的视幅宽度进行阅读，不要逐字阅读；

　　3. 整个阅读过程保持统一的节奏。

会说话的木头

在很久很久以前，有……

"有一个国王！"我的小读者们会立刻接着说道。

不，孩子们，是在很久很久以前，有一根木头。

这根木头倒也不是什么珍贵的东西，就是我们冬天扔进壁炉或炉子里生火取暖用的，那种柴堆里最普通的木头。

故事究竟是怎样开始的呢？我只知道某一天，这根木头刚好到了一个木匠铺里，这木匠铺的主人是一位名叫安东尼奥的老木匠，可大家都亲切地称呼他"樱桃师傅"，至于缘由嘛，是因为他的鼻尖总是红彤彤的，甚至发着紫色的亮光，跟一颗熟透了的樱桃没有两样。

看到这根木头，樱桃师傅非常开心，他激动得一边搓着手一边轻声念叨：

"这根木头来得可真是时候啊，我要把它做成桌子腿。"

话音刚落，他立马就抡起一把刀刃极薄的斧子，准备动手削掉树皮，先把桌腿大致的模样砍出来。就在他第一斧正要砍下去的时候，举在头顶上的手却突然停止了，因为他听见一个细细尖尖的声音乞求道：

"请下手一定要轻一点啊！"

小朋友们想象一下吧，这慈爱的老爷爷，樱桃师傅该有多吃惊啊！

他满脸都是吃惊的表情，眼睛瞪得圆圆的，朝着屋子里的角角落落扫视了一番，想找出这个声音的源头，要知道这个屋子里可只有他一个人啊！找找工作台下面，没有人；打开始终关着的柜子瞧瞧，没有人；向一篓刨花和碎木屑里面望望，也没有人啊；他最后连铺子门窗都打开了往街上看，可还是没有人！难道……

"哦，这样啊，"他挠挠头上的假发，笑着说道，"我知道了，这声音肯定是我幻听了。我还是专心工作吧。"

说着他便再次举起斧子，冲着那根木头使劲地砍下去。

"哎哟！好痛啊！你下手也太重了！"还是那尖尖的叫声抱怨着。

天啊！这一回樱桃师傅真是被吓呆了，害怕得眼睛像金鱼一样突了出来，大大地张着嘴巴，下巴拖得很长，怎么也合不起来，像喷水池里的一尊妖怪石像。

等他缓过神来，已经被吓得不停地颤抖，磕磕巴巴地念叨说：

"到底是哪里传出来的声音呢？还细声细语地叫着'哎哟'？屋子里除了我真的没有其他人啊。不会是这根木头吧，难道他学会了像婴孩那样哭着说话吗？这可让我怎么能相信。瞧，这真的就只是一根木头，他跟别的木头也没什么区别，用来生火取暖的。扔到火堆里，煮熟一锅豆子倒是很容易。那么，如果不是木头那是什么呢，莫非是木头里藏着个小孩吗，要当真躲了个小孩，可就是他的不幸了，看我怎么好好收拾他！"

他愤愤地说着，用力抓住这段可怜的木头，就把他往墙上撞，真的是毫无顾忌。

撞了几下，他便停下来竖起耳朵认真地听，看是否有什么哭声：两分钟过去了，没有；五分钟，还是没有；足足有十分钟，仍旧是什么声音也没有听到！

"真的有那个声音吗？"他脸上露出苦笑，郁闷地抓着头上的假发，怀疑地说，"肯定是我老了，那'哎哟'尖叫声一定是我自己听错了！肯定是我不够专心，还是抓紧工作吧。"

虽然这样安慰着自己，可他依旧心惊胆战，于是试图咿咿呀呀地哼支小曲来消减恐惧。

接下来他收起了斧子，转身拿出刨子，要把木头刨平。就在他一来一去的时候，又听见了那个熟悉又令人害怕的声音，这次竟然嘻嘻地笑了起来：

"快住手！好痒啊！你把我浑身都弄得好痒啊！"

我们可怜的樱桃师傅终于忍受不了，"扑通"一声瘫坐在了地上，像被雷电击中了一样动弹不得。等他再次清醒过来，看着坐在地上的自己，真不知道该怎么办才好。

这回都没法再叫他樱桃师傅了，因为他被吓得脸都变了色，已经发青的鼻头，再也不是往日大家熟悉的樱桃色了。

——[意]卡尔洛·科洛迪《木偶奇遇记》

（北京联合出版公司　筱菲　译）

豌豆上的公主

很久以前有一位王子，他想娶一位公主，不过必须得是一位真正的公主。因此他走遍世界，只想找到这样一位公主。然而不管他走到哪里，总会遇上一些麻烦。公主有很多，只是他不知道要如何判断她们是不是真正的公主，他总觉得她们缺少什么。最后，他只好沮丧地回到家中。他是多么渴望娶到一位真正的公主啊！

一天夜里，突然下起一阵大雨，天空电闪雷鸣，让人害怕极了！就在这时，传来一阵敲城门的声音，老国王亲自走去开门。

城门外站着一位公主。天啊！恶劣的天气，让她的样子变得既狼狈又难看。雨水顺着她的头发和衣裳往下淌，以至于流进鞋里，又从鞋跟流了出来。不过她说，她是一个真正的公主。

"好吧，这一点我们很快就能弄明白。"老皇后心里想着，却一句话也没说。她进入卧房后，把床榻上所有的被褥都挪开，在床板上搁了一颗豌豆；随后她又拿出二十张厚厚的床垫铺在上面；接着，她又在这些床垫上放了二十条鸭绒褥子。

这一夜，公主就睡在这张床上。

第二天早晨，大家向她询问睡得怎样？

"啊，简直糟透了！"公主说道，"我几乎一夜没合眼！天晓得床上到底有什么？一粒硬邦邦的东西硌得我浑身发紫，太可怕了！"

现在，大家都清楚了，这的确是一位真正的公主，因为隔着二十张厚厚的床垫和二十条鸭绒褥子，她依然能感觉到那颗豌豆的存在。只有真正的公主，才有这么娇嫩的皮肤。

于是，王子和她结婚了。因为他知道，这是一位真正的公主。而那颗豌豆也因此被送进博物馆，如果没有被人拿走，我们现在还能在那里看见它呢！

注意！这是一个真的故事。

——［丹］安徒生《安徒生童话》

（北京联合出版公司　李可　译）

第4节　更高阶的"眼商"训练

前面的训练，会给我们的阅读带来一定的帮助和提高，但想拥有更强的阅读力，还需要更系统、更高阶的训练方式：

第一，测试：阅读速度和阅读效率；

第二，系统阅读力训练；

第三，更高阶的"眼商"训练。

阅读速度和阅读效率测试

在系统进行提升阅读力之前，先对自己的阅读能力有一个大致的了解，可以以阅读速度和阅读效率为测评基准。检测的规则有 6 个：

1. 检测前请准备好秒表或其他计时器；

2. 按照现有的阅读方式和习惯进行阅读，并开始计时；

3. 整篇文章可以看多次，直到自己认为看懂为止；

4. 阅读完毕后计时停止，开始答题，答题过程禁止复看文章；

5. 答题完毕后，计算阅读速度和阅读效率；

6. 将阅读速度和阅读效率记录。

规则清楚之后，做好准备，开始迎接测试挑战吧！

大家可以阅读下面两篇文章，为了获得更准确、真实的测试数据，在分别计算完阅读速度和阅读效率后，可以再计算出两篇文章数据的一个平均数。

淋湿的匹诺曹（771 字）

这个冬夜真让人不寒而栗，震耳欲聋的雷声，一道道闪电划破夜空，整片天空好像陷入一片火海一般，冰冷刺骨的飓风夹杂着无数尘土，涤荡了整片田野，弄得所有树木都哗啦哗啦作响。

匹诺曹最惧怕电闪雷鸣，可肚子饿远比电闪雷鸣还要恐怖。于是他掩上门，转身就跑，头也不回地蹦出了百余步，终于到了一个村子，他累得如同一条猎犬一样气喘吁吁地吐着舌头。

村子里漆黑得伸手不见五指，连个人影都没有，铺子也都关了门。家家户户也都是门窗紧闭，街上甚至连一条狗也没有，整个村子寂静得没有一点生气。

匹诺曹丧气极了，拖着饿得瘪瘪的肚子，只好去拉一户人家的门铃，他不停地拉出叮当叮当的声响。心里祈祷着：

"一定要有人朝外瞧瞧啊。"

竟然还真的有人从窗口探出头来往下看，是一个顶着睡帽的老头儿，可他气鼓鼓地大叫：

"这三更半夜的，你有什么事？"

"请您行行好吧，给我点面包好吗？"

"你等一会儿，我这就下来。"老头儿爽快地答应了，心里却想准碰上了小坏蛋，大半夜来调皮捣乱，不让人睡个安稳觉，颠颠地跑来拉门铃戏耍老实人。

一会儿工夫，窗子再次打开，还是那个老头儿的声音对匹诺曹喊道：

"你就在楼下站好，把帽子放手里托着。"

匹诺曹还没有自己的帽子，他快步走到窗口下面，只听哗的一声，送给他的是一大盆冰水，小木偶被从头泼到脚，好似一株蔫了的天竺葵呆呆地立在那里。

匹诺曹像只落水狗，返回到家里，饥寒交迫的他，丝毫力气都没有了。已经站都站不稳的他，干脆一屁股坐下，把两只湿乎乎且沾满污泥的脚放到了烧炭的火盆上。谁知他竟然就这么睡着了，在他熟睡的时候，两只木头脚被火渐渐地烧成了炭，变成了灰烬。

不过匹诺曹只顾自己舒服地酣睡，打着响亮的呼噜，仿佛这双脚不是他的，他没有一点儿反应。直到听见有人敲门，他才醒来，而这时天已经亮了。

"谁呀？"他揉着惺忪的睡眼，打着哈欠问道。

"是我！"一个熟悉的嗓音回答。

正是杰佩托的嗓音。

——［意］卡尔洛·科洛迪《木偶奇遇记》

（北京联合出版公司　筱菲　译）

请完成下列测试题，满分 100 分。

一、选择题（共 40 分，每道 10 分）

1.匹诺曹掩好门，向外飞奔起来，头也不回地蹦了（　　）步，终于到了一个村子。

    A.十几步　　　　B.几十步　　　　C.五十几步　　D.百余步

2.匹诺曹累得如同一条（　　）一样气喘吁吁地吐着舌头。

    A.猎犬　　　　　B.小狗　　　　　C.大狗　　　　　D.猎狗

3.一会儿工夫，窗子再次打开，还是那个老头儿的声音对匹诺曹喊道："你就在楼下站好，把（　　）放手里托着。"

    A.衣服　　　　　B.口袋　　　　　C.帽子　　　　　D.书包

4.只听哗的一声，送给他的是一大盆冰水，小木偶被从头泼到脚，好似一株蔫了的（　　）呆呆地立在那里。

    A.向日葵　　　　B.君子兰　　　　C.天竺兰　　　　D.天竺葵

二、填空题（共 40 分，每空 5 分）

1.这个冬夜真让人不寒而栗，（　　）的雷声，一道道闪电划破夜空，整片天空好像陷入一片（　　）一般，（　　）的飓风夹杂着无数尘土，涤荡了整片田野，弄得所有树木都哗啦哗啦作响。

2.匹诺曹丧气极了，拖着饿得（　　）的肚子，只好去拉一户人家的门铃，他不停地拉出（　　）的声响。

3.已经站都站不稳的他，干脆一屁股坐下，把两只（　　）且沾满污泥的脚放到了烧炭的（　　）上。

4.匹诺曹直到听见有人敲门，他才醒来，而这时天已经（　　）了。

三、判断题（共 20 分，每道 10 分）

1.匹诺曹在小老头那里得到了一块面包。（　　）

2.最后杰佩托回来了。（　　）

眼泪潭（1645字）

"真奇怪啊，太奇怪啦！"爱丽丝喊起来，她惊讶得一时简直连话也说不上来了，"现在我又放大了，就像最大的望远镜里看到的人一样啦！再见吧，我的双脚！"她低头看了看，发现自己的两只脚离得那么远，几乎看不见了。"哦，我可怜的小脚丫，现在谁能给你们穿袜子穿鞋呢？我可帮不上你们的忙了！我离你们太远太远，实在没法照顾你们，以后你们只好自己照顾自己啦。不过，我必须好好对待它们，"爱丽丝想道，"要不，它们就不带我上我想去的地方啦！好吧，每年圣诞节，我都要送它们一双新靴子。"

接着，她继续琢磨着送靴子的细节。"我要把靴子寄给它们，"她想道，"多滑稽的事情，给自己的脚寄礼物！包裹上的地址看上去才古怪呢：'壁炉前，炉边地毯上，爱丽丝的右脚收。爱丽丝寄。'啊，天哪，我这是说的什么胡话呀！"

就在这个时候，她的脑袋撞在大厅的天花板上了。她这个时候身高已经超过九尺了。她马上抓起那把小小的金钥匙，匆忙朝通向花园的那扇门跑去。

可怜的爱丽丝！她现在最多只能侧身躺在地板上，用一只眼睛透过那扇门朝花园望望，要想钻过去可根本没指望了。她坐下来，再次开始哭泣。

"你不觉得丢人吗？"爱丽丝自言自语道，"像你这么大的姑娘，还哭鼻子。我要你马上停下来！"可她还是照样哭个不停，眼泪汩汩地流啊流，落在她的身子周围，积成一个水潭，把半个大厅都积了足有四寸深的水。

过了一会儿，她听到远处传来啪嗒啪嗒的脚步声，连忙揩干泪水，看看是谁来了。原来是那只白兔回来了，它这回穿着十分考究，一只手拿着一双小山羊皮手套，另一只手拿着一把大扇子。它急匆匆地跑来，嘴里还喃喃地自言自语道："噢！公爵夫人，公爵夫人！我让她久等了，她准会冲我大发雷霆的！"爱丽丝这时候正在绝望中，见了什么人都想要人家帮忙的，所以，等那白兔走近的时候，她压低声音，用胆怯的腔调开口说："劳您的驾，先生……"兔子着实吓了一大跳，它把小山羊皮手套和扇子一扔，拼命逃到黑暗中去了。

爱丽丝捡起扇子和手套，因为大厅里非常热，她一边扇动扇子，一边自言自语说个不停："天哪，天哪！今天发生的事情多古怪呀！昨天可是平平常常的。不知道我是不是在夜里变了？让我想想，我今天早上起床的时候是不是平常的样子？我好像记得，当时就觉得跟平常有点不一样。要是我已经不是自己了，那么我就得问问，我到底变成谁了？啊，这可真是个难题呀！"接着，她开始把自己熟悉的，而且年龄跟她一样的女孩子想了一遍，想弄清楚，自己变成她们中的哪一个啦。

"我敢保证，我不是埃达，"她说，"因为她的头发又长又带卷儿，可我的头发一点儿都不卷。我也敢保证，我不可能是梅布尔，因为我懂得许许多多东西，可她却是一问三不知！另外，她是她，而我是我。哎呀，天哪，这话把人都弄糊涂啦！我来试试看，以前知道的东西现在是不是还知道。我想想：四乘以五等于十二，四乘以六等于十三，四乘以七等于……啊，天哪！照这么背下去，永远也到不了二十啦！再说，九九乘法表也不能算是个标准。我试试地理知识吧。伦敦是巴黎的首都，巴黎是罗马的首都，罗马是……不对，全错了，我敢保证！我准是变成梅布尔了！我背诵《小鳄鱼》试试。"她就像背课文那样，把双手交叉起来搁在膝盖上，开始背诵，可她的声音变得又粗哑又古怪，背诵出来的词语也跟平常不一样了：

小鳄鱼怎样保养它闪亮的尾巴？
它用尼罗河水冲洗每片金色的鳞甲！

它咧开嘴巴欢乐开心，
它伸开手指多么优雅，
脸上挂着慈祥的微笑，
迎接小鱼游进嘴巴。

　　"我敢肯定背的词不对。"可怜的爱丽丝说。她眼睛里涌出了泪水，接着说："原来我真的变成梅布尔了。我得去住在那间小破屋里，几乎连个玩具也没有，噢！还得补那么多功课！不行！我打定主意了。假如我真的变成了梅布尔，我就待在这个井下面，不出去！他们就是把脑袋伸进来对我说：'快上来吧，亲爱的！'我也不听。我就对他们说：'你们先告诉我，我是谁。假如是我喜欢的那个人，我才上去，要不然，我就待在这儿，等变成别人才行。'可是，噢，天哪！"爱丽丝突然放声大哭起来，"我多希望他们能把脑袋伸进来呀！我独自在这里可待腻啦！"

——[英]刘易斯·卡罗尔《爱丽丝漫游奇境》

（陕西师范大学出版总社　贾文浩，贾文渊　译）

请完成下列测试题，满分 100 分。

一、选择题（共 50 分，每道 10 分）

　　1.现在我又放大了，就像最大的（　　）里看到的人一样啦！再见吧，我的双脚！

　　　　A.望远镜　　　　　　　　　B.放大镜

　　　　C.显微镜　　　　　　　　　D.眼镜

2.好吧，每年圣诞节，我都要送它们一双新（　　）。

　　A.袜子　　　　B.手套　　　　C.围巾　　　　D.靴子

3.就在这个时候，她的脑袋撞在大厅的天花板上了。她这个时候身高已经超过（　　）了。

　　A.七尺　　　　B.八尺　　　　C.九尺　　　　D.十尺

4.她听到远处传来啪嗒啪嗒的脚步声，连忙揩干泪水，看看是谁来了。原来是那只（　　）回来了。

　　A.白猫　　　　B.白兔　　　　C.小狗　　　　D.山羊

5.它这回穿着十分考究，一只手拿着一双小山羊皮手套，另一只手拿着一把（　　）。

　　A.大扇子　　　　B.小拐杖　　　　C.大手电　　　　D.小眼镜

二、填空题（共30分，每空5分）

1.可她还是照样哭个不停，眼泪（　　）地流啊流，落在她的身子周围，积成一个水潭，把半个大厅都积了足有（　　）的水。

2.爱丽丝捡起扇子和（　　），因为大厅里非常热，她一边扇动扇子，一边自言自语说个不停。

3.我得去住在那间（　　）里，几乎连个（　　）也没有，噢！还得补那么多功课！不行！我打定主意了。假如我真的变成了梅布尔，我就待在这个（　　）下面，不出去！

三、判断题（共20分，每道10分）

1.伦敦是罗马的首都，罗马是巴黎的首都，巴黎是……不对，全错了。（　　）

2.爱丽丝最后在这个地方待腻了。（　　）

阅读速度与效率的计算公式

可以根据下面的计算公式，进行阅读速度和阅读效率的计算：

阅读速度＝文章字数 ×60/ 时间（这里的时间是要换算成秒）；

阅读效率＝阅读速度 × 理解率（%）（这里的理解率为答题正确率）。

比如，一篇文章 1500 字，阅读用了 75 秒，理解率是 80%，那么阅读速度就是 1500×60/75=1200 字 / 分，阅读效率是 1200×0.8=960 字 / 分。

现在可以计算一下自己的阅读速度和阅读效率。

第一篇文章测试结果：

我的阅读速度：771 字 ×60/（　　　）秒 =（　　　）字 / 分

我的阅读效率：（　　　）字 / 分 ×（　）%=（　　　）字 / 分

第二篇文章测试结果：

我的阅读速度：1645 字 ×60/（　　　）秒 =（　　　）字 / 分

我的阅读效率：（　　　）字 / 分 ×（　）%=（　　　）字 / 分

最终测试结果：

$$我的阅读速度 = \frac{（第一次阅读速度）+（第二次阅读速度）}{2}$$

$$我的阅读效率 = \frac{（第一次阅读效率）+（第二次阅读效率）}{2}$$

系统阅读力训练

在了解了自己的阅读速度和阅读效率之后，我们可以有目的地进行一些刻意练习。这部分是整个高效阅读最基础的内容，一共包括五大训练方向，分别是：专注能力训练，眼肌眼动训练，视幅范围训练，阅读节奏训练和文章阅读训练。如果准备好了，请翻开本书附带的小册子，开始挑战吧！

高效阅读基础训练的过程中，有几个容易出现的问题：

一、心态失衡

首先，急于求成，想立刻看到效果，让自己的阅读速度突飞猛进，变身"阅读达人"。当然，梦想是好的，但现实却很"骨感"，任何训练都需要经过长期的、坚持不懈的努力才能有所成就，绝不是一朝一夕就能成功的事情，所以，心态上大家一定要做好准备。

我为大家提供的训练大多数都是可以量化的，也就是说，你可以通过数据看到自己的变化，看到自己的付出与进步，这样会更容易坚持下去。

二、轻视训练

有些人会觉得某些训练"性价比"太低，对阅读的有利影响不大，然后就选择放弃不做，这是非常糟糕的选择。希望大家知道，提升阅读力的每一个训练都是经过推敲、打磨多次的，它们之间环环相扣、相辅相成，每一个都有着至关重要的作用。所以，要想得到好的结果，每一个训练都必须要完成。

三、错误的训练

在训练的过程中，容易出现的一些错误会导致训练结果不理想：

1. 眼肌眼动训练时，不注意眼睛和训练内容的距离。它们的距离大约在 30 厘米，不能过远，也不能过近。

2. 训练内容偏上或偏下。所有需要拿起的训练内容都要保证双目平视。

3. 视幅范围训练时，眼睛跟着移动。视幅范围训练就是在不断扩大我们的余光区，所以训练中尽量保持眼睛自然、放松，并且不能跟着阅读目标左右或上下移动。

4.阅读节奏过快或过慢。在阅读节奏训练中，尤其一目多字的训练，眼跳的节奏要尽可能地快，因为太慢就会让大脑放松，注意力不集中，但也不能太快，让眼睛"疲于奔命"，这样也会造成压力过大，训练效果不佳。

5.阅读文章的训练时，误以为"高效阅读"就是"扫读或略读"。为了将阅读速度提高得快一点儿，就忽略了规律性地跳读，而采用扫读或者略读，这种现象非常不好。所以，无论当下的阅读速度如何，都要按照规律性的节奏进行高效阅读，千万不要贪图一时的速度。

更高阶的"眼商"训练

最后一个更高阶的"眼商"训练会让我们的阅读力更上一层楼。它包括两个部分：

第一，高阶"眼商"训练。

高阶的"眼商"训练是从"眼部灵活度"和"视幅范围"这两个维度展开的，锻炼的是我们综合的、完整的眼部能力。

眼部灵活度的高阶训练一共有6项。

一、双行横向"眼商"训练

双行横向"眼商"训练，类似于横向"之"字形训练，也是为了锻炼眼部横向灵活度和横向肌肉。

具体的训练方法是，眼睛从左上方的两个点出发，沿着箭头的方向左右移动，每次要求看到两个点，记录1分钟内自己能做几次。

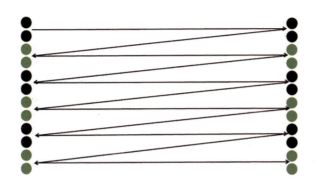

二、双行纵向"眼商"训练

双行纵向"眼商"训练，类似于纵向"之"字形训练，是为了锻炼眼部纵向灵活度和纵向肌肉。

具体的训练方法是，眼睛从左上方的两个点出发，沿着箭头的方向上下移动，每次要求看到两个点，数一数自己1分钟的时间内能做几次。

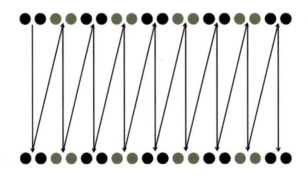

三、三行"眼商"高阶训练

接下来是三行横向和纵向的"眼商"训练，相比于之前的两个训练，更考验我们的视幅范围能力和专注能力。规则与双行的一致，不过每次要求看到三个点。

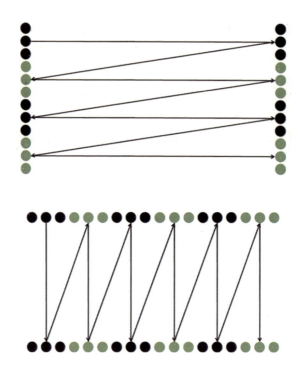

四、四行"眼商"高阶训练

接下来是四行横向和纵向的"眼商"训练，相比于之前的训练，这个训练要求每次看到四个点，对我们的视幅能力和专注能力又是一个挑战。

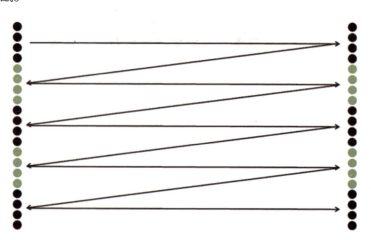

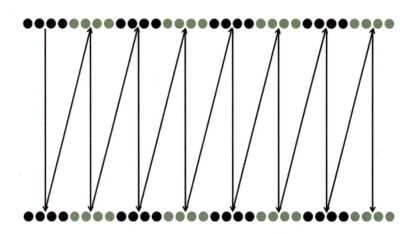

高阶的眼部灵活度训练，可以帮助我们慢慢从"一目多字"过渡到"一目多行"，甚至最终达到"一目十行"的阅读能力。

接下来是视幅范围的高阶训练，一共有两项。

五、视野扩展训练

视野扩展训练，首先将目光聚焦到"X"处，然后慢慢扩展视野到数字"4"，尽量看清所有的数字"4"，且保证目光一直聚焦在"X"处不动。当所有的数字"4"都能看到后，继续把视野慢慢扩展到数字"6"，尽量看清所有的数字"6"。

```
6  6  6  6  6  6  6
6     4  4  4  4     6
6     4           4  6
6     4     X     4  6
6     4           4  6
6     4  4  4  4     6
6  6  6  6  6  6  6
```

训练过程中，可以保持使用"四段呼吸法"，这样可以让我们处于放松的状态，更有利于练习。每次可训练 3 次，每次维持 20 秒，放松眼睛 10 秒钟可再进行下一次。

当"46"训练表格完成得很顺利之后，可以提高难度，进行"258"训练表格。

```
8 8 8 8 8 8 8 8 8 8 8 8 8
8                         8
8   5 5 5 5 5 5 5 5 5     8
8   5   2 2 2 2 2 2       5
8   5   2           2     5
8   5   2       X     2   5
8   5   2             2   5
8   5   2           2     5
8   5   2 2 2 2 2 2       5
8   5                     5
8   5 5 5 5 5 5 5 5 5     8
8                         8
8 8 8 8 8 8 8 8 8 8 8 8 8
```

六、数字连连看

在前面"舒尔特表格"基础训练中的数字是"1—25"，比较少，训练也比较容易。这里的数字连连看训练里，数字分别是"1—40"和"1—60"，数字更多，难度更大；但也能更加扩展我们的视幅范围和锻炼眼部灵活度。

数字连连看的操作与舒尔特表格训练类似，让眼睛分别按照"1—40""1—60"的顺序快速移动，依次找到每一个数字，然后记录所用的时间。

"1—40"数字连连看：

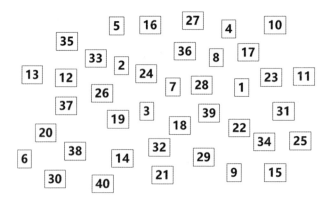

"1—60"数字连连看：

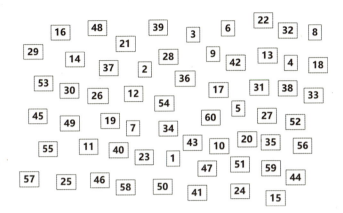

第二，文章闯关训练。

在长期的教学过程中，我发现有的孩子需要另外一种训练来帮助他们快速提高阅读力，那就是限时阅读的文章闯关训练。每次阅读限定时长，这样可以帮助学生有更强的目标感，以及一定的紧张感和更集中的专注力。

这项训练很简单，就是在规定的时间内结合之前的基础训练，将固定的挑战文章阅读完，然后进行答题即可。接下来的3篇文章，大家快来挑战吧！

800 字／分文章闯关挑战

这篇文章的字数是 736 字，所以按照阅读速度计算公式，这篇文章需要在 55 秒内阅读完。

灾难（736 字）

学年开始就发生了意外的事情。今晨到学校去，我和父亲正谈着先生所说的话。忽然见路上人满了，都奔入校门去。父亲就说：

"出了什么意外的事了？学年才开始，真不凑巧！"

好不容易，我们进了学校，人满了，大大的房子里充满了儿童和家属。听见他们说："可怜啊！洛佩谛！"从人山人海中，警察的帽子看见了，校长先生的光秃秃的头也看见了。接着又走进来了一个戴着高冠的绅士，大家说："医生来了！"父亲问一个先生："究竟怎么了？"先生回答说："被车子轧伤了！""脚骨碎了！"又一先生说。原来是洛佩谛，是二年级的学生。上学来的时候，有一个一年级的小学生忽然松开了母亲的手，倒在街上了。这时，街车正往他倒下的地方驶来。洛佩谛眼见这小孩将被车子轧伤，大胆地跳了过去，把他拖救出来。不料他来不及拖出自己的脚，被车子轧伤了。洛佩谛是个炮兵大尉的儿子。正在听他们叙述这些话的时候，突然有一个妇人发狂似的奔到，从人堆里挣扎进来，这就是洛佩谛的母亲。另一个妇人同时跑拢去，抱了洛佩谛的母亲的头颈啜泣，这就是被救出的小孩的母亲。两个妇人向室内跑去，我们在外边可以听到她们"啊！洛佩谛呀！我的孩子呀"的哭叫声。

立刻，有一辆马车停在校门口。校长先生抱了洛佩谛出来。洛佩谛把头伏在校长先生肩上，脸色苍白，眼睛闭着。大家都静默了，洛佩谛母亲的哭声也听得出了。不一会儿，校长先生将抱在手里的受伤的人给大家看，父兄们、学生们、先生们都齐声说："洛佩谛！好勇敢！可怜的孩子！"靠近一点的先生学生们都去吻洛佩谛的手。这时洛佩谛睁开他的眼说："我的书包呢？"被救的孩子的母亲拿书包给他看，流着眼泪说："让我拿吧，让我替你拿去吧。"洛佩谛的母亲脸上现出微笑。许多人出了门，很小心地把洛佩谛载入马车。马车就慢慢地驶去，我们都默默地走进教室。

——[意]亚米契斯《爱的教育》

（北京联合出版公司　夏丏尊　译）

请完成下列测试题，满分 100 分。

一、选择题（共 40 分，每道 5 分）

　　1.洛佩谛是（　　）学生。

　　　　A.二年级　　　　B.三年级　　　　C.四年级　　　　D.五年级

　　2.两个妇人向（　　）跑去，我们在外边可以听到她们"啊！洛佩谛呀！我的孩子呀"的哭叫声。

　　　　A.学校　　　　B.室内　　　　C.大厅　　　　D.办公室

　　3.靠近一点的先生学生们都去吻洛佩谛的手。这时洛佩谛睁开他的眼说："我的（　　）呢？"

　　　　A.衣服　　　　B.帽子　　　　C.手套　　　　D.书包

　　4.许多人出了门，很小心地把洛佩谛载入（　　）。

　　　　A.汽车　　　　B.马车　　　　C.三轮车　　　　D.手推车

二、填空题（共 40 分，每空 5 分）

　　1.从人山人海中，警察的（　　）看见了，校长先生的（　　）的头也看见了。接着又走进来了一个戴着高冠的（　　），大家说："（　　）来了！"父亲问一个先生："究竟怎么了？"

　　2.洛佩谛眼见这小孩将被车子（　　），大胆地（　　）了过去，把他拖救出来。不料他来不及拖出自己的脚，被车子轧伤了。

　　3.洛佩谛把头伏在（　　）先生肩上，脸色（　　），眼睛闭着。

三、判断题（共 20 分，每道 10 分）

　　1.学年开始就发生了一件不意外的事情。（　　）

　　2.所有人都认为洛佩谛是一位勇敢的小天使。（　　）

1200 字／分文章闯关挑战

　　这篇文章的字数是 900 字，所以按照阅读速度计算公式，这篇文章需要在 45 秒内阅读完。

卖炭者与绅士（900字）

昨天卡罗·诺琵斯向培谛说的那样的话，如果是卡隆，绝不会说的。卡罗·诺琵斯因为他父亲是上等人，很是高傲。他的父亲是个长有黑须的沉静的绅士，差不多每天早晨都要伴着诺琵斯到学校里来。昨天，诺琵斯和培谛对骂。培谛年纪顶小，是个卖炭者的儿子。诺琵斯因为自己的理错了，无话可辩，就说："你父亲是个叫花子！"培谛气得连发根都红了，不做声，只簌簌地流着眼泪。好像后来他回去向父亲哭诉了。午后上课时，他那卖炭的父亲——全身墨黑的矮小的男子就携着他儿子的手到学校里来，把这事告诉了先生。我们大家都默不作声。诺琵斯的父亲照例正在门口替他儿子脱外套，听见有人说起他的名字，就问先生说："什么事？"

"你们的卡罗对这位的儿子说：'你父亲是个叫花子！'这位正在这里告诉这事呢。"先生回答说。

诺琵斯的父亲脸红了起来，问自己的儿子："你曾这样说的吗？"诺琵斯俯了首立在教室中央，什么都不回答。他父亲捉了他的手臂，拉他到培谛身旁，说："快道歉！"

卖炭的好像很对不住他的样子，连连说："不必，不必！"想上前阻止，可是绅士不答应，对他的儿子说：

"快道歉！照我所说的样子快道歉，'对于你的父亲，说了非常失礼的话，这是我所不该的。请原恕我。让我的父亲来握你父亲的手。'要这样说。"

卖炭的越发现出不安的神情来，好像在那里说"那不敢当"。绅士总不答应。于是诺琵斯俯了头，用断断续续的声音说：

"对于……你的父亲，……说了……非常失礼的话，这是……我所不该的。请你……原恕我。让我的父亲……来握……你父亲的手。"

绅士把手向卖炭的伸去，卖炭的就握着大摇起来。还把自己的儿子推近卡罗·诺琶斯，叫用两手去抱他。

"从此，请叫他们两个坐在一处。"绅士这样向先生请求。先生就令培谛坐在诺琶斯的位上，诺琶斯的父亲等他们坐好了，才行了礼出去。卖炭的注视着这并坐的两个孩子，沉思了一会儿，走到座位旁，好像要对诺琶斯说什么，好像很依恋，好像很对不起他，终于什么都没有说。他张开了两臂，好像要去抱诺琶斯了，可是也终于没有去抱，只用他那粗大的手指在诺琶斯的额上碰了一碰。等走出门口，还回头向里面一瞥，这才出去。

先生对我们说："今天的事情，大家不要忘掉。因为这可算这学年中最好的教训了。"

——［意］亚米契斯《爱的教育》

（北京联合出版公司　夏丏尊　译）

请完成下列测试题，满分 100 分。

一、选择题（共 40 分，每道 10 分）

1.他的（　　）是个长有黑须的沉静的绅士，差不多每天早晨都要伴着诺琶斯到学校里来。

　　　　A.叔叔　　　　B.父亲　　　　C.母亲　　　　D.兄弟

2.培谛年纪顶小，是个（　　）的儿子。

　　　　A.绅士　　　　B.先生　　　　C.叫花子　　　D.卖炭者

3.卖炭的越发现出（　　）的神情来，好像在那里说"那不敢当"。

　　　　A.难过　　　　B.不安　　　　C.开心　　　　D.不解

4.先生对我们说："今天的事情，大家不要忘掉。因为这可算这学年中最好的（　　）了。"

A. 礼物　　　　B. 结果　　　　C. 教训　　　　D. 经验

二、填空题（共 40 分，每空 5 分）

　　1.培谛气得连（　　　）都红了，不做声，只（　　　）地流着眼泪。

　　2.（　　　）的父亲脸红了起来，问自己的儿子："你曾这样说的吗？"诺琵斯俯了首立在（　　　），什么都不回答。

　　3.他张开了（　　　），好像要去抱诺琵斯了，可是（　　　）没有去抱，只用他那（　　　）的手指在诺琵斯的（　　　）碰了一碰。

三、判断题（共 20 分，每道 10 分）

　　1.绅士让儿子给卖炭者道歉。（　　　）

　　2.卖炭者最后和儿子和解了。（　　　）

1500 字／分文章闯关挑战

　　这篇文章的字数是 2047 字，所以按照阅读速度计算公式，这篇文章需要在 82 秒内阅读完。

捣蛋的木偶——匹诺曹（2047 字）

　　杰佩托的家是一处狭小的地下室，楼梯的底端有一扇小小的窗子透着微光。一把残破的椅子、一张陈旧的床和一张摇摇欲坠的小桌子拼凑成了一个极其简单的陋室。除了外面这几样可怜的家具，里面倒是显得有些生气，墙上有个小壁炉，生着火，红红的火苗上热着一口小锅，锅里正冒着滚滚的热气。可是仔细一看，呀！这些竟然都是画出来的，就连冒出来的热气都画得特别生动，像是真的一样。

　　杰佩托刚一走进家门，立马就拿出工具，着手刻他的木偶。

　　"我要称呼他什么好呢？"杰佩托一个人嘟囔道，"我就叫他匹诺曹吧，这将会是一个带给他幸福的名字。因为我知道有一家子，他们都叫匹诺曹：匹诺曹爸爸、匹诺曹妈妈、匹诺曹孩子们……这一家人都非常的幸运，尤其是那个靠乞讨为生的，过得很富有。"杰佩托给木偶选定了称呼，就专心工作起来，专心地挥舞着他手中的刻刀。头发、脑门儿、眼睛，一一呈现。

木偶的两只眼睛刚刚刻好，竟然就自己骨碌碌地转了起来，非常生动，接着就目不转睛地瞪着杰佩托。大家想象一下，看到这一情景的杰佩托该有多吃惊吧！然而被这双活的木头眼睛瞪得实在受不了，杰佩托终于恼怒地说：

"可恶的木头眼睛，你干吗瞪着我？"

没有回应。

刻好了眼睛，接下来是鼻子。鼻子刚刻好，他就开始疯狂地长起来，长着，长着，长着，一直到长成了一个特别长特别长的鼻子，似乎还没有停止长下去的意思。

可怜的杰佩托动手把鼻子弄短，可他越是截断，这鼻子反倒越是没完没了地变长，真是毫不客气。

鼻子刻好之后就该刻嘴巴了。可是嘴巴还没刻好呢，竟然就咧开嘴角笑了起来！

"不许笑！"杰佩托恼怒地说。然而这句话像是对着空气说的，没有得到任何回应。

"我再重申一遍，不准笑！"他用恐吓人的语气大吼。

于是嘴巴不再咧着嘴角，却调皮地伸出了整条舌头。

这次杰佩托为了不浪费时间而误了进度，便假装什么都没看见，继续挥动他手中的刻刀。

把嘴巴刻好之后，下巴、脖子、肩膀，然后是肚子，再然后是胳膊和手，都依次在杰佩托的手中成了形。

就在他刚刚把手指尖的最后一刀落成的时候，杰佩托突然觉得头上的假发被拽掉了。他抬头一看，脸色都变了，大家是不是已经猜到发生了什么？只见木偶的手里正摆弄着杰佩托那顶黄色的假发呢。

"匹诺曹！快把头发还我！"

可匹诺曹非但没还给他假发，还把他戴到自己头上。弄得他整个头都被假发遮住了，差点儿闷得不能呼吸。

木偶如此不懂事，杰佩托觉得生平第一次这样难过。于是他面对匹诺曹难过地说：

"我还没把你做完呢，你这个坏家伙，就已经如此不孝敬你可怜的老父亲了！太糟糕了，我的孩子，你这样真的是太坏了！"说完他抹去眼泪。

说完杰佩托就继续刻腿和脚了。

在脚刚刚被刻好的一刹那，杰佩托就觉得鼻尖上被踢了一下。

"我真是活该受罪！"杰佩托感慨地说道，"如果一开始就能想到这一点该多好！现在一切都晚了！"

他打算教他走路，于是架起木偶的胳肢窝，小心地把他放在地板上。

开始匹诺曹的腿十分麻木，硬挺挺的不会挪动。杰佩托便扶着他的手，耐心地教他一点一点挪动双腿，练习走路。

等腿刚能迈开步子，匹诺曹就已经迫不及待地开始自己走了，兴奋得满屋子乱蹦乱跳，最后竟然冲出大门，逃到街上，跑了。

可怜的杰佩托拼命地追赶，怎么能追得上呢！小坏蛋匹诺曹像只野兔一般，欢蹦乱跳。一双木脚像石头一般撞击着路面，噼里啪啦的声音就像二十双农民的木头鞋一齐在响。

"抓住他！快抓住他！"杰佩托大叫着求救。可街上的人看见一个跑得像匹小马驹一样的木偶，都觉得惊奇，只是停下来好奇地张望，忍不住哈哈大笑，真是笑得肆无忌惮。

幸运的是有一个警察听到了人们的吵闹声，误以为是谁家的小马驹逃脱了，为了避免其闯祸，警察就大胆地横在道路中间，并且岔开他那粗壮的大腿，准备阻拦。

匹诺曹在很远处就看见警察拦住了整条街，心想只能从他两腿之间猛冲过去了，可是他的计划失败了。

警察毫不费力地一把就抓住了匹诺曹的鼻子（他的鼻子这么长，像是特地做出来方便警察抓的），把他还给了杰佩托。杰佩托真想马上狠狠地拉住他的耳朵，好好地教训他一顿，可这想法却让他自己吃了一惊！因为他前后左右翻看着，竟找不到耳朵，大家想想这究竟是怎么一回事啊？原来他拼命地赶工时，却忘了为他刻两只耳朵。

杰佩托打算把木偶带回家，既然没有耳朵可揪，只好揪住了他的颈背，同时晃着脑袋威胁他说：

"咱们马上回家，到了家，我一定好好跟你算账！"

匹诺曹听到这样的狠话，瞬间就躺倒在地上，赖着不肯走。这时很多有强烈好奇心的闲人们都赶来凑热闹，一下子就聚成了一个小集会。

大家你一言我一语地议论着。

"这木偶真可怜！"有人说，"他不回家也没错啊！天晓得杰佩托这凶老头会如何收拾他呢……"

还有人心怀不轨地接着话茬儿说道：

"杰佩托这老家伙，表面看着仁慈，对孩子可真凶！如果这个可怜的木偶栽到他手里，肯定被他剁成碎木屑……"

总而言之，被他们这么胡乱地议论着，那位警察竟然放开了匹诺曹，反倒把可怜的杰佩托抓到监狱。在去往监狱的路上，杰佩托断断续续地抽泣着说：

"可恶的小坏蛋！我原本辛辛苦苦是想做出个好木偶！结果却是自作自受！早知如此，当初我真该再多想一想啊！"

——［意］卡尔洛·科洛迪《木偶奇遇记》

（北京联合出版公司 筱菲 译）

请完成下列测试题，满分 100 分。

一、选择题（共 40 分，每道 10 分）

1. 杰佩托的家是一处狭小的地下室，（　　）的底端有一扇小小的窗子透着微光。

　　A. 房顶天窗　　B. 楼梯　　　　C. 卧室　　　　D. 客厅

2. 大家想象一下，看到这一情景的杰佩托该有（　　）吧！

　　A. 多激动　　　B. 多恐惧　　　C 多吃惊　　　D. 多愤怒

3. 大家是不是已经猜到发生了什么？只见木偶的手里正摆弄着杰佩托那顶（　　）的假发呢。

　　A. 黄色　　　　B. 蓝色　　　　C. 红色　　　　D. 紫色

4. 小坏蛋匹诺曹像只（　　）一般，欢蹦乱跳。

　　A. 小猫　　　　B. 老鼠　　　　C. 猴子　　　　D. 野兔

二、填空题（共 40 分，每空 5 分）

1. 除了外面这几样可怜的家具，里面倒是显得有些（　　），墙上有个小壁炉，生着火，红红的（　　）上热着一口小锅，锅里正冒着滚滚的（　　）。可是仔细一看，呀！这些竟然都是画出来的。

2. 一双木脚像（　　）一般撞击着路面，（　　）的声音就像二十双农民的（　　）一齐在响。

3. 这时很多有强烈（　　）的闲人们都赶来凑热闹，一下子就聚成了一个（　　）。

三、判断题（共 20 分，每道 10 分）

1. 杰佩托给他的木偶找到名字之后，先为他做出了眼睛，然后是额头，最后是头发。（　　）

2. 警察抓住了匹诺曹，杰佩托为了教训他，真想马上狠狠地拉一下他的头发。（　　）

知识矩阵 >>>>

在第二章中，我们一共学习了 8 个重点内容和若干训练方法，来提高我们阅读中的"视觉力"，进而提高阅读速度。

影响阅读速度的 4 条原因

1. 音读占据主导地位
2. 左右脑不平衡
3. 眼部基础能力弱
4. 视幅范围狭小

提高阅读速度的基础能力训练

1. 横向 / 纵向"之"字形训练
2. 横向 / 纵向"弓"字形训练
3. 横向 / 纵向"8"字形训练

提高视幅范围的 5 项基础训练

1. 字母感知训练
2. 扩大的矩形
3. 扩大的箭头
4. 舒尔特表格训练
5. 文字矩阵训练

让阅读变得有节奏的 3 项训练

1. 符号节奏训练
2. 数字节奏训练
3. 一目多字训练

阅读力（速度 + 效率）的测试公式

1. 阅读速度 = 文章字数 × 60/ 阅读时间
2. 阅读效率 = 阅读速度 × 理解率

21 天阅读力系统训练

1. 包括 5 个方向的刻意练习
2. 只有坚持系统训练，才能更好地提高阅读力

更高阶的 6 项"眼商"训练

1. 双行横向"眼商"训练
2. 双行纵向"眼商"训练
3. 三行"眼商"高阶训练
4. 四行"眼商"高阶训练
5. 视野扩展训练
6. 数字连连看

文章限时闯关挑战

进行 4 个等级的限时阅读挑战

任务卡片 >>>>

知识需要从"知道"到"做到"，而在这个过程中，我们需要完成一系列的小任务哦！

 Task

周一的眼部基础能力训练

每周一利用自己的碎片时间，分别完成"横向/纵向之字形训练"和"横向/纵向八字形训练"各1组

One

 Task

周二的视幅范围训练

每周二利用自己的碎片时间，完成2组舒尔特表格训练

Two

 Task

周三的阅读节奏训练

每周三利用自己的碎片时间，完成3分钟的一目多字训练

Three

 Task

周四的阅读力测试

经过前3天的基础练习，在周四的时候完成一篇文章的阅读，并测试自己的阅读速度和阅读效率

Four

 Task

周五的系统阅读力训练

完成一整套的阅读力系统训练，包括：固点凝视训练、眼部基础能力训练、视幅范围训练、一目多字训练和文章测试

Five

Task

文章限时闯关训练

根据自己的实际情况，完成相应速度级别的文章闯关。一定要选择比自己阅读速度稍高一些的关卡哦

Six

 Task

更高阶的"眼商"训练

根据自己的实际情况，完成高阶的"眼商"训练（具体训练内容可自行选择）

Seven

 Task

系统的阅读力训练

完成一整套的阅读力系统训练，包括：固点凝视训练、眼部基础能力训练、视幅范围训练、一目多字训练和文章测试

Eight

 Task

周末的亲子游戏时间

可以玩一玩专注力小游戏哦

Nine

第三章

阅读中的理解——理解力

哼哼是一位非常特殊的学生，他没有系统跟我学习过阅读方法，但我们几乎每天都会一起读书，没错，他是我的亲生宝宝。

与哼哼共读的过程中，我惊讶地发现，他对于书中的内容有强烈的好奇心和探索欲望，并且喜欢跟我分享他的一些理解和看法，甚至还会发挥想象力，跟我描绘书中没有的故事，虽然这样经常让我疲惫不堪，但也乐在其中。要知道，他现在仅仅是一个5岁的小朋友！

传统的阅读理解更加侧重识读文字、复述内容、回答老师或者题目中的问题，但是这样不一定能够真正理解或者领悟到什么。我认为，真正的阅读理解是不断地思考与学习，是视野的不断扩展，是在已有知识的基础上能掌握新知识，是将自己从读者变成作者。

所以，在阅读的过程中要不断地发问与推测，始终与作者保持"对话"。

第 1 节　引导阅读目的——"提问法"

晚年的爱因斯坦经常在自己的实验室里走来走去，背着手喃喃自语。助手们很好奇他在说什么，但是又不敢跟着偷听。终于有一天，一名助手鼓足勇气凑得近了一些，竖起耳朵，这才听清爱因斯坦说："要是我能问对问题就好了。"

爱因斯坦认为，他最应该做的不仅仅是提供答案，而是提出根本性问题，然后再寻求答案以开辟新的研究领域。

其实每个儿童都是提问高手，都是天生的提问大师。他们会提出各种各样的问题，比如：云彩是什么呀？为什么会下雨啊？狗狗为什么是人类的好朋友啊？人类为什么会说话呢？……而这些问题的答案只是为了帮助他们理解这个世界。

会提问题说明你是聪明的，你希望把一些零碎的知识拼凑成一个整体，就像爱因斯坦一样，其实，我们每一个人都可以像爱因斯坦一样思考哦！

阅读也是一样，要学会提问，然后在书中寻找正确的答案，而不仅是盲目地从书中获取知识。提问能够引导我们与作者对话，了解到自己最关心的内容，然后进一步加深对文字、内容的理解，在阅读过程中产生的疑问，也能够证明我们在用心看书，认真思考哦！

高质量的提问

那么，怎么才能够提出高质量的问题呢？

一、阅读前"问书皮"

拿出一本书的时候，首先观察一下封面上的视觉元素，文字、图画等，可以感受一下，封面会让我们想到什么？

然后就可以提出一系列的问题，比如这本《80天环游地球》：

1. 根据书名，我们可以问一问：故事的主人公是谁？乘坐的交通工具是什么？他们为什么要去环游世界？他们都经过了哪些国家和地区？发生了哪些好玩的事？

2. 根据图片元素，我们可以问一问：难道他们是乘坐热气球环游了世界？在埃及金字塔发生了什么故事？旅途中遇到了什么人？

3. 根据其他文字元素，我们可以问一问：难道这是一篇"科幻小说"？如果是，文中会出现哪些现实中没有的物品呢？"险象环生的奇妙之旅"，他们遇到了很大的危险吗？难道是遇到了"外星人"？

你看，仅仅利用图书的封面，我们就可以提出一系列的问题，之后，就可以开启奇妙的"寻宝"之旅了，只不过，我们的"宝贝"是一个又一个问题的答案。

二、阅读中的三层次

阅读中，高质量提问的一个核心原则，是一定要在阅读的时候紧跟"好奇心",因为它会带我们在书中不同的地方停下来,这些问题由浅入深,大致分为三个层次,可以帮助我们更加透彻地理解这本书:

第一层:从目录、章节标题中提问。 比如读《80天环游地球》第一章标题"福格和路路通成为主仆"的时候,我们可以停下来,问一问:

1. 福格和路路通分别是谁?他们是人类吗?

2. 为什么他们会成为主仆呢?他们为什么要成为主仆?

3. 他们什么时候成了主仆?在一起待了多长时间呢?

4. 他们成为主仆是自愿的吗?如果不是,是谁强迫谁的呢?

一定要鼓励自己提问,同时也要清楚,有些问题是没有固定答案的,比如什么是美?什么是丑?但有没有答案不是最重要的,最重要的是能够提出让我们思考的问题,因为提问是非常有效的学习方式。

第二层,从正文的细节进行提问。 通过提问正文中的人物、时间、地点、观点等细节内容,会让我们更加有兴趣、有耐心地把书读完。

接着往下读,我们可以根据正文内容继续提出一些更复杂的问题。

这位菲利亚·福格先生是伦敦改良俱乐部的一个会员,虽然他似乎从来没有做过什么引人注目的事,却仍然是俱乐部里最特别、最受关注的人。

——[法]儒勒·凡尔纳《80天环游地球》

(北京联合出版公司 孙志阳 译)

看到这,你可能会问:

1. 改良俱乐部是一个干什么的俱乐部?人们在里面都做什么?

2. 为什么叫改良俱乐部这么奇怪的名字?

3. 福格先生为什么没有做过引人注目的事?是自己不愿意做还是自己不能做呢?

4. 他为什么没做过引人注目的事情，却是最特别和受关注的人呢？

接着往下读，我们还可能提出一些更有深度的问题。

没有人看见他出现在交易所、银行；在伦敦商业区的任何一家商行里，也没有他的影子；在伦敦的任何港口或是码头，都没有一艘船的船主名叫福格；任何一个行政管理委员会里，也没有人发现这位绅士；不论是在律师公会，还是伦敦四法学会的中院、内院、林肯院或格雷院，都没有人听过他的名字；至于大法官法庭、女皇御前审判庭、财政审计法院、教会法院这些打官司的地方，他也从来没有去过。他不开办工厂，也不从事农业；他不是靠说合维持生计的捐客，也不做生意；他没有加入英国皇家学会，也不是伦敦学会的成员，更不是手工业者协会、罗素氏学会的会员；西方文学会和法律学会里，都没有他的位置；至于科学艺术联合会这一由仁慈的女皇陛下直接垂顾的地方，跟他也没有任何关系；而首都那个以消灭害虫为宗旨的昆虫学会，或其他诸多大大小小的社会团体里，都没有福格先生的名字。

——［法］儒勒·凡尔纳《80天环游地球》

（北京联合出版公司　孙志阳　译）

继续提问：

1. 几乎所有地方都没有"福格"先生的生活痕迹，难道他是一个"隐形人"？

2. 福格先生如此"神秘"，是因为他要保守什么秘密吗？

3. 如果是保守秘密的话，那么他的真实身份到底是什么呢？

当然，这些问题的答案不一定都会被找到，但是问题却有助于我们讨论和思考，产生更好的阅读代入感，进行更有"体验感"的阅读。

继续深入阅读，我们也许就能够得到前面问题的答案了。

新来的仆人回答，"叫路路通。只要听这个名字，就可以知道我天生精于办事。先生，我自认为自己是个诚实的人。说实话，我干过的行业有很多种。我曾经是个闯荡江湖的歌手；还当过马戏班的演员，能像雷奥达一样飞腾在悬空的秋千架上，也能像布龙丹一样跳跃在绳索上；为了更好地发挥我的才能，我又做了体育教练。最后，我去了巴黎，做了一段时间的消防队班长，在这期间还救过几场惊险的火灾。到现在为止，我离开法国都有五年了。我想尝尝当管家的滋味，所以就来到英国，当亲随用人。我现在没有工作，就上您这儿来了。因为，我知道福格先生您，是联合王国里最讲究准确且最爱安静的人。现在，我只希望您能留下我，让我在您府上安安静静地吃碗安稳饭。希望以往的一切，包括我这个名字路路通，都可以忘记……"

——［法］儒勒·凡尔纳《80天环游地球》

（北京联合出版公司　孙志阳　译）

你看，通过这段文字的阅读，我们能够得到一些问题的答案：

比如：为什么他们会成为主仆？原来是路路通自荐来的，因为他想要尝尝当管家的滋味；他们是什么时候成为的主仆？是路路通离开法国5年之后，他们成了主仆……

同样，在回答前面问题的过程中，我们也可以不断产生新的疑问，比如：

1. 路路通认为自己天生就精于办事，是自吹自擂还是真有本事？

2. 福格先生是最讲究、最安静的人，那他是不是"贵族"呢？

第三层：结合自身的实际情况进行提问。创作往往来源于现实，书本的内容常常会激发我们对现实生活的思考与反思，在阅读过程中多联系自身情况进行提问，不仅有助于我们把书"吃透"，更会提高我们自身的思辨能力。

文中说到"路路通做过很多行业"，我们就可以结合自身的情况进行提问，比如：

1. 现实中我身边有这种具有"多项才能"的人吗？

2. 这种"多项才能"的人具备什么样的"品质"呢？

3. 如果路路通是在撒谎说大话，那么他为什么要这么做？我有没有"撒谎"过呢？

4. 我"撒谎"的原因是什么？

其实，这样的问题可以说是没有标准答案的，但是有助于我们更有深度地思考。

提升学习能力的提问

更有趣、更重要的是，阅读中不断地提问，除了能够让我们一直保有"好奇心"地阅读下去，还可以提高我们的记忆力、理解力、应用力、分析力、评估力和创造力等学习能力。 那么，怎么提出可以提升能力的问题呢？

一、提升记忆能力的问题

提升记忆能力的问题一般有：

1. 这篇文章的主人公是谁？

2. 开始、中间、结尾分别发生了什么？

3. 这篇文章讲述的故事是在什么时间、什么地点发生的呢？

二、提升理解力的问题

提升理解能力的问题一般有：

1. 这篇文章主要讲述的内容是什么？

2. 我能否用自己的语言把文章的主要内容讲述出来？

三、提升应用力的问题

提升应用力的问题一般有：

1. 我能试着写出这种文章吗？

2. 这种文章是不是有"固定模式"？

四、提升分析力的问题

提升分析力的问题一般有：

1. 这篇文章中人物的性格与你相比有没有相同的地方？

2. 这篇文章有没有让你联想起一件什么事情？是发生在你自己身上的吗？

3. 如果让你选，你希望成为文章中的哪个人物？

五、提升评估力的问题

提升评估力的问题一般有：

1. 这本书在我读过的书中是怎样的？（最好的 / 一般的 / 不好的）为什么？

2. 这个故事能拍成一部电影吗？为什么？

六、提升创造力的问题

提升创造力的问题一般有：

1. 故事还有没有其他结局呢？

2. 能否给故事的主角重新设计一段经历呢？

这些问题不用每一次阅读都问一遍，每次选择一些问题去问即可。

我们就以儒勒·凡尔纳先生的《海底两万里》举例，看看如何通过"提问"来读完一本书。

第1步：在看封皮和书名的时候，可以问这些问题：

1. 故事是发生在海底两万里的地方？海底有那么深？

2. 如果海底真的有那么深，会发生什么奇妙的事情呢？

3. 封面图片中谁是主角？主角会有什么有趣的经历呢？

4. 前面有一团发光的"物体",那是什么呢?

第2步:在读第一章"飞逝的巨礁"时,可以这样问:

1. 为什么礁石会飞?是真的礁石吗?

2. 巨礁如果真的会飞,那么它要飞到哪里?为什么还"逝"了呢?

3. 如果不是真正的礁石,那么它是什么呢?

第3步:在读正文的时候,一边阅读,一边提出问题,这时候可以借助下面两个工具来提问:

1. "为什么是这样"工具:为什么巨礁要攻击往来的船只?为什么内德·兰德不相信有什么海麒麟和独角兽?为什么尼摩艇长要一直生存在大海里?

2. "我想知道"工具:我想知道接下来发生什么了?我想知道"亚伯拉罕·林肯号"最终怎么样了?我想知道"鹦鹉螺号"是从什么地方来的?

第4步:在整部书读完的时候,我们可以问:

1. 这本书讲述了一个什么故事?

2. 这本书跟之前读过的哪本书可以作比较,二者有什么相同和不同之处?

3. 如果让我选,我希望成为书中的哪个角色?为什么?

当然,阅读过程中,可以提各种各样的问题。请记住,没有"不好"的问题,只有"不敢"提问的人!

通过认真思考提出问题的方式,会逐渐培养我们对文学作品的判断能力。而且,一些问题会将书中的内容与我们自身的经验联系起来,通过思考、回顾这些问题,我们可以进行自我反思,得出新的结论或者提出更加深刻的问题。当然,在这个过程中,很多疑惑也会迎刃而解。

第 2 节 高效获取信息——"关键词法"

很多人读书的时候总是找不到重点，越读脑子越乱，读了半天不知道作者想要表达什么；还有的人想跟别人分享所读的内容，却不知道从哪里开始，要么说不出来，要么说不到重点，让人听不懂；更有人在上语文课或者考试的时候，被要求提炼文章的核心内容，却怎么也找不到正确的答案。

大家出现这种困扰，多数是因为在阅读的时候，对于文章关键词的抓取能力不足。那么，我们首先要了解什么是关键词。

什么是关键词？

所谓的关键词，就是能够描述事物的本质，是在一句话、一段文字中最核心的内容，也是能够概括文章的主要内容、提炼作者观点、归纳段落大意和标示句段关系的字词。

这个概念有点儿抽象，可以做一个类比。一般利用搜索引擎查找某些知识的时候，大家很少会输入一大段文字，而是输入一个或几个你觉得能够帮助你找到这个信息的词语。

比如要搜索"思维导图在学习中的应用"，那么我们可能输入"思维导图""学习"这两个关键词就可以了；比如你想了解"初中阶段需要学习的单词都有哪些"，你也不会输入这一段文字，输入"初中单词"这个关键词就足够了。这就是关键词，能够帮助我们揭示出一段内容的核心。

我们用《格林童话》中的一小段文字，来直观感受一下什么是文字中的关键词。

从前，有一位国王，他有很多个女儿。她们都长得很漂亮，但最漂亮的要数他的小女儿。就算她睡着了，星星照耀着她，都不愿意眨一下眼睛。在离王宫不远的地方，有一片大森林。在森林里的一棵老椴树下，有一个很深的水潭。每到夏季，小公主总会来水潭边玩耍，因为这里凉爽舒适。每次来这里时，她总会带着一个金球，独自玩抛球游戏——将金球抛向空中，再用手接住。这也是她最喜欢的一种游戏。

——［德］格林兄弟《格林童话》

（北京联合出版公司 黄声华 译）

这段文字的关键词有"从前、国王、女儿、漂亮、大森林、水潭、夏季、玩耍、凉爽、金球、抛、接住、游戏"。从词性的角度出发，一般情况下关键词以名词和动词居多，换句话说，关键词就是句子、文章中被修饰的词语。

"5W2H"关键词提炼法

知道了什么是关键词，那用什么方法从密密麻麻的文字中快速地把关键词"抓"出来呢？这里有一个方法，叫作"5W2H"关键词提炼法。"5W2H"分别对应了几个英语单词，分别是：

1.What：什么，在句子中经常以宾语或主语出现，一般情况下以名词为主；

在"她总会带着一个金球"中，"金球"就是这种性质的关键词。

2.Who：谁，这类关键词非常容易就找到，在句子中经常以主语出现；

在"从前，有一位国王，他有很多个女儿"中，"国王"这个主语就是这种性质的关键词。

3.Where 和 When：分别对应了地点和时间；

"每到夏季，小公主总会来水潭边玩耍"中的"夏季"就是 when 类的关键词，"水潭"就属于 where 类的关键词。

4.Why：为什么，这类关键词不是很好找，在故事中一般是推动事情发展的，往往会和"因为""由于"同时出现，并且一般会以动词或形容词呈现；

"每到夏季，小公主总会来水潭边玩耍，因为这里凉爽舒适。"这句话中，"凉爽舒适"就是小公主来这里玩耍的原因。

5.How：英文是"如何"的意思，在这里我们可以理解为"做的方式"，即如何做，也就是找到段落中的"动词"；

"将金球抛向空中，再用手接住"这句话中，"抛"和"接住"这两个动词就是这种性质的关键词。

6.How much：数量词，明显的量词都是我们在阅读中需要记忆的重点；

"有一位国王""一棵老椴树""有一个很深的水潭"中数量词就很明显。

当掌握了方法之后，搜索关键词就不是那么困难的一件事儿了，但并不需要找到"5W2H"中的所有信息，我们要有选择性地进行判断和筛选。相信自己，经过日积月累的练习，筛选关键词的能力就一定会越来越强，到时候，眼睛就会像"扫描仪"一样，可以从密密麻麻的文字中快速"抓"到关键词。接下来，我们用实际的例子来练习一下。

提炼关键词的基础练习

一、提炼关键词

首先，从简单的句子开始。

第一句："炎炎的太阳，高悬在城市的上空。"

我们来分析一下：第一个"太阳"，属于 Who 性质的关键词，是整句话的主语；下一个，"高悬"，属于 How 性质的关键词，是整句话的谓语；最后一个"上空"，属于 What 性质的关键词，是整句话的宾语。

第二句："这几天的天气真是太冷，寒风吹在脸上好像刀割一样。"

我们来分析一下：第一个"天气"，属于 Who 性质的关键词，是整句话的主语；下一个，"寒风吹"，也是一个关键点，是"What"+"How"，我们在阅读中可以一并提炼出来。

接下来，提高点难度，看一个小段落。

植物能吃虫。夏天，沼泽地带常常可以看到一种淡红色小草，这就是会捕捉飞虫的毛毡草。毛毡草的叶子上有 200 多根小绒毛，这些小绒毛能分泌出一种黏性很强的液体，这种黏液还含有一种很甜的味道和香气，小虫子一闻到这种气味，就急急忙忙地飞来，一旦落到它的叶子上，就会被牢牢地粘住。经过 1—2 小时，小虫子就被叶子消化吸收掉了。

——S 版《语文》三年级下册

（语文出版社）

从这里面提取关键词，按照我们的阅读顺序，一句一句地来看，分别是"夏天、沼泽地带、小草、捕捉、毛毡草、叶子、200多根、小绒毛、液体、气味、小虫子、粘住、1—2小时、消化吸收"。

二、检验关键词的质量

从段落中寻找完关键词之后，很重要的一步是：检验关键词的质量。检验方法是，把这些关键词连起来，同时根据每一个关键词联想相关的内容，看看能否很好地还原这段文字，如果可以大体还原复述出来，那就证明找到的关键词是正确的、高质量的。

三、压缩关键词的数量

还有一个问题，如果让我们用简短的语言把这段文字表述出来，那关键词的数量有点儿多，而且有一些是重复的，比如"小草"和"毛毡草"。进行合并，缩减关键词的数量后，就会变成"叶子""气味""虫子""吃掉"这4个关键词，然后用一句话表达这段话的内容，就是"叶子上分泌出一种气味，吸引虫子飞过来，然后将他吃掉"。

提炼名段中的关键词

我们通过《绿野仙踪》中一个经典段落来进行练习。

第二天早晨，他们这一小群行路人醒来后，精神焕发，充满了希望。多萝茜像公主一样，用河边果树上的桃子和李子当了早餐。他们动身后，虽然经过不少挫折，但已经安全通过黑暗森林；他们的前方，却是一片可爱的、洒满阳光的旷野，它仿佛在招呼他们快去翡翠城。确实，宽阔的河流将他们与那片美丽的土地隔开了，但是木筏已接近完工。铁皮伐木人又砍了几根木头，用木钉把所有的木头固定、整合好，然后，他们就准备出发了。多萝茜把托托抱在臂弯里，在木筏中央坐下。胆小鬼狮子踏上木筏的时候，它倾斜得很厉害，因为它个子大，身子沉。不过稻草人和铁皮伐木人站到木筏另一端，让它取得了平衡。他们每人手里都拿着一根长篙子，撑动木筏破开水面向前漂。

——[美] 弗兰克·鲍姆《绿野仙踪》

（北京联合出版公司　谢明贤　译）

按照"5W2H"的逻辑寻找关键词，边阅读边把相关的关键词填写下来：

	What	Why	How	When	Where	Who	How much
关键词	河流 木筏 木钉 长篙子	充满希望	通过 固定整合 撑动 漂	第二天 早晨	黑暗森林 旷野 翡翠城 木筏中央	行路人 多萝茜 铁皮伐木人 托托 狮子	几根 一根

1.What 类的关键词：我们可以寻找出"河流""木筏""木钉""长篙子"。

2.Why 类的关键词：比如"充满希望"，因为他们充满希望，所以才会有后面一系列的事情发生。前面有说过，这种性质的关键词比较不好区分，需要各位慢慢感受。

3.Who 类的关键词：这类关键词比较好找，如"行路人""多萝茜""铁皮伐木人""托托""狮子"。

4.When 类的关键词：跟时间有关的表述，如"第二天早晨"。

5.Where 类的关键词：也是相对容易寻找的类型，如"黑暗森林""旷野""翡翠城""木筏中央"这些跟地点相关的。

6.How 类的关键词：这类关键词比较不容易提炼，一般情况下是动词，如"通过""固定整合""撑动""漂"，需要注意的是，在寻找How 类关键词的时候，要将前后的主语和宾语连接起来理解。

7.How much 类的关键词：这类关键词非常简单，一切跟数量有关的即可，如"几根木头""一根"。

这是整个练习过程，各位平时可以专门拿出时间来，边阅读边记录关键词，可以像上面的表格一样。慢慢熟练之后，大家眼睛的检索能力就会大大增强。

第 3 节　有效破译信息——"推理法"

在读书的时候，"走马观花"似的翻书，很少把自己代入到故事角色中去，这样的阅读其实是没什么意义的。

我相信很多人因此困扰，那有没有什么好的办法能解决这个问题呢？

方法当然有，就是这节的核心内容"推理法"。在阅读过程中通过"推理"对文字信息进行加工，从而理解文字的深层含义，让自己变身阅读中的"福尔摩斯"。

变身"福尔摩斯"的 4 个步骤

需要明确一点，阅读的时候，我们的大脑并不能直接将书上的文字进行"运输"，而是需要经过 4 个步骤：

1. 寻找关联。包括两个方面，一个是上下文之间的关联，还有一个是与自身经验的关联。

比如，当读到这样一段文字：

"比起刚才来，雨水似乎下得更加厉害了……"

我们就可以联系自身的生活经历，回想自己曾经历过的一场大雨是什么样的？当时的自己在做什么？有没有被雨淋湿？等等。回忆越真实、细致越好，不要觉得这样做会耽误时间，它会更容易拉近我们与故事人物的关系，提高对文字的理解。

再比如，当读到鲁迅先生《朝花夕拾》时：

广州的天气热得真早，夕阳从西窗射入，逼得人只能勉强穿一件单衣。书桌上的一盆"水横枝"，是我先前没有见过的：就是一段树，只要浸在水中，枝叶便青葱得可爱。

——鲁迅《朝花夕拾》

（陕西师范大学出版总社）

同样可以联系自身的经验，自己在天气很热的时候是什么感受，内心有什么样的情绪？自己是否有养过绿植？如果有，每次看到绿植郁郁葱葱的时候是怎样的心情？

2. 提出问题。根据作者给的"文字线索"，结合"自身经验"，进行自我检视与思考，提出一系列与后文发展有关的问题。

给大家分享一个小工具，叫"我想知道……"。其实就是一个句式结构，使用非常简单，根据文字内容，进行自我提问。

比如，当读到《秘密花园》中的一段文字：

"梅德洛克太太喝了茶，吃到鸡肉与牛肉时，情绪便好得多了……"

　　　　　　　　　　　　　　——［美］伯内特《秘密花园》

　　　　　　　　　　　　　　　　（中信出版社　李文俊　译）

　　可以使用这个工具，如"我想知道梅德洛克太太喜欢吃鸡肉与牛肉吗？""我想知道梅德洛克太太是太饿了吗？"或者"我想知道梅德洛克太太情绪好多了之后会做什么呢？"当然，可以发挥你"神探"的想象力问更多的问题。

　　3. 做出推断。根据字里行间的内容，结合自己的疑问，试着推理下文的发展。相信我，这个过程非常有意思，你可以"天马行空"地发挥你的推理能力。推测的时候，可以用这样的语言开始："我认为……""我猜……""我的结论是……"等。

　　还是这段文字：

　　"梅德洛克太太喝了茶，吃到鸡肉与牛肉时，情绪便好得多了……"

　　　　　　　　　　　　　　——［美］伯内特《秘密花园》

　　　　　　　　　　　　　　　　（中信出版社　李文俊　译）

　　可以做一些推测："我猜她接下来会跟身边的人有说有笑。""我认为梅德洛克太太接下来要美美地睡一觉。""我的结论是梅德洛克太太会开始回顾自己的人生。"当然，每个人都会有自己的推测，因为大多数的推测是基于大家自身的生活经验和理解产生的。

　　一般推测故事内容会让我们对接下来展开的故事更加好奇，因为我们都想要验证自己的猜想。但对于阅读而言，推测本身是最重要的，即使猜不对也没有关系，关键是我们让阅读的内容与自己产生了联系。

　　4. 验证推断。提出推断之后，很自然想马上验证自己的推断是否正确。 这是一个很有趣的过程，推断可能有错有对，这都没有关系，重要的是，随着阅读的不断深入，我们之前的推断逐渐得到验证的同时又会产生新的推断……慢慢地，我们就会越来越享受这种阅读的过程了。

比如，带着刚才的推断继续下文：

"他东西吃的确实不少，吃完后也就睡着了……"

——[美] 伯内特《秘密花园》

（中信出版社　李文俊　译）

我们可能会产生新的推断："我认为她会做一个美梦。""我猜她睡了很久很久，直到别人叫醒她。"

鼓励自己进行独立推断

很多人能够流利地、一字不差地读完一篇文章，但读的过程中对文字"毫无感情"，对故事发展也不关心，很少会预测下文的走向，甚至根本不会把自己代入到文章或者故事当中。 这样走马观花、不求甚解地阅读，是对文字、故事的"感受性"差的根本原因之一，也是阅读理解难的根本原因之一。

所以，在平时的阅读中鼓励自己多进行推断，并且是独立地推断。 其实也就是多想一想、多问一问，可以使用上面提到的"我想知道……""我认为……"等句式来进行。

当然，在阅读完一篇文章或者故事之后，也可以问一问自己："我怎么看？ 有哪些地方触动了我？"这样循序渐进，就可以养成我们主动阅读和独立思考的能力。

阅读的任何一个环节，都可以引入这样的阅读思维。 当看到封面的时候，我们可以提问、推测，引发我们对故事内容的好奇和一探究竟的欲望。开始阅读的时候，带着这些疑问和猜想找寻答案，是一件非常有趣的事情，也是一段非常有意义的阅读之旅。

《老人与海》的封面上，一艘小船上有一位老人正在与水中一条巨大的马林鱼搏斗。

看着这样的封面和书名，可以有这样的推测："我也在海上坐过船（寻找关联），海上的风浪很大，这位老人的船太小了，它能抵挡住风浪和大马林鱼的攻击吗（提出问题）？我认为这艘船抵挡不住，最终会'船毁人亡'（做出推断），但我认为这位老人一定是一位特别勇敢的'超人'（做出推断）。"

推测过程本身是最重要的，所以，即便猜不对也没有关系。关键在于整个思考过程，这样会让我们与阅读的文字建立足够多的联系，而且是有"情感"的联系。

随着故事内容的展开，我们会改变某些之前的认识和推断，比如我们发现"老人"经过一系列的"战斗"，最终战胜了"大马林鱼"，他的船也没有遇到很大的风浪，没有损毁，他胜利了！

老人放下钓索，一脚将大鱼踩住了，使出全身的力气，把鱼叉举得尽可能地高，将它朝下直扎进鱼身的一侧，就在大胸鳍靠后的那个部位——这胸鳍高高地竖立着，与老人的胸膛一样高。他感到铁叉扎进去了，于是索性把身子倚在上面，使它扎得更深一点，最后再用全身的重量把它压下去。

……

"让我的头脑保持清醒吧。"他靠在船头的木板上祈祷着，"我已经够累了。但幸运的是，我杀死了这条鱼，现在我得去干点辛苦的活儿了。我得准备好套索和绳子，把它绑在船边，再将船装满水好把它拉上船，然后把水泄掉。这条小船绝对装不下这个大家伙，我得做好一切准备，把它拖过来，好好绑住，竖起桅杆，扬帆返航。"

——［美］海明威《老人与海》

（北京联合出版公司　刘浩然　译）

读到这里，我们一定会被老人的"战斗力"和"意志力"惊叹、吸引。同时我们也可以产生新的一轮推测，比如"我认为老人在胜利之后会顺利返航"；或是"我猜老人在返航途中还会遇到一些困难"。

随着阅读的不断深入，猜想逐渐得到一些结论，慢慢地，我们就会更加深入故事，走进文章，也会关注到更有深度的、深层次的意义。

待他的小船驶进小港，露台饭店的灯光已经全部熄灭了，他想人们应该都上床睡觉了。海风逐渐加强，这会儿刮得非常猛烈。但是港湾里却是静悄悄的，他将小船径直驶到岩石下面的一小片卵石滩前。只有他自己，没人来帮忙，他只好竭尽全力把船划到紧靠岸边的位置。他跨出船，将船系在一块岩石上。

接着，将桅杆拔下，卷起帆，系住。然后，再将桅杆扛起往岸上爬。直到此时，他才感觉到自己究竟疲惫到什么程度。他停下歇了一会儿，回过头向海里望，在街灯的映照下，那条鱼的大尾巴笔直地竖在船艄的后边。他看到它裸露的脊骨像一条白线，还有那长着醒目长嘴的黑黢黢的头，而头尾之间却什么都没有了。

——［美］海明威《老人与海》

（北京联合出版公司　刘浩然　译）

在文章的中间部分，我们验证了之前的猜测，虽然老人驾驶着船顺利回到了港口，但是自己的"猎物"——那条"大马林鱼"，却在返航的途中不断被鲨鱼攻击，最终变成了"一条白线"，只剩一个骨头架了。

读到这里，小说还有将近一半的内容，但我相信，大家一定会饶有兴趣地继续读下去。

推断能力训练技巧

通过上一小节，我想大家都明白了如何在阅读中通过推断来加深自己对文字的理解，有效地破译作者的写作思路。但也有人会担心，"我的推理能力不是很厉害，怎么办？"不要怕，让我们通过游戏的方式来提高吧！

游戏的名字叫"20问"，是个多人游戏，有这样几个步骤：

小游戏：20问

❶ 先让一人在心里想一个物品当作题目，开始的时候最好是具体的，比如水杯；

❷ 另一人通过问问题的方式来猜出正确答案，只能是"这个东西是……样的吗？"；

❸ 出题人只能回答"是"或"不是"；

❹ 提问的人一共可以问20个问题来猜中答案，否则就算失败。

举个例子，比如题目是"水杯"。

那么我们可以这样问：

❶ "这个东西是学习用品吗？""不是。"

❷ "这个东西是生活用品吗？""是。"

❸ "这个东西是容器吗？""是。"

❹ "这个东西是做饭用的吗？""不是。"

……

这种好玩有趣的文字游戏，能够有效地培养我们的推断能力，为日后阅读理解分析打好基础。

第4节　轻松存储信息——"图像法"

很多人因为总记不住读书内容而苦恼，甚至因为这个"痛苦"的事情放弃读书，接下来我们就学习一下如何通过"图像法"来巩固阅读记忆。

首先，想要提高阅读后的记忆效率，就一定要一边阅读，一边将文字在大脑中转换成图像。为什么呢？有两个原因：

第一，图像是大脑的"第一语言"。对于大脑来说，文字属于抽象信息，而图像属于具象信息。那为什么图像是大脑的"第一语言"呢？闭上眼睛，当你听到"香蕉"的时候，看看大脑的第一反应是什么。其实，当我们听到"香蕉"，大脑的本能反应一定是呈现出具体的画面。这就证明，大脑在遇见信息的时候，第一反应一定是用图像化的方式来理解，也就是说，图像信息更容易让大脑接受和理解。

第二，通过图像信息，更容易调动起其他的感受，也更容易跟作者产生共鸣，加深我们对文字信息的理解。

比如：

不必说碧绿的菜畦，光滑的石井栏，高大的皂荚树，紫红的桑葚；也不必说鸣蝉在树叶里长吟，肥胖的黄蜂伏在菜花上，轻捷的叫天子（云雀）忽然从草间直窜向云霄里去了。单是周围的短短的泥墙根一带，就有无限趣味。油蛉在这里低唱，蟋蟀们在这里弹琴。翻开断砖来，有时会遇见蜈蚣；还有斑蝥，倘若用手指按住它的脊梁，便会啪的一声，从后窍喷出一阵烟雾。何首乌藤和木莲藤缠绕着，木莲有莲房一般的果实，何首乌有臃肿的根。有人说，何首乌根是有像人形的，吃了便可以成仙，我于是常常拔它起来，牵连不断地拔起来，也曾因此弄坏了泥墙，却从来没有见过有一块根像人样。如果不怕刺，还可以摘到覆盆子，像小珊瑚珠攒成的小球，又酸又甜，色味都比桑葚要好得远。

——鲁迅《朝花夕拾》

（陕西师范大学出版总社）

在阅读鲁迅先生这段文字的过程中，我们脑海中的图像会像万花筒一样不断地变换，从"碧绿的菜畦"到"光滑的石井栏"再到"高大的皂荚树、紫红的桑葚"，从"鸣蝉"到"云雀"，从"何首乌"到"覆盆子"，画面一个接着一个浮现。不仅如此，还能调动起我们的听觉、嗅觉和味觉，可以说把身体的整个感官都调动起来了，在这个过程中，我们仿佛跟随鲁迅先生一起回到了他的那个美妙的孩童时代。

这就是"图像"带给我们的意义。当朗诵一首诗歌、阅读一篇小说或者浏览一个故事的时候，脑海出现相对应的画面，甚至调动起其他的感官系统，不仅可以让我们对文字的记忆和理解更加深刻，还会触发我们的"情感"，跟作者产生强烈的共鸣。

那么，具体要怎么做呢？

如何使用"图像法"读懂文字

1. 把书读成"画"。就是在大脑中把文字转换成图像。我们可以在阅读的时候有意识地通过提问来提醒自己，"我都看到了什么？"

这样做会很容易调动大脑进行图像转化。

当看到这样一行文字：

"一个人孤独地在看太阳落山。"

我们的头脑中可能会有这样一个画面：一个人在山上（或者平原上）看向远方，太阳正在逐渐下落，余晖也在随着时间慢慢消失……如果脑海中能呈现出这样一个画面，我们就会更容易理解那种阳光、温暖渐渐消失，心情逐渐低落的感觉。

2. 把书读出"感觉"。这个技巧在于如何与作者产生共鸣，做到感同身受。我们同样可以通过提问来提醒自己，可以问："我感受到了什么？"

比如：

"我与父亲不相见已二年余了，我最不能忘记的是他的背影。"

——朱自清《背影》

（陕西师范大学出版总社）

首先结合第一个技巧在头脑中呈现出画面，然后问一下自己："这个画面让我感受到了什么？"是的，"思念，对父亲深深的思念"，可能还会有一种"激动"或"兴奋"的感觉。

3. 把书读"活"。这一步就是要把读到的东西表演出来，不必很细致，这样做会让我们感受到阅读不是单一的、枯燥的，而是有灵魂的。

比如：

"他用两手攀着上面，两脚再向上缩；他肥胖的身子向左微倾，显出努力的样子……过铁道时，他先将橘子散放在地上，自己慢慢爬下，再抱起橘子走。"

——朱自清《背影》

（陕西师范大学出版总社）

我们可以来表演这段内容：面前摆放一张桌子，先"努力"地爬上去，然后把橘子放在桌子上，再慢慢爬下桌子，抱起橘子……不用担心自己的"演技"不好，这么做只是为了让我们"零距离"感受书中人物的"情绪"，也有利于我们更容易记住读到的这些文字。

实战练习"图像法"

接下来进行一个段落：

老头儿会看星星辨方向，以他的观察来看，鱼儿的路线不会有改变。太阳沉下去后，天冷了下来，汗水干在老头的身上，冷兮兮的。他把粗布口袋拿来系在脖子上，让它披下来遮住背，然后趴在了船头上。

——[美]海明威《老人与海》

（北京联合出版公司　刘浩然　译）

首先利用第一个技巧，把书读成"画"：

一位老人在船上，他先抬头看了看星星，然后低下头看了看水里的鱼儿。太阳落下山去，他感觉很冷，双臂紧紧抱住自己。然后他拿来一个口袋系在脖子上，趴在船上取暖。

接下来，可以问一问自己："当在脑海中看到这幅画面的时候，是什么感觉？"我想大部分人会比较"同情"这位老人，即使已经很冷了，他还是得为了生活出来打鱼。还有的人可能会觉得这位老人非常"坚强"，即使在这样糟糕的条件下，依然努力生活。总之，每个人都会有自己的感受，这就是你最真实的理解。

最后，我们可以选择用"表演"的方式来还原这段内容，如果觉得一个人表演太无聊，可以表演给父母或朋友看，演完之后可以看看他们能不能猜到这些文字。

刚才的文字比较短，接下来用一篇短文来加深我们的学习与理解（这篇文章也是我曾在阅读课堂中带领学生们完成的）。

卖火柴的小女孩

这是新年前夕，一年里的最后一夜。夜幕来临，天气冷得可怕，鹅毛般的大雪下个不停。在漆黑寒冷的冬夜里，一个小女孩正赤脚走在大街上。是的，她从家里出来的时候，穿着一双拖鞋，可是那有什么用呢？那双拖鞋是她妈妈的，一点儿都不合脚。当她匆忙穿过街道时，两辆马车飞驰而来，吓得小女孩把鞋跑掉了。其中一只怎么找也找不到，而另一只让一个小男孩捡到拿走了。那个小男孩还说，等将来他有孩子了，可以把它当作摇篮用。

现在，小女孩只能光着双脚走路了。寒冷的天气把她的双脚冻得一块青一块紫。她的旧围裙里兜着一堆火柴，手里还拿着一捆。整整一天，没有任何人向她买过一根火柴，也没有任何人给过她一个铜板。

可怜的小女孩，她又冷又饿地向前走，脸上写满了痛苦。雪花飘落在她金黄色的长发上，卷曲的长发散落在她的肩膀上，看上去很美丽，不过她没有心思想自己漂不漂亮。温暖的灯光从窗子里射出来，街道上弥漫着烤鹅肉的香味。是的，这是一年的最后一夜。她的心里想着这件事。

　　街道上有两座房子，其中一座微微伸出，比另一座更接近街心。于是，小女孩在这座房子的一角坐了下来，她缩成一团，把一双冻得发紫的脚也缩在了一起，可是她感觉更加寒冷。她不敢回家，因为她连一根火柴也没有卖掉，连一个铜板也没有赚到。她的父亲肯定会打她的，而且家里也非常寒冷，整个屋子也空荡荡的，屋顶已经裂缝了，虽然最大的裂口已经用干草和破布堵住了，可是冷风还是能灌进来。

　　她的双手几乎就要冻僵了。唉！哪怕只是一根小小的火柴，对她而言也是非常有用的。只要她有勇气抽出一根在墙上划着，她就可以暖暖手了！最后，她终于抽出一根火柴，扑哧一声，它被点燃了，冒出温暖的火光来。当她把手拢在小火焰上时，它仿佛变成一根小小的蜡烛，温暖而明亮。这道小小的光亮真是太美丽了！小女孩觉得自己真的坐在一个火炉边，光亮的铜炉膛里，火烧得那么旺、那么美！咦，这是怎么了？小女孩刚想把脚伸出来暖和暖和，火焰突然熄灭了！啊，火炉也不见了！她孤单地坐在那里，身边什么也没有，只有手中燃烧过的火柴。

　　她又划着一根火柴，它燃烧着，发出亮光来。被亮光照着的那块墙壁，突然变成透明的，像薄纱一般。她看见房间里铺着雪白布料的桌子上，摆满了精致的碗碟，还有烤得香喷喷的、肚子里填满了梅子苹果的烤鹅。最美妙的是，那只烤鹅从盘子里跳了出来，背上还插着刀叉，蹒跚着走到地上，一直走到可怜的小女孩的面前。就在这时，火柴又熄灭了，她面前只有一堵厚厚的、冰冷的墙。

　　她点燃另外一根火柴。现在，她坐在了漂亮的圣诞树下面。上次圣诞节，她透过玻璃窗，看见一家富有的商人家里摆着一棵圣诞树，可是现在这棵比那棵漂亮多了，也大多了。它绿色的枝丫上，有几千支被点亮的蜡烛，还有彩色的图画，就像商店橱窗里摆着的那些一样美。小女孩刚把两只手伸过去，火柴又熄灭了。圣诞树上的烛光慢慢向夜空升去，她看见它们变成了闪亮的星星，其中一颗星星落了下来，在夜空划出一道长长的亮光。

"又有一个人去世了！"小女孩说。因为她的老祖母曾告诉她，天上掉下一颗星星，地上就会有一个灵魂去到上帝那里。老祖母是唯一一个对她好的人，但是现在已经去世了。

她又在墙上划着一根火柴。四周都被它照亮了，在亮光中她的老祖母出现了。她看起来那么慈祥、那么温柔。

"奶奶！"小女孩叫了起来，"请带我走吧！我知道，火柴一灭，你就不见了！你就像之前那个温暖的火炉、香甜的烤鹅、漂亮的圣诞树一样消失不见！"

于是，她急忙把剩下的所有火柴都划亮了，她实在太想把祖母留住。这些火柴发出了非常强烈的光亮，把四周照得比白天还要亮。祖母从未像现在这样美丽而高大。她把女孩抱了起来，紧紧地搂在怀里。在光明和幸福中她们飞走了，飞到了没有寒冷、没有饥饿、没有忧伤的地方，她们与上帝在一起。

然而隔天清晨，小女孩却依然坐在墙角里，她的脸颊通红，嘴角露出一丝微笑，她死了，在旧年的最后一夜被冻死了。新一年的太阳升了起来，阳光温暖地照在她小小的尸体上！她坐在那里，手里拿着一堆燃烧过的火柴。

"她想用火柴取暖。"人们说道。但没有任何人知道，她曾经见到了多么美好的东西，她曾经在温暖的光芒中跟祖母一起，走进了新年的幸福之中。

——［丹］安徒生《安徒生童话》

（北京联合出版公司　李可　译）

读完这个故事，我开始提问同学："大家都看到了什么画面？"

"我看到了漫天的飞雪，一个小女孩走在大街上，瑟瑟发抖。"学生A积极回应。

"我不仅看到了小女孩，还看到了很多路人行色匆匆地从小女孩身边走过，却没人理会她。"学生B接着说。

"我看到小女孩一根接着一根地点燃火柴，火光映照在她通红的脸上。"学生C说。

……

是的，这种"图像法"的阅读体验，每个人都有不同的角度和感受，看到的画面也都不尽相同，这没有什么，重要的是这种阅读体验跟"我"密切相关。

我继续问："那你们感受到了什么？"

"可怜，非常可怜，小女孩太可怜了。又冷又饿，还没有人帮助她！""气愤，特别生气，为什么大家那么麻木不仁，眼看小女孩要冻死了，却不闻不问！""老师，我感觉很悲凉，作者描绘的这个世界太凄惨了！""老师，我觉得很幸运，因为我生活在一个新世界，不用像小女孩一样担心吃不饱、穿不暖了！"

正因为不同的生动画面，大家产生了不同的情绪感受。

我又问大家："在你自己阅读这段文字的时候，你是怎么做的呢？"

"老师，我会假装自己就是小女孩，然后找一盒火柴，假装很冷的样子，点燃火柴，然后想象自己看见了小女孩看到的画面……""老师，我还会模仿小女孩说话的声音，去跟奶奶对话！"

最后，我组织了几位学生进行了"无实物表演"，通过这种方式，我相信他们会对这篇文章有更好的记忆和理解，并能够真正站在"作者"的角度去理解。

第 5 节　如何在阅读中灵活应用 4 种方法

所有的阅读技巧都是为了提升学生对文章的理解力而存在的，是为了帮助学生在阅读的时候更加专注、更加用心。假如学生们在阅读中能够灵活变通地掌握这些阅读的技巧，那么他们的思维就会变得更加"自觉"，阅读也就变得更加"主动"。

前面的 4 种方法，分别是："提问法""关键词法""推理法"和"图像法"。要想全面提升阅读理解能力，就需要将这 4 种方法融会贯通、灵活使用。

而且，可以通过这 4 种阅读方法来检验自己阅读过程中是否遇到了"麻烦"，比如一旦停止了提问、停止了思考，我们就知道应该把专注力拉回到阅读中来；一旦捕捉不到重要信息，我们就知道应该弄清楚遇到了什么障碍，是文字晦涩难懂，还是内容严重超纲？一旦我们没有主动将文章与现实结合进行推理，就要停下来反思一下，为什么不能将读到的内容跟自身很好地建立联系？一旦脑海中的"图像感"消失，我们就应该慢下来，让画面继续播放……

所以，灵活运用 4 种方法不仅是加强我们对阅读的理解，也方便我们在阅读中进行自我检视，以达到提升阅读能力的目的。

那么，通过一篇文章来演练一下，看看如何统一运用这 4 种方法。

这篇文章节选自鲍姆的《绿野仙踪》（北京联合出版公司　谢明贤译）中的第十三章——"再回翡翠城"。

使用"提问法"进行阅读前的思考

看到标题，可以提几个问题，如：

1. 为什么多萝茜他们要再次回到翡翠城？

2. 他们在回到翡翠城之前一切都顺利吗？

3. 他们途中战胜了哪些困难？

4. 他们是 4 个人一起回到翡翠城的吗？

当然，也可以大胆发挥自己的想象力，提出你想要知道的任何问题。

使用"关键词法"寻找关键信息

标题提问结束之后，进行文本的阅读。在阅读的过程中，我们需要根据"5W2H"关键词提炼法进行关键信息的搜索，比如：

那胆小的狮子听到恶女巫被多萝茜浇了一桶水，便溶化得无影无踪的消息，高兴极了。

多萝茜也十分喜悦，她立刻打开铁栅的门，使狮子立刻获得自由。于是他们一同去往城堡里，到了那里，多萝茜把所有被恶女巫奴役的温基人召集起来，并且大声地告诉他们，从此以后，他们不再是恶女巫的奴隶。

——［美］鲍姆《绿野仙踪》

（北京联合出版公司　谢明贤　译）

可以搜索到这些关键词：

狮子、多萝茜、水、溶化、喜悦、门、城堡、温基人、告诉、不再是我们一边阅读一边提炼关键词的过程，其实也是将内容不断地进行压缩与提炼，让我们的大脑对段落讲述的内容更加清晰明了。

使用"图像法"记忆文字内容

其实，"图像法"和"关键词法"是同步进行的。

比如：

于是在这些黄色的温基人中，开始了热烈的庆祝，因为他们被恶女巫奴役，做了多年的苦工，恶女巫经常残忍地虐待他们，现如今他们终于获得了自由。因此他们把这一天作为一个节日，以后每年都要在这一天举行盛大的宴会和舞会，以此纪念他们重获自由。胆小的狮子说："假如我们的好朋友，铁皮人和稻草人，现在还跟我们在一起，那该有多好。"

——[美]鲍姆《绿野仙踪》

（北京联合出版公司　谢明贤　译）

首先，脑海中会出现这样的画面，或者说"影片"：一些温基人在非常高兴地进行庆祝，有人手舞足蹈、有人喜极而泣、还有人相互拥抱，他们高声呐喊着终于不用被奴役了……画面一转，在将要举办的盛大宴会上，有人在跳舞，有人在喝酒……另外，胆小的狮子在窃窃私语，他有点儿沮丧，因为他正在思念好朋友——铁皮人和稻草人……

脑海中上映"影片"的同时，也可以问问自己，基于这个画面，"我"感受到了什么？可能是那些温基人的狂喜与释放；也可能是胆小的狮子的淡淡悲伤，怀念好友的情绪……总之，使用图像法不仅会让我们更好地记忆与理解，也会让我们更好地走进人物的内心。

使用"推理法"完成整个阅读

在阅读中使用"推理法"的时候，并不是文章的每一句都需要推理和预测，只需要在一些关键的"节点"上进行就可以了。比如这段文字：

那胆小的狮子听到恶女巫被多萝茜浇了一桶水，便溶化得无影无踪的消息，高兴极了。

多萝茜也十分喜悦，她立刻打开铁栅的门，使狮子立刻获得自由。于是他们一同去往城堡里，到了那里，多萝茜把所有被恶女巫奴役的温基人召集起来，并且大声地告诉他们，从此以后，他们不再是恶女巫的奴隶。

——[美]鲍姆《绿野仙踪》

（北京联合出版公司　谢明贤　译）

读完后，我们可以用"推理法"进行预测：

1. 我猜那些温基人听到再也不是奴隶的时候，他们非常兴奋；

2. 我觉得，那些温基人一开始不太相信这个消息，因为他们被奴役得太久了……

于是在这些黄色的温基人中，开始了热烈的庆祝，因为他们被恶女巫奴役，做了多年的苦工，恶女巫经常残忍地虐待他们，现如今他们终于获得了自由。因此他们把这一天作为一个节日，以后每年都要在这一天举行盛大的宴会和舞会，以此纪念他们重获自由。胆小的狮子说："假如我们的好朋友，铁皮人和稻草人，现在还跟我们在一起，那该有多好。"

——［美］鲍姆《绿野仙踪》

（北京联合出版公司　谢明贤　译）

读完这段文字，我们可以验证前面的预测：温基人听到这个消息之后，表现得非常兴奋。同时可能会产生新的预测：

1. 我认为，胆小的狮子会选择自己一个人去拯救他的朋友；

2. 我觉得，胆小的狮子会决定跟多萝茜一起求助温基人，然后去救他们的朋友。

女孩子非常痛苦地说："你觉得我们能把他们救活吗？"胆小的狮子说："我想我们可以去试试看。"接着，他们把获得自由的黄色的温基人都叫来，询问他们，是否愿意帮助他们去救活他们的伙伴。那些黄色的温基人说，他们愿意尽其所能为多萝茜做任何事情，因为若不是她，现在他们还要受那恶女巫的奴役，他们十分感激多萝茜把他们从水深火热中解救出来。于是她仔细地挑选了几个看起来非常机灵的温基人，与她一起出发去解救她的朋友们。他们整整走了一天，一直到第二天早晨，他们到了有很多尖锐岩石堆砌的原野上，才看见可怜的铁皮人凄惨地躺在那里，浑身被尖锐的岩石打击得弯弯曲曲、凹凹凸凸了。他的那把斧头横放在身边，斧口全部都生了锈，斧柄的一段也脱落了。

——［美］鲍姆《绿野仙踪》

（北京联合出版公司　谢明贤　译）

我们又验证了前面的预测：他们一起去求助温基人了，并且温基人非常愿意帮助多萝茜，因为多萝茜是他们的救命恩人。

带着这种阅读体验，我们可以针对第三段的内容产生新的预测：

1. 我觉得铁皮人没救了，没人可以救活他；

2. 我敢肯定铁皮人一定可以获救，温基人一定能救活他；

无论怎样的预测都可以，因为它只是为了促使我们带着强烈的好奇心和求知欲继续阅读下去。

那些善良的温基人，尽可能轻柔地，把铁皮人扶起来放在他们的胳膊上，再把他抬回到城堡里。多萝茜看见老朋友悲惨的样子，流着眼泪。狮子看了，也忧愁地呜咽。当他们一行人抵达城堡时，多萝茜询问这些温基人说："在你们温基人老百姓里，有人是铁皮匠吗？"他们真诚地告诉她："嗯，有的，我们的老百姓中有很多是手艺很好的铁皮匠。"她听了十分高兴地说："那么，请你们把他们请到我这里来。"当这些铁皮匠们来的时候，在小篮子里带来了他们需要用到的所有的工具。多萝茜询问道："你们能把这个铁皮人身上的这些弯曲的、凹凸的地方，拉直弄平，再恢复到他原来的样子，并把他身体上已脱裂的地方，重新焊在一起吗？"

铁皮匠们小心翼翼地把严重受伤的铁皮人全身仔仔细细地看过一遍之后，然后回答说，照铁皮人的状况看来，他们应该能够修好他，让他恢复到像以前一样完好。于是，他们在城堡中找了一间很大的屋子，在里面昼夜不停地工作起来，修理了整整三天三夜，在铁皮人的身体上、腿上和头上，扭绞着，敲击着，焊接着，压弯着，揩擦着，不停地敲敲打打，一直敲击直至最后他恢复了完整的样子，他全身的关节，活动起来也像从前一样灵活。不过，从此之后在他的身上多了好几个补丁，那是不可避免的，但是这些铁皮匠，已经尽可能地把修补工作做得十分出色了，况且铁皮人并不是一个在意外表喜欢虚荣的人，这些补丁，他并不会在意。

然后，他高兴地跑到多萝茜那里去，诚恳地感激她，他看着她，高兴得流下了喜悦的眼泪。多萝茜赶紧用她穿着的罩袍，小心地擦去他脸上的眼泪，防止他的关节再次生锈。与此同时，她也因为又与老朋友重逢而高兴起来，因此她也流下了眼泪，眼泪顺着脸颊流淌，可是她的泪水并不需要拭去。

——［美］鲍姆《绿野仙踪》

（北京联合出版公司　谢明贤　译）

读完这一大段，我们也验证了自己的推测：最终铁皮人身上虽然多了一些补丁，但是他全身的关节跟之前一样灵活，他自己也非常满意。

得到了一个"皆大欢喜"的答案，我想大家一定非常开心，替铁皮人、替多萝茜、替狮子开心。不过我们也可能产生新的担忧和疑问：铁皮人被救活了，那么稻草人呢？稻草人会被救活吗？我们就此产生新的推测：

1. 我觉得稻草人应该没有办法获救了；

2. 我猜，稻草人会跟铁皮人一样获得新生。

那么，带着新的预测继续阅读吧，不过在阅读的过程中不要忘记"图像法"和"关键词法"哦！

至于胆小的狮子呢，它总是用尾巴尖端的一簇毛去擦拭它的眼睛，因此这簇毛也变得十分湿润了，它于是跑到外面的院子里，把自己晾晒在太阳下，直到毛发被晒得干燥。当多萝茜跟他讲完了他昏迷这段时间他们遇到的所有事情时，铁皮人忧愁地说："要是稻草人也在这里，那该有多好。"多萝茜说："我们一定要找到他，然后把他救活。"她再一次请来善良的温基人帮助他们，他们走了整整一天的路，一直到第二天，才来到了飞猴们扔稻草人衣裳的那个高树枝。

那是一棵很高很高的树，树干非常光滑，大家都做了尝试可是没有一个人能爬上去，爬到一半都滑了下来。于是铁皮人想了想说："让我来把它砍倒吧，这样我们就能拿到稻草人的衣服了。"

温基人老百姓中，还有一些是金匠，他们帮铁皮人做了一杆纯金的斧柄，牢固地安装在铁皮人那把斧头上，代替了原来那个破旧了的斧柄。还有一些温基人帮他揩擦了斧口，把上面生的锈都擦掉，让它闪闪发亮得像刚抛光过的银器。

铁皮人说了他的想法之后，即刻就动手开始砍树，在很短的时间里，大家就听到轰隆的一声巨响，然后就看见树倒了下去。稻草人的衣服，也就从高树枝上掉落下来，滚落到地面上。

多萝茜跑过去把那些衣服拾起来，然后交给温基人让他们带回到城堡，他们把衣服洗净熨平，再在里面填塞干净的、美好的稻草。呀！稻草人就这样复活了，他像从前一般完好，他正在诚恳地感谢大家把他救活。

到现在，多萝茜和她的伙伴们，又重新聚集到一起了。他们一起在这个黄色的大城堡里，度过了好多天快乐美好的日子。

——［美］鲍姆《绿野仙踪》

（北京联合出版公司　谢明贤　译）

最终的答案我们得到了：多萝茜和她的伙伴们又重新聚集到了一起。一个很完美的结局。

怎么样？这种阅读方式，是不是特别有趣！

知识矩阵 >>>>

"5W2H"关键词提炼法

1.What：什么
2.Who：谁
3.Where 和 When：地点和时间
4.Why：为什么
5.How：如何做
6.How much：数量

提升推理能力的游戏："20 问"

1. 出题人在心里想一个物品
2. 猜题人发出询问
3. 出题人只能回答"是"或"不是"
4. 猜题人可以问 20 个问题后猜中答案，否则就算失败

如何提出高质量的问题

1. 阅读前"问书皮"
2. 阅读中提问的"三层次"

文章中提出关键词的 3 个步骤

1. 提炼关键词
2. 检验关键词的质量
3. 压缩关键词的数量

阅读时"图像法"的意义

1. 图像是大脑最容易接受和理解的信息
2. 阅读时，将文字转换成图像，更容易跟作者产生共鸣

提升学习能力的提问

在阅读中提问，可以帮助我们提高综合学习能力——记忆力、理解力、应用力、分析力、评估力、创造力

推理法的 4 个步骤

1. 寻找关联：上下文和文字与自身的关联
2. 提出问题：提出自己好奇的问题
3. 做出推断：根据自身经验，针对问题提出自己的推断
4. 验证推断：阅读全文，验证推断

使用"图像法"的 3 个步骤

1. 把书读成"画"
2. 把书读出"感觉"
3. 把书读"活"

什么是关键词

在一句话、一段文字中最核心和最重要的内容，是能够概括文章的主要内容，提炼文章的观点，归纳段落大意，标示句段关系的词语

任务卡片 >>>>

知识需要从"知道"到"做到",而在这个过程中,我们需要完成一系列的小任务哦!

 Task

读书之前先问问"书皮"

拿出一本自己很喜欢的书,不着急翻开,先看书皮进行提问

One

Task

根据提问法"三层次"提问

找到自己正在读的一本书或一篇文章,采用提问法的 3 个层次进行提问

Two

Task

来自灵魂的自我发问

根据能够提升学习能力的提问技巧,针对自己刚刚读完的一篇文章进行提问

Three

Task

"5W2H"关键词法

根据"5W2H"的关键词提炼法则,完成一段文字并填写进"5W2H"关键词表格中

Four

Task

系统的阅读力提升训练

完成一整套的阅读力系统训练,包括:固点凝视训练、眼部基础能力训练、视幅范围训练、一目多字训练和文章测试

Five

Task

文章限时闯关训练

根据自己的实际情况,完成相应速度级别的文章闯关。一定要选择比自己阅读速度稍高的关卡哦

Six

Task

变身阅读中的"福尔摩斯"

根据推理法的 4 个步骤,完成一篇文章或一个段落的阅读推理

Seven

Task

将书中的文字变成"图像"

根据图像法的技巧,完成一篇文章或一个段落的阅读

Eight

Task

周末的亲子游戏时间

可以玩玩"20 问"的游戏

Nine

阅读后的记忆——记忆力

　　语芊是一位非常优秀的学生，有一次课间，她跟我说出了一些苦恼："郭老师，阅读课程我学过了，阅读速度也确实变快了，但是读完还是会有很多内容没有记下来，怎么办呢？"

　　其实，这也是很多人的苦恼，看完一本书或者一篇文章之后，总感觉很多内容记不住，想不起来，大脑一片空白，好像什么都没读一样，甚至怀疑自己的脑袋是不是坏掉了。

　　并不是这样的！每个人的大脑都是独一无二的，也都非常有"战斗力"！关键是我们要发挥出大脑的"战斗力"，释放其无与伦比的记忆能力！

　　准备好了吗？让我们开启一段神奇的记忆之旅吧！

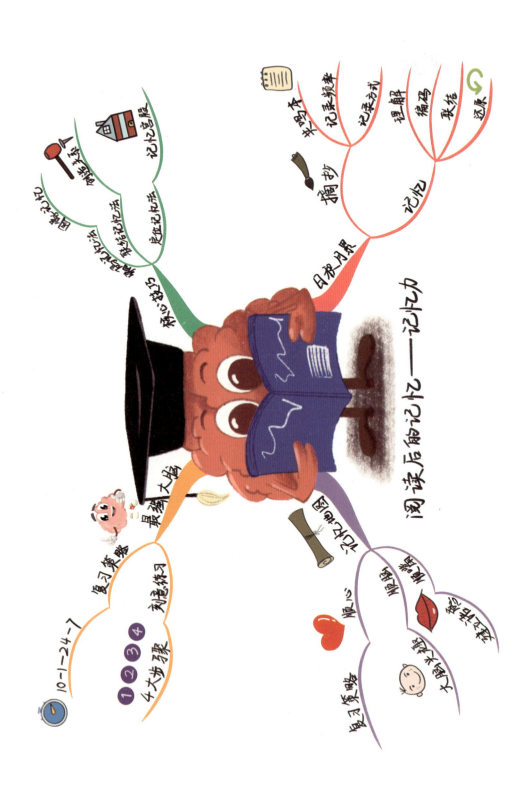

第1节　提升记忆力的3个核心技巧

记忆法的传说故事

关于记忆法，有这样一个传说。

一位贵族宴客，来宾中的诗人西蒙尼德斯（Simonides）吟了一首诗向主人致敬，这首诗中有一段赞美了天神宙斯的双胞胎儿子。宴会的主人很小气地告诉西蒙尼德斯，原先说好的吟诗酬劳他只能付一半，另外一半应该向那对双胞胎神祇去要。

西蒙尼德斯非常郁闷，不过也并没有说什么，继续跟宴会中的人交谈、喝酒。

就在他跟别人推杯换盏的时候，有仆人通报说宴客厅外有两个年轻男子要见他。西蒙尼德斯便离席走出厅外，却没看见人。就在此时，宴客厅的屋顶塌了下来，客厅中的人全部遇难。

听闻噩耗赶来的不幸者的家属，本来是想要辨认尸体，但现场的尸体由于被压得血肉模糊而无法辨认。就在大家一筹莫展的时候，西蒙尼德斯闭着眼睛感受脑海中慢慢呈现的一些"画面"——成堆的大理石碎块慢慢升起，还原成了一根根石柱；散乱的碎片在空中又重新组合起来，还原成了一个个瓷碗、酒杯，一张张桌子；宴客厅中的客人们在桌前谈笑风生，吃着饭、喝着酒……

西蒙尼德斯睁开眼睛，带着搜索者们小心翼翼地走到他们亲人生前的位置。

就这样，诗人根据"画面"清晰地回忆起了每一个死者的名字和位置；

就这样，家属们凭借这幅"画面"顺利认领了尸体；

就这样，记忆术"诞生"了。

一图抵千言——图像化记忆

在传说故事中，西蒙尼德斯展现出了神奇的记忆能力，其中有一个非常重要的关键词——"画面"。西蒙尼德斯就是凭借着生动、具体的"画面"，才完成了几乎不可能完成的事情。

图像对于我们提升记忆力是至关重要的。大家或许会有这样的体验，对于亲身经历过的一些事或去过的一些地方，记忆深刻，但对于一些日期、密码甚至是读过的书、学过的知识，记忆起来就没有那么轻松了。

从大脑的角度来说，这样的情况很好解读。因为我们的大脑本身就有很好的图像处理能力。在婴儿时期，我们还不会说话，不会写字，对那些文字符号完全无法理解，但我们依然在学习。甚至有科学表明，人在0—3岁的大脑神经链接数量相当于3岁以后神经链接数量的总和。由此可见，在我们很小的时候，我们的大脑就凭借着"图像"化的学习与记忆能力，"疯狂"地认识这个世界。

所以，这是上天赋予我们非常强大的一项能力。

那么，要如何主动使用大脑的这项图像化能力去提升自己的记忆力呢？

跟大家分享一个方法——编码记忆法。

有人可能要问了，什么是"编码"？举几个例子，让大家有一个直观的感受。当看到一个石雕是"一只猴子骑在一匹马的背上"，我们中国人就能猜到这个石雕的寓意——"马上封侯"；当有孩子出生的时候，有的家庭会写一张"知足常乐"的大字，但中间的"足"字会用孩子的脚丫印上去代替，当看到这幅字的时候，大家也都理解；当听到"110"的时候，我们知道这是报警电话，当听到"119"的时候，我们知道这是火警电话，当听到"5201314"的时候，我们同样知道它是"我爱你一生一世"的含义……这些都叫作"编码"。

所谓的"编码"，就是在我们大脑中将抽象的信息转换成具象的，将不容易记忆的转换成容易记忆的，将不易理解的转换成容易理解的，这个过程我们称为编码。编码可以让记忆的过程变得有趣，让记忆的牢固性和持久性也更强一些。

举个例子，让大家更好地理解编码记忆法的强大。

请将下列 40 个数字按照顺序一个不落地背诵下来。

6650640063976275553954645410490948804700

当然，如果用传统的方式来记忆，肯定是非常难的，我们可能反复不停地读读写写也无法做到完全记下来。因为数字对于大脑来说，属于抽象的、难记的、不易于理解的信息。那么从记忆学的角度，我们就需要将这些数字进行"编码"，把它们转换成大脑容易记忆的信息。那什么是大脑容易记忆的信息呢？

没错！就是——图像！

所以，编码记忆法非常简单的一个思路，就是把数字转换成图像。

在数字进行"编码"的过程中，一共有 3 种方式，分别是：音、形、义。

1. 音，就是通过谐音进行转换，比如：99 舅舅、40 司令、47 司机等；

2. 形，就是通过数字的形状展开想象进行编码，比如：00 手铐、

11 筷子等；

3. 义，就是通过一定的逻辑含义进行编码，比如：38 妇女、49 天安门、20 香烟、09 小猫等；

知道了编码的原则之后，我们就可以将上面的数字进行两两组合进行编码了！

66	50	64	00	63	97	62	75	55	39
蝌蚪	武林	柳丝	手铐	硫酸	香港	牛儿	西服	火车	沙丘
54	64	54	10	49	09	48	80	47	00
武士	柳丝	武士	棒球	天安门	小猫	石板	巴黎	司机	手铐

编码完成之后，就可以把这些图像关联起来，通俗地说，就是"编一个故事"。

我们可以想象：在河里有一群小蝌蚪（66），他们在围攻一位武林（50）高手，他们最后用柳丝（64）制成的手铐（00）铐住了他，但是武林高手用硫酸（63）破坏了手铐，逃到了香港（97）。他在香港看见一头牛儿（62）穿着西服（75）在追赶一辆火车（55），火车一不小心开进了沙丘（39），在茫茫的沙丘中有两个武士（54）在决斗，其中一个武士拿着柳丝（64），另外一个武士（54）拿着棒球（10），棒球飞到了天安门（49）广场，打到了一只小猫（09），小猫吓得跳到了石板（48）上的巴黎（80）铁塔，铁塔上有一个司机（47）戴着手铐（00）。

通过这个故事，大家就可以轻松记住这 40 个数字了。其实对于大脑来说，回忆的是这个故事或者说这样一幅又一幅的图像，然后在大脑中进行编码，再还原成数字。接下来我们一起来回忆一下吧。

首先，我们可以想象：在河里有一群小蝌蚪（66），他们在围攻一位武林（50）高手，他们最后用柳丝（64）制成的手铐（00）铐住了他，但是武林高手用硫酸（63）破坏了手铐，逃到了香港（97）。

他在香港看见一头牛儿（62）穿着西服（75）在追赶一辆火车（55），火车一不小心开进了沙丘（39），在茫茫的沙丘中有两个武士（54）在决斗，其中一个武士拿着柳丝（64），另外一个武士（54）拿着棒球（10），棒球飞到了天安门（49）广场，打到了一只小猫（09），小猫吓得跳到了石板（48）上的巴黎（80）铁塔，铁塔上有一个司机（47）戴着手铐（00）。

接下来，你可以将书合上，拿出纸和笔尝试默写出这 40 个数字，是不是小菜一碟？我们之所以能够轻而易举地记住这么多复杂的数字，就是因为我们将数字进行了编码，转换成了容易记忆的图像信息。

那有的同学可能会问了，记住这些数字有什么意义呢？其实，这 40 个数字分别是世界上最长的 10 条河流的长度哦，它们是：

1. 尼罗河：6650 千米

2. 亚马孙河：6400 千米

3. 长江：6397 千米

4. 密西西比河：6275 千米

5. 叶尼塞河：5539 千米

6. 黄河：5464 千米

7. 鄂毕河：5410 千米

8. 湄公河：4909 千米

9. 拉普拉塔河－巴拉那河：4880 千米

10. 刚果河：4700 千米

你看，是不是在日常的学习和生活中，这些抽象不好记的数字，经过稍微"加工"编码一下，就变得非常容易记忆了呢？

那在阅读中碰到一些跟数字相关的"关键信息"，是不是也可以这么容易地记忆下来呢？

比如当我们读到这样一段文字的时候：

1616 年，建州女真首领努尔哈赤建立后金。1636 年，汉满蒙三族共呈劝进表，皇太极称帝，改国号为大清。1644 年，驻守山海关的明将吴三桂降清，多尔衮率领清兵入关。入关后 20 年时间里，平定大顺、大西、南明等政权。后又平定三藩之乱，完成祖国统一。康雍乾三朝走向鼎盛，在此期间，中国的传统社会取得了前所未有的发展成就。土地增垦，物产丰盈，小农经济的社会生活繁荣稳定，综合国力远胜于汉唐。鸦片战争后多遭列强入侵，进行了洋务运动和戊戌变法等近代化的探索和改革。1912 年 2 月 12 日，北洋大臣袁世凯诱使清帝溥仪逊位，颁布了清帝退位诏书，清朝从此结束。

有的同学可能会大叫："天啊！这里面这么多年份，别说记住了，读完一遍不搞混就不错了！"不过还好，现在有了编码记忆法，看看怎么解决吧！

第一个年份是 1616 年，我们可以把 16 编码成"石榴"，可以想象：努尔哈赤建立后金的时候，一手一个石榴，吃得很开心；

第二个年份是 1636 年，数字 36 我们可以编码成"山鹿"，可以想象：清晨（大清）的时候，用石榴去喂山鹿；

第三个年份是 1644 年，我们可以把 1644 整体编码成"一路试试"，想想多尔衮率领清兵一路试试，就来到了山海关。

第四个数字是 20，太简单了，把 20 编码成"香烟"，我们就可以想象：清朝平定周围政权的时候，将领和士兵都在抽香烟；

最后是 1912 年 2 月 12 日，这个稍微复杂，数字有点儿多，不过，我们依然可以搞定。19 编码成"药酒"，12 编码成"婴儿"，2 编码成"鸭子"，那我们就可以想象：溥仪退位的时候特别郁闷，喝了很多的药酒，结果变成了婴儿，还是一个骑在鸭子上的婴儿。

你看，当我们能够把数字快速编码成图像的时候，是不是就可以又快速、又准确地把数字记住了呢？

我要强调的是，数字的编码需要大家多多练习，在本书的最后，我也会给大家一个秘密武器作为参考，那就是记忆大师都在使用的"数字密码本"啦！

创造记忆线索——联结记忆法

不知道大家有没有发现，我们在用传统的"死记硬背"进行背诵的时候，经常会出现"想起来上句忘了下句"的现象，也就是我们的记忆经常会出现"断裂"。

比如，有一天语文老师布置了一篇课文，要求全文背诵。然后你回家认认真真地背了下来，第二天上课的时候，老师说要当场考核，于是你就举起了手，想要展示一下。老师心领神会，叫到了你。自信的你站了起来，开始大声地背诵，刚开始还是非常顺利的，但是突然之间，脑海一片空白，你想不起来下一句是什么内容了。这个时候你跟老师说："老师，等会儿。我从头再来一遍。"然后你又从头开始背诵，到了这个地方又卡住……然后又从头开始……就这样来来回回几次，你原本的自信心被消磨殆尽……

其实，每个人都会出现类似的情况，这种情况从记忆学的角度来说，就是"没有创造记忆的线索"，也就是在背诵的时候没有给上下句之间、上下文之间、信息和信息之间创造一个"记忆关系"，所以，我们在回忆的时候自然就无法通过上面的内容联想到下面的内容。

那么，在这里，我们分享另外一个记忆学中核心的记忆方法——联结记忆法。

联结记忆法，指把要记忆的内容通过联想和想象先转化成图像，然后像锁链一样，一个接一个地联结起来，所有的记忆内容会因为这种两两相连的关系，依序不乱地记录在大脑里。所以，联结记忆法又被叫作"连锁构图记忆法"。

如何使用联结记忆法呢？同样，我们用一个例子来进行学习。

请将下面这 10 个无规律的词语按顺序记忆下来：

泥螺　鸭子　厂房　米饭　叶子　黄瓜　鹅蛋　妹妹　爸爸　港口

有的同学可能会说："这好办啊，10 个词语，我多读几遍，以我的聪明才智，用不了几分钟就能背下来了。"当然，用传统的记忆方法也能够将这些词语记忆下来，但是问题依然存在，那就是"记忆关系的断裂"，因为传统的死记硬背靠的是声音刺激和强化熟练度达到的记忆，这种记忆是非常低效的，也是非常不稳定的。

那么，来看看如何用联结记忆法来搞定这些词语吧。其实两步就可以了：

1. 将所有词语在大脑中转换成图像信息。比如泥螺，我们就在脑海中呈现出一个或者很多个泥螺；比如鸭子，我们就在脑海中想象出一只可爱的小鸭子。其他的词语也要一个一个这么处理，一定要让图像在大脑中非常清晰，有特点。

2. 将这些图像"联结"起来。那要怎样联结呢，就是用一个"动词"把这些图像串联起来，比如泥螺—鸭子，就可以创造"泥螺爬到了鸭子身上"的联结，我们用"爬"这个动词；再比如鸭子—厂房，就可以用"跑"来创造"鸭子跑进了厂房中"的联结。

当然，用动词创造记忆关系的时候，可以尽量做到夸张、有趣、好玩，因为这样，我们的大脑更容易记住。并且，我们要坚信一点，"想象的世界里是没有对与错"的，我们唯一需要做的就是：

大胆地、自由地发挥想象力！

接下来就将这 10 个词语完整地联结起来吧。

泥螺爬到鸭子身上，鸭子跑进了厂房里，厂房里的工人在吃米饭，米饭被卷在叶子里，叶子还裹着黄瓜条，黄瓜条上蘸着鹅蛋酱，鹅蛋酱飞到了妹妹头上，妹妹哭着找爸爸，爸爸在港口干活。

你看，是不是非常简单，只需要一个小小的"动词"就能让这些静止的图像变得活跃起来。我们一起来回忆复习一下吧！

首先，你在脑海中想象出一只泥螺，然后想象：泥螺爬到鸭子身上，鸭子跑进了厂房里，厂房里的工人在吃米饭，米饭被卷在叶子里，叶子还裹着黄瓜条，黄瓜条上蘸着鹅蛋酱，鹅蛋酱飞到了妹妹头上，妹妹哭着找爸爸，爸爸在港口干活。

好，闭上眼睛或者合上书，自己尝试背诵一遍吧！请注意，我们的大脑需要回忆的是画面和关系，然后将这些画面和关系转换成语言、文字表达出来！

是不是都记住了呢？给自己一个大大的赞吧！恭喜你，记忆力得到了本质的改善！

在学习"编码记忆法"的时候，对于世界上最长的 10 条河流的长度，我们用数字编码记住了它们的长度，但是这些河流的名字怎么办呢？

其实，通过刚才的联结记忆法，我们已经将这 10 条河流的名字记住了。不信你看：

1. 尼罗河——泥螺

2. 亚马孙河——鸭子

3. 长江——厂房

4. 密西西比河——米饭

5. 叶尼塞河——叶子

6. 黄河——黄瓜

7. 鄂毕河——鹅蛋

8. 湄公河——妹妹

9. 拉普拉塔河－巴拉那河——爸爸

10. 刚果河——港口

是的，我们将这10条河流进行了"编码"，把抽象的文字转换成了具象的信息，然后进行了"联结记忆法"。所以说，"编码记忆法"和"联结记忆法"是一对形影不离的"好兄弟"，每当记忆遇到困难的时候，这两兄弟就会出来帮助我们！

那在阅读文章的过程中，应当如何使用联结记忆法进行记忆呢？做好准备，挑战我们的大脑吧！

繁星闪烁着——
深蓝的太空，
何曾听得见他们对语？
沉默中，
微光里，
他们深深地互相颂赞了。

——冰心《繁星·春水》

（陕西师范大学出版总社）

读这首诗歌的时候，如果想要记住那些关键的信息，可以这样来做：

1. 提炼关键词：将文段中的关键词用"5W2H"的方法提取出来，尽量包含每一句的关键词。这首诗歌包括：繁星、太空、对语、沉默、微光、颂赞。

2. 关键词编码：将提炼出的关键词进行编码，转换成大脑容易记忆的图像化信息。"繁星、太空、对语、微光"这几个关键词，因为本身就属于"具象词"，脑海直接呈现图像就可以，但像"沉默、颂赞"这类的"抽象词"，就需要稍微动动脑筋了。在这里，我们将"沉默"转换成"低头不语，并用手捂住嘴"这样的画面，将"颂赞"转换成"边吃松子，边给彼此点赞"这样的画面就可以。

3. 关键词联结：将转换后的图像化信息，用联结记忆法的思路进行联结记忆。可以想象一下：两颗繁星高高地悬挂在太空之中，他们居然会说话，并且他们在对语，一段时间后，他们低下了头，用小手捂住嘴（沉默），突然，从天而降一道微光，他们又开始边吃松子边给彼此点赞了（颂赞）。

4. 对照还原：记忆完成后，在大脑中将画面和关系还原，尝试回忆关键词和整个文段。这一步，我们可以闭上眼睛或者合上书，然后在脑海中将这些关键词回忆一遍，之后，再结合我们对诗歌的阅读和理解，就很容易将整篇诗歌回忆起来啦！

其实，选对方法，记忆就会变得非常容易和有趣了。其中最主要的就是，要用大脑喜欢的方式进行记忆，这样大脑运转起来，才会更加高效！

建造记忆宫殿——定位记忆法

还记得西蒙尼德斯的传说故事吗？当时他就是根据脑海中的"图像"来确认遇难者的位置的。后来西蒙尼德斯反复思考，最终发现在回忆的时候，他会先想起一个"地点"，然后根据地点再回想相关的人物以及人物做的事情，比如在门口吞云吐雾的那个人是谁，宴会厅角落里醉酒狂吐的人是谁，是谁去了洗手间，又是谁坐在藤椅上喝着小酒看着自己刚写在羊皮卷上的新诗……

这就是记忆术的秘密，西蒙尼德斯充分运用了人类大脑联想、想象和定位的能力，无意中启动大脑中的记忆搜索引擎，也奠定了古罗马记忆术的基础——"古罗马房间法"，这项记忆技术被一直沿用至今，它又被称为"记忆宫殿"——定位记忆法。

定位记忆法就是在大脑中先建立一套固定、有序的定位系统，然后将需要记忆的内容联想成图像，通过联想和想象把它们有序联结在"记忆挂钩"上，从而实现快速识记、牢固保存和有序提取的一种记忆方法。

在学习定位记忆法之前，我们先要了解"定位"。举个简单的例子，当去超市购物的时候，我们会根据"购物清单"去相应的"货架"找寻相应的"物品"，比如我们会去"饮料区"拿"一瓶可乐"，会去"零食区"拿"两包薯条"，会去"粮油区"拿"一瓶芝麻酱"，会去"生活区"拿"几卷手纸"……在这里，每一个"区域"其实就是"定位"。

再举一个例子，当从超市购物完毕回到家中，我们会把购买的物品放到不同的地方，比如把买的可乐和芝麻酱放进冰箱，把买的薯条放在客厅的茶几上，把买的手纸放到卫生间等。

在生活中，我们为了方便寻找和提取物品，已经习惯把物品放到相应的位置上，在记忆学中，这就是"定位"。

对于学习也是一样，当我们有大量知识和信息需要记忆的时候，就需要在大脑中建立起一些"定位系统"，把要记忆的内容"放置"在这些定位系统上，就能够同样实现方便寻找和提取的目的了。

在日常学习中，有4种定位系统是最常见的，它们分别是：

1. 身体定位系统；

2. 房间定位系统；

3. 数字定位系统；

4. 人物定位系统。

以人物定位系统为例。

人物定位系统，就是按照一定的逻辑和顺序，找到若干个人物，然后通过这些"人物挂钩"来辅助我们记忆的一种定位系统。

在使用之前就要建立一套定位系统。我们先来打造一套最通用的人物定位系统。

1. 爷爷；2. 奶奶；3. 爸爸；4. 妈妈；5. 武松；

6. 六小龄童；7. 七仙女；8. 猪八戒；9. 舅舅。

好，我们能够看到，前 4 个人物是按照一定的逻辑顺序寻找出来的，后 5 个人物我们是通过"谐音"的方式寻找的，武松跟数字"5"有一定的关系，六小龄童跟数字"6"有一定的关系，七仙女、猪八戒、舅舅分别跟数字"7""8"和"9"有一定的关系。

那接下来，就根据这套人物定位系统来具体了解一下定位记忆法的使用步骤吧。

请将中国传统的"四书五经"完整地记忆下来：

四书：《论语》《孟子》《中庸》《大学》

五经：《诗经》《尚书》《礼记》《周易》《春秋》

我们用联结记忆法也能够记住这个内容，但是，这次我们主要使用定位记忆法，主要是为了让大家体验和感受方法的不同之处。以后在遇到记忆问题的时候，就可以根据个人的实际情况来选择方法了。

第 1 步：在大脑中按顺序回忆 9 个定位挂钩。

1. 爷爷；2. 奶奶；3. 爸爸；4. 妈妈；5. 武松；6. 六小龄童；7. 七仙女；8. 猪八戒；9. 舅舅。

第 2 步：将"四书五经"记忆挂钩——产生联系。

1. 爷爷——《论语》

想象：爷爷在跟我们讨论《论语》中的内容；

2. 奶奶——《孟子》

想象：奶奶做了一个梦，梦到了自己的儿子。

3. 爸爸——《中庸》

想象：爸爸站在队伍的中间，而且特别臃肿。

4. 妈妈——《大学》

想象：妈妈辞职去上大学。

5. 武松——《诗经》

想象：武松打完老虎，自己做了一首诗。

6. 六小龄童——《尚书》

想象：六小龄童演的孙悟空，把"生死簿"上自己的名字划掉了。

7. 七仙女——《礼记》

想象：七仙女非常懂礼貌。

8. 猪八戒——《周易》

想象：猪八戒说，减肥太不容易了！

9. 舅舅——《春秋》

想象：舅舅从春天到秋天，一直在外地出差。

第 3 步：在大脑中将记忆的过程对照还原。

定位记忆法跟其他记忆方法在回忆的时候略有不同，定位记忆法是先回忆起"定位挂钩"，然后通过关系回忆起具体的内容。

好了，大家可以合上书或者闭上眼睛，自己回忆一下这些记忆的内容吧！

最后，大家在使用定位记忆法的时候要注意：

1. 提前准备定位系统，并熟悉定位系统中的每一个记忆挂钩；

2. 将记忆材料分解，通过联想和想象按顺序与记忆挂钩定位记忆；

3. 按顺序复习每一个记忆挂钩上的记忆画面，牢固记忆。

在这一节，我们学习了记忆的 3 个方法，分别是：编码、联结和定位，希望大家掌握并将这 3 个方法运用到平时的学习和阅读中去。

第 2 节　如何记住阅读中积累的"好词好句"

要提高语文成绩，三分靠课堂，七分靠积累。怎样进行语文的积累呢——摘抄共鸣法，一个重要而且有效的方法。

在中小学阶段，日常的摘抄是不可缺少的，大家可以通过摘抄积累写作素材，提高语文学习能力和整体的文学素养。虽然不少同学也有摘抄的习惯，但是毫无章法，见到什么抄什么，无法在写作文的时候有效地输出，收效甚微。要解决这个问题，我们就要知道如何正确地摘抄。

如何进行正确的摘抄共鸣

在摘抄共鸣的时候需要注意以下几点：

1. 摘抄共鸣本的选择：为了方便日后的反复使用和收藏，我建议大家摘抄共鸣本的页数不要太少，起码要在 80 页以上，当然也可以用那种活页的，方便随时补充和调整。在大小方面，选择 A4 纸大小即可，不要选择太小的，这样记录得太少，也不方便日后的阅读浏览。

2. 摘抄共鸣的记录频率：关于摘抄的次数，刚开始不建议大家把它当作一项每天都完成的任务，这样的话压力会很大，很难养成良好的习惯，可以每周安排 1—2 次，也要根据自己的作业情况和其他的学习量，灵活安排时间。最重要的是长期坚持，而不是"三天打鱼，两天晒网"。

3. 摘抄共鸣本的记录方式：我们可以选择这样一个表格进行摘抄。

日期		文章标题	
好词			
好句			
名言			
诗文			
共鸣 感受			

具体的摘抄过程和注意事项，让我们通过一个案例来具体说明。

桂林山水

人们都说："桂林山水甲天下。"我们乘着木船荡漾在漓江上，来观赏桂林的山水。

我看见过波澜壮阔的大海，观赏过水平如镜的西湖，却从没看见过漓江这样的水。漓江的水真静啊，静得让你感觉不到它在流动；漓江的水真清啊，清得可以看见江底的沙石；漓江的水真绿啊，绿得仿佛那是一块无瑕的翡翠。船桨激起微波，扩散出一道道水纹，才让你感觉到，船在前进，岸在后移。

我攀登过峰峦雄伟的泰山，游览过红叶似火的香山，却从没看见过桂林这一带的山。桂林的山真奇啊，一座座拔地而起，各不相连，像老人，像巨象，像骆驼，奇峰罗列，形态万千；桂林的山真秀啊，像翠绿的屏障，像新生的竹笋，色彩明丽，倒映水中；桂林的山真险啊，危峰兀立，怪石嶙峋，好像一不小心就会栽倒下来。

这样的山围绕着这样的水，这样的水倒映着这样的山，再加上空中云雾迷蒙，山间绿树红花，江上竹筏小舟，让你感到像是走进了连绵不断的画卷，真是"舟行碧波上，人在画中游"。

——2004年版《语文》四年级下册

（人民教育出版社）

第1步：填写基本信息。 在最上面一栏里记录"日期"和"文章的标题"：

日期	2021 年 3 月 25 日	文章标题	《桂林山水》

第2步：摘抄好词好句。 一般情况下，我们需要摘抄的是一些成语或者优美的句子，这些成语和句子可以为我们以后写作提供素材的支持。

好词	波澜壮阔、水平如镜、峰峦雄伟、红叶似火、危峰兀立、怪石嶙峋
好句	1. 漓江的水真绿啊，绿得仿佛那是一块无瑕的翡翠。 2. 桂林的山真奇啊，一座座拔地而起，各不相连，像老人，像巨象，像骆驼，奇峰罗列，形态万千。 3. 桂林的山真秀啊，像翠绿的屏障，像新生的竹笋，色彩明丽，倒映水中。

第3步：摘抄名言诗文。 如果在文章中作者引用了一些"名言"或者"诗文"，我们也可以把它们摘抄出来，同时思考一下作者引用的目的。

名言	桂林山水甲天下
诗文	舟行碧波上，人在画中游

上面是给大家举的几个例子，每位同学在摘抄的时候都需要有自己的审美和拣择，摘抄自己觉得优美的、值得的内容即可。当然，如果在一篇文章中没有引用名言或诗文，就可以空着，不用非要填写。

第4步：记录共鸣感受。最后一步，填写自己的共鸣和感受，记录自己为什么会觉得摘抄的这些内容特别好，以后可以用于哪一方面的写作等，这样有助于加深我们的记忆，而且也不是为了摘抄而摘抄了。

共鸣感受	1. 形容大自然山、水的词语特别形象，以后我在写这方面作文的时候可以用到； 2. 用了大量的比喻和拟人的修辞方法，特别生动形象，能够让读者一下就感受到桂林山水的特点； 3. 有时间可以做一些仿写，练习一下这种写作方式。

如何将摘抄的好词好句记住

"摘抄共鸣法"并不难，只需要按照步骤执行就可以了。但是，对于很多人来说，难的地方在于"记住"，之前就有人跟我反映，说摘抄也做了不少，但是背不下来，用不到写作当中去。

那么接下来，我们就来学习如何用记忆法将摘抄的好词好句快速、准确地记下来。

一、优美的词语记忆

首先，从简单的词语记忆开始。

请将下列10个描写景色的词语准确无误地记在大脑中。

宜人、秀美、绚丽、斑斓、晨曦、春晖、幽静、峥嵘、清幽、壮阔。

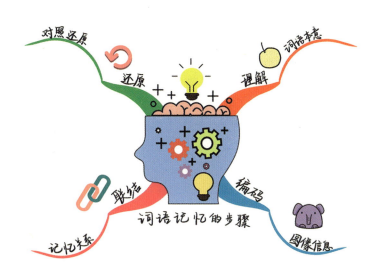

记忆的步骤是这样的：

第1步：理解词语。

宜人：适合人的需要、心意等。

秀美：形容秀丽美好。

绚丽：炫灿美丽，形容颜色鲜艳。

斑斓：色彩灿烂绚丽的样子，灿烂多彩。又指生活多姿多彩。

晨曦：指清晨的阳光，象征温暖，光明。

春晖：指的是春天温暖的阳光，比喻父母的养育之恩。

幽静：指一个地方幽冷寂静。

峥嵘：形容山的高峻突兀或建筑物的高大耸立，也比喻才气、品格等超越寻常。

清幽：形容风景秀丽而幽静。

壮阔：指雄壮浩大，宏伟开阔。

第2步：用编码记忆法将词语进行编码转换。

可以通过谐音将这些词语编码成图像：

宜人——蚁人

秀美——修眉

绚丽——旋转的梨

斑斓——板蓝根

晨曦——清晨的太阳

春晖——小草变灰色了

幽静——油井

峥嵘——整容

清幽——青柚

壮阔——大海

第 3 步：用联结记忆法将词语进行联结记忆。

还记得吗？我们只需要在图像与图像之间添加动词，使之变成一个动态的画面就可以了。

可以想象这样一个联结：

蚁人正在修眉，突然看见一个旋转的梨，这个梨一边旋转一边撒板蓝根，他还看见了清晨的太阳，太阳的照射把小草都变成灰色的了，小草被扔进了油井，油井工人去做了整容，整容完去吃了一个青柚，最后把青柚皮扔进了大海。

第 4 步：在大脑中对照还原这些词语。

记忆完毕，我们就可以在大脑中进行对照还原：

蚁人正在修眉，突然看见一个旋转的梨，这个梨一边旋转一边撒板蓝根，他还看见了清晨的太阳，太阳的照射把小草都变成灰色的了，小草被扔进了油井，油井工人去做了整容，整容完去吃了一个青柚，最后把青柚皮扔进了大海。

回忆复习完之后，就可以闭上眼睛或者合上书，将这些词语背诵出来了！我相信，你一定可以的！

二、优美的四字词语记忆

其实成语也是一样的方法，只是跟词语比起来，成语的字数多了一点儿而已。但是成语记忆并不难，因为大多数成语有很强烈的"画面感"。

请将下列四字词语准确无误地记在大脑中。

波澜壮阔、水平如镜、峰峦雄伟、

红叶似火、危峰兀立、怪石嶙峋。

第 1 步：理解四字词语。

波澜壮阔：比喻声势雄壮浩大，出自南朝宋·鲍照《登大雷岸与妹书》。

水平如镜：水面平静得如同镜子一般，形容风平浪静的状态。

峰峦雄伟：指山峰或山峦雄壮而宏伟。

红叶似火：形容秋天的叶子像火一样红。

危峰兀立：形容山势高耸险峻。

怪石嶙峋：形容石头的形状很奇怪。

第 2 步：用编码记忆法将四字词语进行编码转换。

波澜壮阔——我们可以想象"大海波涛汹涌"的画面。

水平如镜——我们可以用"一面镜子"来表示这个词语。

峰峦雄伟——我们可以想象"一座高大的山峰"的画面。

红叶似火——我们可以用"一片红叶"来表示这个词语。

危峰兀立——我们可以用"很多高峻的山峰"来表示这个词语，为了区别"峰峦雄伟"，可以想象这些山峰特别的"高峻"。

怪石嶙峋——我们可以用"奇奇怪怪的石头"来表示这个词语。

第 3 步：用联结记忆法将四字词语进行联结记忆。

可以想象这样一个画面：

我们站在波涛汹涌的大海边上，看见海浪击碎了一面镜子，镜子的碎片飞到了一座高大的山峰上，山上有很多片红色的叶子，叶子飘落到高峻的山峰之中化作了一块块奇怪的石头。

第4步：在大脑中对照还原这些词语。

记忆完毕，我们就可以对照还原了：

我们站在波涛汹涌的大海边上，看见海浪击碎了一面镜子，镜子的碎片飞到了一座高大的山峰上，山上有很多片红色的叶子，叶子飘落到高峻的山峰之中化作了一块块奇怪的石头。

闭上眼睛或者合上书，你就会自然将这些词语背诵出来了！

三、摘抄中的句子记忆

在背诵摘抄的句子时，最常出现的情况就是"下一句想不起来"。这是因为大家在这个过程中没有给上下句之间建立关系，回忆的时候无法依靠上一句联想到下一句。

知道了原因，我们只需要"对症下药"。什么意思呢？就是在记忆句子的时候，帮助上下句之间建立关系。建立这种关系有两种方式：

1. 寻找句子间的逻辑关系；

2. 创造句子间的非逻辑关系。

记忆的原理用一句话就可以概括：

记忆就是发现联结和创造联结的过程。

换句话说，我们在记忆的时候，要么通过逻辑推理寻找句子和句子之间原本的关系；要么通过大脑的联想和想象，创造一个关系。

总之，只有句子和句子之间有"关系"，我们才能够记住它们。

举几个例子：

句子 1:

漓江的水真绿啊，绿得仿佛那是一块无瑕的翡翠。

——2004 年版《语文》四年级下册

（人民教育出版社）

这句话，我们可以"寻找句子间的逻辑关系"。

逻辑解析：

这一句先讲的是漓江水的特点"绿"，然后通过一个比喻的修辞手法来说明漓江的水到底有多绿。那么存在的逻辑关系就是，下一句是对上一句的解释说明。换位思考一下，假如我们是作者，如果只写"漓江水很绿"，读者是没有概念的，到底是什么样的绿？有多绿？所以，后面一定要有一句话去生动形象地描绘出漓江水的"绿"。通过这样一个快速的分析，我们就比较容易记住这句话了。

当然，这句话还有一个特点，就是很有"画面感"，我们在逻辑推理的时候，同样可以在脑海中呈现作者描绘的画面，有漓江水，绿得像翡翠。这样记忆效果会更好一些。

其实，这个推理的过程也是对作者写作过程的再现，还原作者的所见、所闻和所感。我们在阅读的过程中，要一直秉承"把自己当作作者，而非读者"这样的原则。

句子 2:

桂林的山真秀啊，像翠绿的屏障，像新生的竹笋，色彩明丽，倒映水中。

——2004 年版《语文》四年级下册

（人民教育出版社）

这句话更适合使用"创造句子间的非逻辑关系"。

如何创造"非逻辑关系"呢？首先，我们先明确一下什么是"非逻辑"。所谓的非逻辑，是针对逻辑而言的。举个例子，"狗咬人"就是一个逻辑关系，当它发生的时候，不会让人觉得"不可思议"。那非逻辑呢？就是"人咬狗"，不太可能发生的事情，这就是"非逻辑"！非逻辑有一个好处，那就是容易让我们的大脑兴奋，容易产生记忆点。可以想一想，如果你真的在大街上看见"人咬狗"这一幕，应该会"永生难忘"吧？

解释完逻辑和非逻辑之后，我们来看看这一句话应该怎样记忆。

第1步：在句子中寻找关键词。

这句的关键词分别是：山、屏障、竹笋、色彩、水。

第2步：将关键词创造一个关系。

可以这样联想：山被玻璃屏障保护了起来，屏障中生出了很多竹笋，竹笋色彩丰富，它被种在水中。

通过这样一个"非逻辑"的关系，我们就能够很自然地记住这句话啦！

句子3：

桂林的山真奇啊，一座座拔地而起，各不相连，像老人，像巨象，像骆驼，奇峰罗列，形态万千。

——2004年版《语文》四年级下册

（人民教育出版社）

这种比较长的句子，我们就要结合两种方式了——既要寻找逻辑关系，也要创造非逻辑关系。

逻辑解析：

"桂林的山真奇啊"说的是桂林山的特点"奇"，也就是"奇形怪状"的。既然是这样，山的数量肯定有很多，因为这样才能叫作"奇形怪状"。所以作者在第二句紧接着就说到"一座座拔地而起，各不相连"。

这一部分，我们是寻找逻辑关系。

那么，"像老人，像巨象，像骆驼"是三个并列的比喻句，说的是有的山像老人，有的山像巨象，有的山像骆驼，这些是作者联想到的，并没有可"推理"的逻辑关系。我们也很容易记混或者记错顺序，这时候就需要"创造"一个记忆的关系了。我们把"老人、巨象、骆驼"联结起来就可以了：

一位老人骑着一头巨象在追赶骆驼。

这样就很容易记住它们的顺序了，再结合最后的"奇峰罗列，形态万千"，可以想象：

老人骑着巨象追骆驼，跑了很多奇怪的山峰，这些山峰形状都不太一样。

如此，我们就把整句话都记住了！

第 3 节　把所读文字绘制成"记忆地图"

"书读百遍，其义自见"是我们很多人都明白的一个道理，但是，很多人即使把一本书读了无数遍，也并不能完全记忆、理解和应用它。这是为什么呢？其实，伟大的至圣先师——孔子早就告诉我们了，"学而不思则罔，思而不学则殆"，意思是学习或者读书要加以思考，如果不思考的话是没有意义的。这就好比，把一堆种子都撒在地里，不施肥、不浇水、不除虫，就等着种子生根发芽，这是绝对不行的！所以，我们不仅要读书，还要"求甚解"。那"求甚解"的第1步就是要把读的文字记住，然后在记住的基础上加以理解、思考和总结。这样才能不断地提升，更好地去运用书中的内容。

任何一段文字或一篇文章都是由词语、句子和段落这三个部分构成。词语组成句子，句子组成段落，最后由段落组成一篇文章。既然这样，我们在记忆文章的时候，就要先搞清楚词语的类型、句子的关系和段落的结构。从这样一个角度去阅读和记忆，就会得到事半功倍的效果。

关于词语的类型和句子的关系，前面都已经涉及，不再强调。但在这里我们强调一个重要的原则，那就是：

文章的记忆 90% 靠理解，10% 靠记忆。

也就是说，文章的记忆以理解为主，记忆为辅。

记忆文章有 3 大步骤或者说 3 大要点：

1. 顺嘴。通读全文，建立语感，判断文章结构类型，并初步了解文章的主要内容。

2. 顺脑。用大脑感兴趣的方式进行记忆，绘制出个性化的"记忆地图"。

3. 顺心。遵循大脑的记忆—遗忘规律，进行有节奏的、科学有效的复习。

同样，用一个例子来练习。

盼望着，盼望着，东风来了，春天的脚步近了。

一切都像刚睡醒的样子，欣欣然张开了眼。山朗润起来了，水涨起来了，太阳的脸红起来了。

小草偷偷地从土里钻出来，嫩嫩的，绿绿的。园子里，田野里，瞧去，一大片一大片满是的。坐着，躺着，打两个滚，踢几脚球，赛几趟跑，捉几回迷藏。风轻悄悄的，草软绵绵的。

桃树、杏树、梨树，你不让我，我不让你，都开满了花赶趟儿。红的像火，粉的像霞，白的像雪。花里带着甜味儿；闭了眼，树上仿佛已经满是桃儿、杏儿、梨儿。花下成千成百的蜜蜂嗡嗡地闹着，大小的蝴蝶飞来飞去。野花遍地是：杂样儿，有名字的，没名字的，散在草丛里，像眼睛，像星星，还眨呀眨的。

——朱自清《春》

（陕西师范大学出版总社）

这段文字一共有 4 个段落。我们先进行第 1 步：顺嘴。通读文章 2—3 遍，在读的过程中需要梳理文章的逻辑结构以及上下句之间的逻辑关系，甚至我们可以有意识地关注一些关键词。比如：第一段是总领段落，说春天来了；第二段是从整体描绘春来了之后大自然的样子；第三段是具体描绘草地上的小草和人；第四段则是描绘了树和花在春天来了之后争奇斗艳的状态。

阅读非常重要的一点是，一定要从全局去看待文章，要有一个整体的阅读思路。梳理段落和段落之间的逻辑关系就是梳理作者的写作思路，对于这篇文章来说，就是作者看到或者想到的画面——春天来了，万物复苏。

在阅读文字或记忆文字的时候，要始终牢记，我们虽然眼睛阅读的是文字，但"心"阅读的是作者，文字只不过是我们交流的一种"手段"而已。

《春》第一段记忆地图

　　我们在阅读第一段的时候，可以在脑海中呈现"一个人闭着眼睛感受东风"的画面。为了更好地记忆，我们可以适当地添加一些夸张的元素，这样更有利于大脑产生深刻的印象。

　　不过，当理解文章的含义之后，我们就会发现理解是一回事儿，记忆是另外一回事儿了。

《春》第二段记忆地图

　　第二段是整体描绘春天带给大自然的变化。这里面有山、有水、有太阳。所以在记忆地图中，就应该强调这些具象化的元素。

　　当然，为了达到更精准的记忆，我们将一些关键词采用"编码"的方式进行了一些处理，比如"刚睡醒"，我们用了"一口缸"表示；"欣欣然张开了眼"，我们用一颗心张开了眼睛来表示；"朗润"，我们用了一匹狼来辅助记忆。

《春》第三段记忆地图

第三段是具体描写草地上的小草和人们开心的状态。这里面的重点要素有：小草、坐着的人、躺着的人、打滚的人、踢球的人、赛跑的人和捉迷藏的人。

尤其这些人属于并列的关系，所以我们在绘制记忆地图的时候要特别注意画面元素的位置变化，这也是我们回忆的重要线索。

具体来看，第一句关键的记忆元素是：小草，钻出来。所以我们可以画一个小草在努力"钻"出来。第二句关键的记忆元素是：园子、田野、瞧、满。我们在绘制记忆地图的时候就有"圆圆的园子、田字格的田野、眼睛"等。第三句关键的记忆元素是：坐、躺、打滚、踢球、赛跑、捉迷藏。在记忆地图中按照顺序绘制出来就可以了。第四句关键的记忆元素是：风和草。我们可以把风表达得很"温柔"，轻悄悄地；把草表达得很"柔软"，像棉花一样。

《春》第四段第一部分记忆地图

第四段是最长的，也是最难记忆的，我们用三幅记忆地图进行记忆。

首先是"桃树、杏树、梨树，你不让我，我不让你，都开满了花赶趟儿。红的像火，粉的像霞，白的像雪"。其中关键的记忆元素是：桃树、杏树和梨树，还有它们"互不相让"开满花的"特写镜头"。

《春》第四段第二部分记忆地图

其次是"花里带着甜味儿；闭了眼，树上仿佛已经满是桃儿、杏儿、梨儿。花下成千成百的蜜蜂嗡嗡地闹着，大小的蝴蝶飞来飞去"。其中关键的记忆元素是：甜、闭眼、桃儿、杏儿、梨儿、蜜蜂和蝴蝶。

《春》第四段第三部分记忆地图

最后是"野花遍地是：杂样儿，有名字的，没名字的，散在草丛里，像眼睛，像星星，还眨呀眨的"。 这一句中关键的记忆元素是：野花、草丛、眼睛和星星。

最后，我们就可以把四个段落的关系串联起来，还原作者看到的和想到的，变成一幅完整的记忆地图。

《春》完整记忆地图

大家不要忘了"顺心"，对要记忆的内容进行有节奏的、科学有效的复习，才会让我们的记忆更加牢固！

真正的学习在行动之后。 任何的方法只有我们学了，然后使用了，它才会是"有用"的。 所以，我们需要不断地进行刻意练习，将方法付诸实践。

第 4 节　如何在日常生活中提升记忆能力

北京时间 2008 年 8 月 16 日 22 时 30 分，北京奥运会男子百米飞人大战在鸟巢打响，最终博尔特以 9 秒 69 的成绩打破世界纪录并轻松夺冠。当枪声响起后，博尔特的起跑速度十分快，随着时间的进行，博尔特跑得越来越快，很快就确定了自己的领先优势，在最后十米处，博尔特竟然减速，以回头望月的姿态，拍着自己的胸口提前庆祝自己的胜利。

这是 2008 年北京奥运会男子 100 米比赛后网易新闻的一段报道。

据说，当晚有近 10 万人守在现场，有 2.3 亿中国人守在电视机前，就是为了目睹这一人类的壮举。

为什么会有这么多人等待这一时刻？原因就是：好奇心。我们非常好奇博尔特能否突破人类的速度极限！

结果告诉我们：一切皆有可能！所谓的"极限"，也仅是在原有的经验和认知体系下的边界而已。所以，当我们提高了认知和有更多的经验后，"极限"也会随之改变。

记忆也是如此，当突破了对"记忆力"的原始理解之后，我们可以不断突破自己的"记忆极限"，最终成为"最强大脑"。

当然，光想是不行的，我们需要一些方法和练习。

刻意练习

佛罗里达州大学的心理学教授安德斯·埃里克森博士，对各个行业优秀的人进行研究后发现，他们的天才其实和我们每个人与生俱来的才能相差无几。

埃里克森博士还发现，要想达成"不可思议"的成就，要做的事情其实非常简单，那就是进行"有目的的练习"——刻意练习！

这种刻意练习并不是简单地重复做，而是需要这样 4 个步骤：

1. 设定明确的、特定的目标：一个明确的、特定的目标有助于我们完成持续的练习，这样做会比漫无目的的练习更有效果。

2. 持续专注的状态：要想达成目标，完成技能的蜕变，就要在每一次刻意练习的过程中全神贯注，将所有的注意力完全集中在任务上。

3. 有结果的练习反馈：刻意练习并不是做完就完了，需要对练习的结果进行反馈。知道自己哪里做得好，哪里做得不好，而做得好的地方继续保持，不够好的地方需要寻求帮助并解决。只有这样不断地反馈，我们才能一直正视自己的水平，进而持续提高自己的能力。

4. 走出舒适区的勇气：这是刻意练习非常重要的一个环节，如果永远不强迫自己走出舒适区，那么我们将无法得到真正的提高。就像如果博尔特没有要求自己每次更快一点儿、再快一点儿，那么我们也不会看到人类速度的极限。

"10—1—24—7"记忆与遗忘法则

心理学家艾宾浩斯经过一系列科学的实验后，得出结论：人类的记忆是会遗忘的，并且会呈现"先快后慢"的规律。这个规律被绘制成了一条非常经典的曲线——"艾宾浩斯遗忘曲线"。

首先大家要有这样一个基本的认知和判断，那就是我们无法"逃脱遗忘"。对于大多数人来说，天生拥有"过目不忘"的超能力是不可能的（当然，这只是针对绝大多数普通的大脑，具有特殊才能的天才不在此列）。

所以，我们就需要通过"复习"来对抗遗忘，而艾宾浩斯在他的《记忆心理学》中也给出了一套科学复习的周期时间表。这套复习的周期时间表非常详细地说明了每一次复习的时间节点。

复习周期	时间节点
第 1 个复习周期	5 分钟
第 2 个复习周期	30 分钟
第 3 个复习周期	12 小时
第 4 个复习周期	1 天
第 5 个复习周期	2 天
第 6 个复习周期	4 天
第 7 个复习周期	7 天
第 8 个复习周期	15 天

通过这样一整套的复习，我们基本可以将记住的知识点，从短时记忆转变为长时记忆。

基于大家日常学习的特点，我们可以略微将这套复习时间表进行调整。另外，我建议同学按照"10—1—24—7"法则来进行复习。

所谓的"10—1—24—7"法则，其实是 4 个复习的时间节点，分别是：

1.10 分钟。在学习完（记忆完）某一知识后的 10 分钟，马上进行复习；

2.1 小时。 在第一轮复习完后的 1 小时，进行第 2 轮次的复习；

3.24 小时。 也就是在学习完（记忆完）某一知识后的第二天的相同时间，进行复习；

4.7 天。 在学习完（记忆完）某一知识 1 周后进行复习。 这个时间点可以进行灵活调整，比如，我们可以利用每周六的时间复习周一到周三所有学习过（记忆过）的知识，利用每周日的时间复习周四、周五所有学习过（记忆过）的知识。

在每一次的考试之前，可以结合"10—1—24—7"法则，进行集中复习。

通过这样的复习策略，我们收获的不仅是知识，还有对于自己学习过程的掌控感，这是非常难得的。 想想原来没有这个策略的时候，语文老师第二天要考某一篇课文，然后我们临时抱佛脚，晚上才赶紧背诵、复习;英语老师第二天要单词测验，我们还得赶紧复习单词……这种完全被动的学习状态，会让自己越来越疲惫，但当我们学会使用这种复习策略的时候，学习就会更加游刃有余。

记忆与刻意练习

在阅读和学习中,遇到最多需要记忆的信息是数字和文字。 所以，可以主要针对这两种信息进行练习。

一、随机数字练习

随机数字练习，可以有效提升我们对数字的记忆能力，进而加强我们在学习、阅读中遇到的数字类信息的记忆。

练习过程：

请将下列 20 个随机数字按照正确的顺序记忆，并计时。

90453765809531879053

1. 记忆方法——可以采用编码记忆法和联结记忆法。先将每 2 个数字通过数字编码的方式转换成图像，然后给图像建立创造性的联结。

2. 刻意练习频次——最好每天进行一组练习，而且更重要的是坚持，养成习惯。

3. 练习难度调整——当 20 个随机数字可以在 1 分钟之内完成记忆的时候，提升难度，随机数字增加到 40 个。

二、随机词语练习

随机词语练习，可以有效提升我们对中文信息的记忆能力，让我们可以将阅读材料中的关键词更快地记忆下来。

练习过程：

请将下列 10 个随机词语按照正确的顺序记忆，并计时。

榴梿　　褪色　　追星　　烤鸡　　轰炸机

肌肉　　举行　　试管　　蝎子　　玫瑰花

1. 记忆方法——可以采用联结记忆法。先将词语转换成图像，然后以添加动词的方式建立联结。

2. 刻意练习频次——每天进行一组练习。

3. 练习难度调整——当 10 个随机词语可以在 30 秒之内完成记忆的时候，将词语个数增加到 20。

知识矩阵 >>>>

一图抵千言：编码记忆法

1. 所谓"编码"，就是在大脑中将抽象的信息转换成具象的，将不容易记忆的转换成容易记忆的，将不易理解的转换成容易理解的
2. 编码的 3 种方式：音、形、义

创造记忆线索：联结记忆法

1. 把要记忆的内容通过联想和想象，首先转化成图像，然后像锁链一样，一个接一个地联结起来，所有的记忆内容会因为这种两两相连的关系，依序不乱地记录在大脑里
2. 联结记忆法，即"连锁构图记忆法"

建造记忆宫殿：定位记忆法

在大脑中首先建立一套固定、有序的定位系统，然后将需要记忆的内容联想成图像，通过联想和想象把它们有序联结在"记忆挂钩"上，从而实现快速识记、牢固保存和有序提取

如何进行正确的摘抄共鸣

1. 摘抄共鸣本的选择
2. 摘抄共鸣的记录频率
3. 摘抄共鸣本的记录方式

摘抄共鸣的 4 个步骤

1. 填写基本信息
2. 摘抄好词好句
3. 摘抄名言诗文
4. 记录共鸣感受

优美词语记忆的 4 个步骤

1. 理解词语
2. 用编码记忆法将词语进行编码转换
3. 用联结记忆法将词语进行联结记忆
4. 在大脑中对照还原这些词语

优美四字词语记忆的 4 个步骤

1. 理解四字词语
2. 用编码记忆法将四字词语进行编码转换
3. 用联结记忆法将四字词语进行联结记忆
4. 在大脑中对照还原这些四字词语

摘抄中的句子记忆

1. 寻找句子间的逻辑关系
2. 创造句子间的非逻辑关系
3. 句子记忆的核心原理：记忆就是发现联结和创造联结的过程

"记忆地图"的 3 大要点

1. 顺嘴：通读全文，建立语感，判断文章结构类型，初步了解文章的主要内容
2. 顺脑：用大脑感兴趣的方式进行记忆，绘制个性化的"记忆地图"
3. 顺心：遵循大脑的记忆—遗忘规律，进行有节奏的、科学有效的复习

刻意练习的 4 个要点

1. 设定明确的特定的目标
2. 持续专注的状态
3. 有结果的练习反馈
4. 走出舒适区的勇气

"10—1—24—7"法则

1. 10 分钟后复习
2. 1 小时后复习
3. 24 小时（1 天）后复习
4. 7 天（一周）后复习

任务卡片 >>>>

知识需要从"知道"到"做到"，而在这个过程中，我们需要完成一系列的小任务哦！

 Task

完成 20 个数字的记忆挑战

让爸爸或妈妈写出 20 个随机的数字，完成记忆挑战

One

 Task

完成 10 个词语的记忆挑战

让爸爸或妈妈写出 10 个随机的词语，完成记忆挑战

Two

 Task

完成 10 个四字词语的记忆挑战

让爸爸或妈妈写出 10 个随机的四字词语，完成记忆挑战

Three

 Task

完成一篇摘抄共鸣

根据摘抄共鸣法以及记忆技巧，完成一张高质量的摘抄共鸣表格

Four

 Task

系统的阅读力提升训练

完成一整套的阅读力系统训练，包括：固点凝视训练、眼部基础能力训练、视幅范围训练、一目多字训练和文章测试

Five

 Task

文章限时闯关训练

根据自己的实际情况，完成相应速度级别的文章闯关。一定要选择比自己阅读速度快的关卡哦

Six

 Task

完成一篇文章的"记忆地图"

根据"记忆地图"方法，完成一段文字的记忆（可以是一篇课文中的一段）

Seven

 Task

制订刻意练习计划

根据自己的实际情况，制订一个适合自己的刻意练习计划

Eight

 Task

周末的亲子游戏时间

跟爸爸或妈妈比赛挑战记忆项目

Nine

第五章

阅读后的输出——整合力

馨阳是一个勤奋好学、积极努力的女孩子。有一次，她主动跟我分享："郭老师，你看我的读书笔记怎么样？"我拿过来仔细看了看，发现馨阳的读书笔记，用了很多不同颜色的荧光笔。

我就问她："馨阳，这么多颜色是什么意思？"

"哦，绿色是摘抄的关键词，红色是我觉得有意思的话，蓝色是我觉得需要记忆下来的内容……"她跟我说了很多她的想法，我觉得都还不错。

不过，从笔记的角度来说，还欠缺一些。聪明的"阅读者"不仅掌握高效、快速的阅读技巧，而且非常善于整理思路、使用笔记等工具激发自己的潜能。

当记录的内容没有框架和结构，杂乱无章，就会降低整理笔记的欲望，随之而来的更是降低理解率，阅读没有成果，无法有效应用阅读内容指导自己的行动。反之，如果有很好的框架、结构，就比较容易实现整理（包括笔记和大脑思路两个方面），那么对于阅读内容的理解和应用就会得到保障，能够最大化地改善阅读效果。由此而言，框架和结构，对记录阅读笔记至关重要。

错误、有碍的笔记方式一般都有以下几种特点：

1. 第一印象脏、乱、差的笔记。这样的笔记通常不想再看第二次，影响阅读的积极性。

2. 尺寸过小的"微型笔记"。小一点儿的笔记本确实比较容易携带，但是"小尺寸"无法帮助我们培养思考一些复杂的、系统的问题的逻辑思维能力。

3. 笔记过于"肥胖"。很多同学读完一本书或一个章节，恨不得把所有的"关键词"都记录下来，这样一定会加大后续整理的难度，也影响整理的积极性。

4. 满满当当的"填鸭式"笔记。这种笔记全是文字，一点儿空白的区域都没有，所有的信息都挤在一起，也同样增大了复习整理的难度，而且在看的时候无法抓住重点。

这些阻碍能力发挥的笔记特点，如果不加以改善，会降低我们的阅读效率和理解能力，更重要的是，我们花费了时间去阅读，最后却没什么收获。

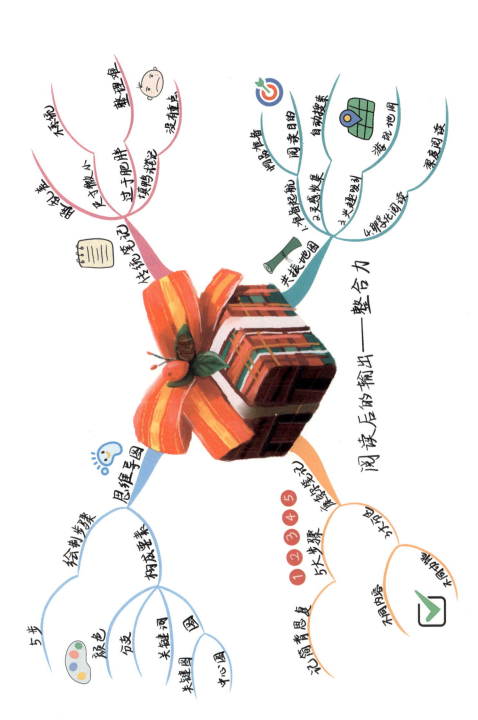

阅读后的输出——整合力

传统笔记
- 过于肥胖
  - 尺寸偏小
  - 填鸭式笔记
    - 没有趣味
  - 整理难
  - 系统
- 浪费时间

共读卷图
- 调取准备
  - 1.电脑花朵
  - 2.灵感收集
  - 3.关注探索
- 阅素目标
  - 自动搜索
  - 浏览地图
  - 尝爱阅读
  - 与轻松阅读

思维导图
- 绘制步骤
  - 5步
  - 颜色
  - 线色
  - 分支
  - 关键词
    - 关键图
    - 中心图
- 构成要素
- 5大步骤
  - ①简洁
  - ②重复
  - ③绿色笔记
  - ④绿色笔记
  - ⑤
  - 不相内涵
  - 小白图
  - 不相内涵

第 1 节　共振地图笔记法

　　所谓的共振地图，指读者和书之间产生的共振或共鸣，也可以理解为"阅读的地图"。我们将书中的信息以"可视化"的形式记录到一张纸上，这样一来，不仅可以掌握书中和自己最能产生共鸣的内容，还能在很短的时间里成为"阅读达人"。

　　共振地图笔记法其实也是一种阅读的思路和策略，一起来认识共振地图笔记的 4 个步骤吧！

共振地图笔记法的 4 个步骤

一、准备起航

　　在正式阅读之前，我们需要准备一些物品：一本想要阅读的书，一张"共振地图"和一些笔。"共振地图"可以用我为大家准备好的（熟练之后也可以自己制作），至于笔，可以选择 12 色的彩笔，用不同颜色区分不同的内容。

　　准备好物品之后，就正式开始制作"共振地图"了。首先，在共振地图的第一栏写下书名、作者和阅读的日期。然后，思考一下阅读的目的，这点非常重要，可以一边看着书籍的封面，一边思考为什么要选择这本书，以及想要从这本书中获取什么知识，将思考的结果记录在第二栏中。另外，在思考的时候可以采用之前教过大家的"四段呼吸法"，一分钟呼吸 4 次，能够让我们更加集中注意力，让大脑容易进入学习和思考的状态。接着，我们需要记录这本书的总页数，在第三栏左前方的位置上写上最开始的页码"1"，接着将总页数以三等分的比例，分割的中间页码写在表格的右后方，依次填写。

这一个步骤的准备动作，大概需要 5 分钟的时间。

准备起航	书 名		作 者		日 期	
	阅读目的					
本书页数						

二、灵感收集

第 1 步结束之后，进入"灵感收集"的环节，需要做的是随意翻阅书籍，过程中眼睛自动搜索信息。这种时候不容易被作者的写作思路限制，我们的眼睛和大脑可以很自由地"下载"那些喜欢的信息。

通过这种方式，我们容易跟书产生"亲近感"。另外，在这个过程中，要事先有一个"灵感能量"的概念，我们将其分为三个等级（你也可以分成更多的等级，不过等级越多越容易困扰），分别是高、中、低。高就是你觉得最吸引、最喜欢的；中就是一般吸引、一般喜欢的；低就是有一点吸引和有一点喜欢的。

然后，我们通过随意翻阅，从这本书里找出 7—9 个感兴趣的地方，把页码记住并写下来，将感兴趣的关键词记录在表格中，平均每栏 2—3 个。

记录完页码和关键词之后，我们还要分别根据这几个关键词确定后续的阅读顺序，不用过多地思考和判断，依次给这些词确定一个次序。

第 2 步完成，我们花费的时间在 10 分钟左右。

灵感收集			

三、兴趣吸引

通过第 2 步，我们的大脑自动"下载"了几个感兴趣的内容，这就相当于在"地图"上标了几个点，这几个点就是我们要去"游玩"的"城市"。在进入下一步前，我们需要再看一下表格上方的阅读目的。

然后，我们按照之前确定的关键词顺序，翻到相应的那一页开始阅读。需要注意的是，此时的阅读也不是逐字逐句，而是大致扫一眼即可，让眼睛停留的词汇就是我们跟作者之间共鸣度较高的内容。从里面摘抄出 3—4 个词汇，感兴趣的或者有疑问的都可以。

兴趣吸引			

四、孵化阅读

通过前三个步骤，花费的时间在 15—20 分钟，我们已经在"地图"上增加了"旅游城市"，以及每个城市让我们最好奇的"景点"，接下来就是到"景点"里深度游玩了。

结合"共振地图"和阅读的书，把重点放在第 3 步中摘抄的词汇，然后问自己"作者是什么意思""我感兴趣的原因是什么"等问题。

思考完毕之后，用高效阅读的策略去阅读，然后结合康奈尔笔记的"黄金三分法"的思路，制作读书笔记（具体方法参考下一节的"康奈尔笔记法"）。

孵化阅读	记录:	记录:	记录:
	发现:	发现:	发现:
	总结:	总结:	总结:

共振地图笔记法的实际应用

以往看书的时候，我们习惯从第一页按顺序读到最后，这样阅读的好处是可以跟随作者的写作思路，一点点地读懂文章，逐步探索作者的所思、所想、所感，走进作者丰富的内心世界。 不过，这种阅读也有不足之处，那就是"只见树木不见森林"。 因为这种线性的、逻辑的阅读往往要到最后才知道作者是什么意思，就好像我们走进一片森林中，起初并不知道是森林，只能看见一棵一棵的树木，直至走到树林深处的时候，才猛然惊醒，原来这是一片大森林，而在前进的过程中，会有很多人还没有意识到森林，就已经放弃了。 阅读也是一样的道理，我们有时候需要"先见森林再见树木"——先了解整本书的核心内容以及自己感兴趣的地方，保证自己将整本书读完。

接下来，我们以北京联合出版公司出版的《昆虫记》为例，看看如何把共振地图笔记法应用到实际阅读中。

一、准备起航

这一步，我们先填写基本信息。 最重要的是阅读的目的，想一想自己为何要读这本书。

可以是比较常规的，比如："我想了解昆虫的种类"或"我想知道各类昆虫的习性和特征"等。 当然，阅读目的也可以是比较有个性化的，比如："我想单独了解'蜂'的种类"或"我想知道关于'蜘蛛'的信息"等。

每个人的阅读目的不尽相同，在阅读前搞清楚自己为什么读至关重要，这是主动阅读的开端。

准备起航	书名	昆虫记		作者	法布尔	日期	××年×月×日
	阅读目的	我想知道各类昆虫的习性和特征					
本书页数		1	100	101	200	201	310

二、灵感收集

这一步，我们从 1—100 页、101—200 页、201—300 页分别找出喜爱的内容，并将关键词和其所在的页码记录下来。需要注意的是，在这一步是随意翻阅而不是逐字逐句阅读。

这本《昆虫记》每一章都讲述了一种昆虫，所以我们在灵感收集这一步，就可以针对性地选出自己感兴趣、想要了解的昆虫。

准备起航	书名	昆虫记	作者	法布尔	日期	××年×月×日
	阅读目的	我想知道各类昆虫的习性和特征				
本书页数		1　　100	101　　200	201　　　310		
灵感收集		黑腹狼蛛 43	蟋蟀 146	孔雀蛾 203		
		天牛 62	粟虫 188	迷宫蛛 263		
		舍腰蜂 23	西西斯 108	萤火虫 284		

之后，我们可以按照"能量等级"将这些灵感进行排序，也就是确定自己接下来的阅读顺序。这一步只需要做到随心，让自己的好奇心和兴趣指引自己的选择。

准备起航	书名	昆虫记	作者	法布尔	日期	××年×月×日
	阅读目的	我想知道各类昆虫的习性和特征				
本书页数	1	100	101	200	201	310
灵感收集	黑腹狼蛛 43　3		蟋蟀 146　9		孔雀蛾 203　2	
	天牛 62　5		象虫 188　1		迷宫蛛 263　4	
	舍腰蜂 23　8		西西斯 108　6		萤火虫 284　7	

三、兴趣吸引

这一步，可以理解为正式进入文本的阅读，按照刚才"灵感收集"和"能量等级"的选择和顺序，分别进行阅读。

在这个例子中，我们的阅读顺序就是：

1. 第 188 页的象虫；

2. 第 203 页的孔雀蛾；

3. 第 43 页的黑腹狼蛛；

4. 第 263 页的迷宫蛛；

5. 第 62 页的天牛；

6. 第 108 页的西西斯；

7. 第 284 页的萤火虫；

8. 第 23 页的舍腰蜂；

9. 第 146 页的蟋蟀。

阅读过程中记得使用有节奏的阅读技巧，并且利用"5W2H"关键词的提取方法，记录下 3—4 个关键词。

准备起航	书名	昆虫记		作者	法布尔		日期	××年×月×日
	阅读目的	我想要知道更多的昆虫的习性和特征						
本书页数	1		100	101		200	201	310
灵感收集	黑腹狼蛛 43页 3			蟋蟀 146页 9			孔雀蛾 203页 2	
	天牛 62页 5			粪虫 188页 1			迷宫蛛 263页 4	
	舍腰蜂 23页 8			西西斯 108页 6			萤火虫 284页 7	
兴趣吸引	坏名声、攻击、有毒			歌喉、寓言、房子			漂亮、王子、蛾	
	寄生、橡木、圣经			岩石、进化、领袖			漏斗、黏性、简陋	
	阳光、勇气、桨			父亲、职责、勤奋			亮尾巴、捕食、发光	

通过这种共鸣式的、快速的阅读，可以收获一些知识，比如：

我们知道了黑腹狼蛛是会攻击人的，并且是有毒的；

天牛是寄生在橡木中的，并且对橡木是有很强破坏力的；

蟋蟀成名于它美丽的歌喉，并且蟋蟀的房子也是非常舒适温暖的；

迷宫蛛不同于其他蜘蛛，它们的网没有黏性，是靠"网的缠绕"制服敌人的；

也知道了昆虫中有一种甲虫，叫作"西西斯"，是为数不多有责任感的……

这样快速获取一些知识的方式能带来一个巨大的好处——我们在下一步阅读的时候，对作者的文笔、讲述的内容不陌生，甚至可以去对比其他昆虫跟我们现在已知的这些昆虫有哪些相同之处和不同之处。

请大家相信一点，对书籍内容了解得越多，越容易快速地阅读。

所以，前三步就是帮助我们快速地了解书中的内容，以便我们能更快、更彻底地将整本书读完。

四、孵化阅读

最后就是正式进行阅读了。在这一步要注意以下几点：

1. 阅读时的注意力和阅读的节奏；

2. 阅读的过程中，灵活使用"精细阅读的4个技巧"：提问法、关键词法、推理法和图像法，以此提升阅读的记忆和理解；

3. 随时进行记录和总结（这一步参照下一节：康奈尔笔记法）。

至此，伴随一步步地阅读，我们就完成了"共振地图"的绘制。这种读书笔记的好处在于，我们一直在跟随大脑的喜好，让大脑自主选择想要阅读的内容，并且记录下感兴趣的和有疑问的部分，这样不仅会提高我们的阅读效率，更促使我们读完整本书。

第 2 节　康奈尔笔记法

什么是康奈尔笔记法呢？康奈尔笔记法又叫"5R"笔记法，是沃尔特·鲍克等人发明的，是记忆与学习、思考与应用实践相结合的有效方法，旨在帮助学生有效地做笔记，特别适用于制作阅读的笔记。

康奈尔笔记系统把一页纸分成了三部分：左边四分之一左右的空间（线索区）、下方五分之一左右的空间（总结区）和右上最大的空间（记录区）。

康奈尔笔记法的不同区域

康奈尔笔记的具体使用过程包括哪些部分呢？

第一个部分，准备一个笔记本，用一个专门的笔记本来应用康奈尔笔记法。首先，在纸上从左到右画一条直线，将一页纸分为上下两个区域，比例为 3 ：1 ；在页面的左侧，作一条垂直于底边的竖线，距离页面最左端 2.5 厘米，不必那么严格，只要保证这条竖线离纸的左边部分更近一点儿就可以。这样，我们就把整张纸分为了左上、右上和下面的三个部分。

书名：《　　　　　》	日期：
（副栏：线索区）	（主栏：记录区）
（总结区）	

第二个部分是记笔记。首先，需要在整个页面最上面写下要记录的书名（如果是课程笔记，就写下课程的名字），同时记录具体的时间，目的是让读书笔记更加系统，尤其在我们回顾笔记的时候，会更加容易找到相应的内容。然后，最重要的部分，在整张纸的最大区域里记笔记。我们需要做的是保持简洁，专注记下阅读时搜索出来的那些关键词以及相应的关键术语，比如：高效阅读的五大要素，分别是能力、目标、方法、习惯和分享。那么，我们就在左边的第一栏写下"高效阅读的五大要素"，然后在右边对应的位置写下"能力、目标、方法、习惯和分享"。也就是说，左边栏是右边栏关键词的提炼和总结部分，右边栏则是左边栏内容的补充展开，当然，在记录的时候可以留一些空白的地方，用于后续阅读的查缺补漏。

第三个部分，记录中心思想。比如我们可以记录一本书的中心主旨、要义，又或者是一些例证，这部分内容记录到最下面横着的一栏，就是用一两句话总结这页记录的内容。这个工作可以延后做，它会起到促进你思考消化的作用，也是笔记内容的极度浓缩和升华。

康奈尔笔记法的使用步骤

我们现在知道了康奈尔笔记的组成部分，也知道了每一个部分需要记录的内容，那么，在使用康奈尔笔记法的时候有哪些步骤呢？

1. 记录：在阅读（或听课）的过程中，在右侧栏内尽量多地去记录有意义的论据、概念等关键性的信息，过程中要保证清晰简洁。

2. 简化：这一部分可以在阅读完毕之后进行（也可以边阅读边简化），将这些论据、概念等关键信息概括到副栏（也就是左侧的部分）。

3. 背诵：这一步非常重要，需要用手（或者其他的物品）遮住右边栏，只看左边栏中的信息，尽量完整地叙述相关内容。

4. 思考：将自己的随感、意见、经验体会之类的内容，记录在总结区。

5. 复习：很多人认为阅读完、记完笔记就万事大吉，把笔记扔一边再也不看了。这种做法是非常可惜的，我们既然花了时间阅读，就尽可能地多记忆和理解。可以每周花十分钟左右，快速复习笔记。主要是看线索区，适当看记录区。这样的复习可以让我们对书籍内容的理解更加深入，也更加高效。

康奈尔笔记法在阅读中的应用

我们已经知道了康奈尔笔记的构成部分和使用步骤。为了让大家更好地感受和学习，我们通过一些案例来实践学习。

先从一段简单的文字开始：

夸父与太阳竞跑，一直追赶到太阳落下的地方；他感到口渴，想要喝水，就到黄河、渭河喝水。黄河、渭河的水不够，夸父就去北方喝大湖的水。还没赶到大湖，就半路渴死了。夸父丢弃他的手杖，他的手杖化成了桃林。

——《夸父逐日》白话文

一、记录关键词

在阅读过程中，用"5W2H"关键词法提炼文段中的关键信息，记录到右侧的记录区，尽可能详细、清晰。

在右侧的"记录区"中，会出现"夸父、太阳、竞跑、落下、口渴、黄河、渭河、不够、北方大湖、半路渴死、手杖、桃林"这些关键词。

二、简化提炼线索

记录完毕之后，我们需要在众多关键词中找到一条文段的线索脉络，然后将提炼出来的核心关键词记录在左侧的"线索区"中。

我们一共找到了 12 个关键词，可以将其压缩成"竞跑、落下、口渴、北上、渴死、桃林"6 个，作为故事的脉络呈现出来，不仅简单，而且易于记忆。

三、背诵回忆内容

很多人觉得到这一步就可以结束了。当然不是！我们需要让自己的大脑接受挑战，测试一下通过"记录"＋"提炼"能否记住所读内容。这一步非常重要，在挑战的时候需要将右栏的内容遮住，只看左边栏，尽量完整地叙述相关内容。

也就是只看"竞跑、落下、口渴、北上、渴死、桃林"时，我们是否能还原出文段所有内容。如果可以，那么恭喜你，可以进行下一步；如果还原有困难，那么可以对照右侧的"记录区"进行"回忆背诵"，巩固一下。提醒一下，如果出现这种情况，那么你有必要用我们之前的"图像法"来提高文段的记忆能力！

四、思考总结感受

结束前三步后，你已经记住了文段的大部分内容，接下来可以进行一些思考和总结了。将自己的阅读随感、意见、体会，或者是文章、文段的中心思想记录到最下方的总结区。

比如"夸父逐日"这段文字，如果从正面积极的角度理解，就可以在总结区写下：

夸父胸有大志，并且具有坚持精神。

如果从负面的角度解读，我们也可以在总结区写下：

有一点我希望大家能够明确，就是在阅读的时候要有自己的思考与总结，有自己独立判断和分析的能力。

五、定期复习巩固

大家可以按照一定的复习规律进行复习，比如每周末可以拿出时间来复习本周的所有笔记。在考试前也可以进行集中复习。

第 3 节　思维导图笔记法

思维导图是一种将我们大脑中抽象的思考过程通过"图文并茂"的发散性结构形象化地展现在一张白纸上的方法。因为思维导图的强大功能，它被形象地称为"大脑使用手册"，又因为它应用的广泛性被称为"大脑瑞士军刀"。思维导图将逻辑与想象、科学与艺术结合起来，帮助我们能够有效结合左右脑的功能，激发大脑的无限潜能。

思维导图的发明者是英国的托尼·博赞先生，是英国大脑基金会总裁，世界著名的心理学家、教育学家。他曾因帮助英国查尔斯王子提高记忆力而被誉为"记忆力之父"，又因发明"思维导图"这一简单易学的思维工具，被誉为"世界大脑先生"。

思维导图被发明的过程，也是托尼·博赞先生在学生时代逆袭的励志故事。托尼·博赞在很小的时候非常喜欢学习，也非常喜欢记笔记。在十几岁的时候，他的成绩却一落千丈。他发现了一个奇怪的现象，就是随着他的笔记记得越多，他的学习成绩和记忆力反而越差。为了改善这种奇怪的状况，他开始研究大量的名人笔记，发现这些名人笔记都有一个共同的特点，就是"图文并茂"。于是他开始在关键的词语和句子下面画上红线，并将重要的知识点画上方框。一段时间后，他惊奇地发现自己的记忆力居然提高了。

尽管如此，大学一年级的时候，托尼·博赞依然被记忆和考试的难题困扰着，于是他继续升级自己的笔记策略，在笔记上加了一些图像，然后又用到了一些线条，并且把这些线条连接起来，然后把关键性的信息写在线条的上方。

慢慢地，思维导图的雏形逐渐形成，博赞的学习成绩也在不断地提升。他渐渐发现：如果让大脑的各个部分彼此协同工作，工作、学习的效率将会更高。毕业后，博赞以兼职教师的身份开始了思维导图的推广事业，他专教一些"问题学生"和别人眼中的"不良少年"，而且教学效果非常明显，于是他开始出版书籍、出现在媒体上，让更多的人了解思维导图，帮助更多的人提升学习与工作效率。

经过多年的努力，博赞与他的思维导图风靡全球！英国的《泰晤士报》曾经评价："托尼·博赞让人类重新认识了大脑，就好像史蒂芬·霍金让人类重新认识了宇宙一样！"

思维导图笔记法无处不在

思维导图阅读笔记在很多国家还被称作"完美笔记法"，它几乎可以应用到生活、工作和学习的每一个角落。

对于学生来说，思维导图的主要作用在于：

1. 帮助我们将左脑的逻辑思维和右脑的形象思维进行连接，激活大脑的创新能力，成为分析问题和解决问题的高手，进行全局性思维；

2. 帮助我们建立可视化的"学习笔记"和"阅读笔记"；

3. 帮助我们高效地预习、听课和复习；

4. 帮助我们提高记忆效率，彻底摒弃死记硬背的痛苦；

5. 帮助我们构思写作思路，实现快速写作；

6. 帮助我们进行时间规划和制定学习计划，有条不紊地推进学习，成为学霸级人物。

思维导图的组成部分

《第五项修炼》的作者彼得·圣吉曾说："要想培养一种新的思维方式，首先要学会一种新的思维工具，通过这种工具帮助我们养成新的思维方式。"所以我们先来认识思维导图到底是一种什么工具，由哪些部分组成。

思维导图一共有五个重要的组成部分，分别是：中心图、分支、关键词、关键图和颜色。

思维导图绘制步骤

了解了思维导图的 5 大构成要素，相当于我们知道了一台车的零件都有哪些，接下来我们就要学习如何将这些"零件"组装起来，也就是思维导图的绘制步骤。

我们使用一段文字来讲解一下：

炎帝的小女儿，名叫女娃。有一次，女娃去东海游玩，溺水身亡，再也没有回来，因此化为精卫鸟。精卫鸟是长着花脑袋、白嘴壳、红色爪子的一种神鸟。她每天从山上衔来石头和草木，投入东海，然后发出"精卫、精卫"的悲鸣。

——《精卫填海》白话文

一、根据中心主题确定中心图

这段文字讲述的是"精卫填海"，所以我们可以画一只"精卫鸟"来作为中心图，非常直观，一目了然。需要提醒大家，中心图要在整张纸的最中间，并且由 3 种及以上颜色构成。

二、根据文段内容确定分支数量

中心图画完后，我们要根据文段的内容分层、分段，也就是说可以将这段文字分成几个部分。通过分析，可以将上述文段分为 4 个小部分，分别是"女娃介绍、外出游玩、神鸟精卫、精卫填海"，然后我们就确定这幅思维导图由 4 个分支组成。

三、完成分支绘制

根据上一步分析的内容，分别绘制 4 个分支。需要注意的是，绘制思维导图分支是要从"1 点钟"的方向引出第一条分支，也就是思维导图的右上角。然后按照顺时针的顺序依次完成后续的分支。

四、根据内容扩展次级分支

接下来，我们就根据每一个小部分的内容，搜索出关键词，并填写在次级分支上。

第一句："炎帝的小女儿，名叫女娃。"我们就这样完成：将"炎帝、小女儿"按照逻辑顺序绘制成次级分支。

第二句："有一次，女娃去东海游玩，溺水身亡，再也没有回来，因此化为精卫鸟。"我们将"东海、溺水身亡、化身、精卫"按照逻辑顺序绘制成次级分支。

第三句："精卫鸟是长着花脑袋、白嘴壳、红色爪子的一种神鸟。"我们将"花脑袋、白嘴壳、红爪子"按照逻辑顺序绘制成次级分支。

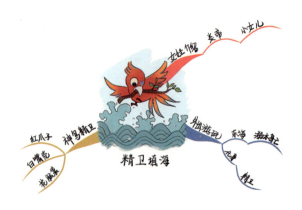

第四句："她每天从山上衔来石头和草木，投入东海，然后发出'精卫、精卫'的悲鸣。"我们将"衔、石头、草木、填海、悲鸣"按照逻辑顺序绘制成次级分支。

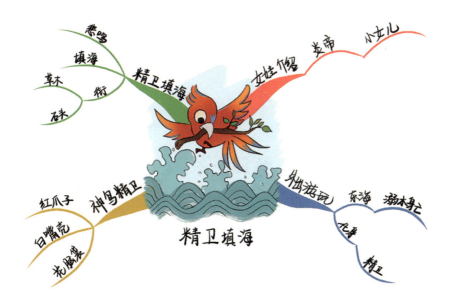

我们通过第4步梳理了内容逻辑，这里大家需要知道一个要点：怎么确定句子之间的逻辑关系？只需要记住一个简单的口诀：

同级之间是并列，上下级之间是递进。

这样，大家在整理文字内容的时候就可以清晰而严谨地结构化布局了。

五、添加关键图加深记忆

梳理完内容之后，为了加深大脑的记忆效果，我们需要在关键词的旁边添加关键图，在添加关键图的时候可以尽可能发挥想象力，将词语转换成图像。比如用一个小女孩的图像表示"小女儿"，用一个旅行包的图像表示"外出游玩"，用一个喇叭表示"悲鸣"等。这里都是我举的例子，大家可以有自己的想法。

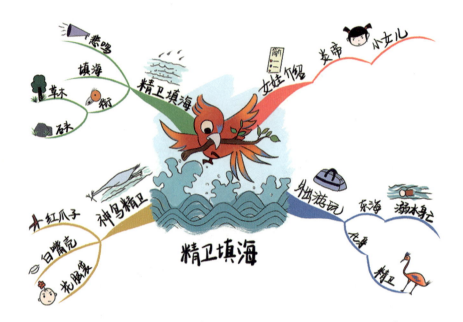

　　思维导图除了可以帮助我们将内容以图文并茂的笔记形式呈现出来，还是一种"高级的阅读策略"，可以用来呈现我们整体的思维阅读过程，最终可以帮助我们将"厚厚的一本书变成薄薄的一张纸"，将一整本书的核心内容呈现在一幅导图上，让我们统领全局，"看到"信息、知识的全貌。

　　关于整本书的阅读方法，我将在第六章中具体讲解和阐述。

知识矩阵 >>>>

在第五章中，我们一共讲解了 3 种阅读笔记法，包括 6 个重要的知识点。它们可以帮助我们提升阅读笔记的整理能力，进而提高阅读后的"整合力"。

康奈尔笔记的 3 大区域

1. 左边：线索区
2. 右边：记录区
3. 下方：总结区

错误、有碍的笔记特点

1. 第一印象"脏乱差"
2. 尺寸过小的"微型笔记"
3. 笔记过于"肥胖"
4. 满满当当的"填鸭式"笔记

思维导图的 5 大构成要素

1. 中心图
2. 分支
3. 关键词
4. 关键图
5. 颜色

康奈尔笔记法的 5 个步骤

1. 记录关键词
2. 简化提炼线索
3. 背诵回忆内容
4. 思考总结感受
5. 定期复习巩固

共振地图笔记的 4 个步骤

1. 准备起航
2. 灵感收集
3. 兴趣吸引
4. 孵化阅读

绘制思维导图的基本步骤

1. 根据主题确定中心图
2. 根据文段内容确定分支数量
3. 完成分支绘制
4. 根据内容扩展次级分支
5. 添加关键图加深记忆

任务卡片 >>>

 Task

建立共振地图笔记本

自己制作一个共振地图笔记本,并装饰一番

One

 Task

建立康奈尔笔记本

自己制作一个康奈尔笔记本,并装饰一番

Two

 Task

建立思维导图笔记本

自己制作一个思维导图笔记本,并装饰一番

Three

 Task

完成一篇共振地图笔记

根据共振地图笔记法的方法,选择自己最喜欢的一本书,完成一篇共振地图笔记

Four

 Task

完成一篇康奈尔笔记

根据康奈尔笔记法的方法,选择一篇文章,完成一篇康奈尔笔记

Five

 Task

完成一篇思维导图笔记

根据思维导图笔记法,选择一篇文章,完成一篇思维导图笔记

Six

 Task

系统的阅读力提升训练

完成一整套的阅读力系统训练,包括:固点凝视训练、眼部基础能力训练、视幅范围训练、一目多字训练和文章测试

Seven

 Task

文章限时闯关训练

根据自己的实际情况,完成相应速度级别的文章闯关。一定要选择比自己阅读速度高的关卡哦

Eight

 Task

周末的亲子游戏时间

跟爸爸或妈妈共同绘制一幅思维导图

Nine

第六章

主动阅读——"对的"思维阅读法

　　哆哆是一个非常善良、可爱的小男孩。在学习高效阅读的方法之前，他经常需要妈妈鼓励着去看书，不过在学完方法之后的一天，哆哆妈妈欣喜地跟我们说，哆哆每天早晨起来要做的第一件事情就是拿起书来看。

　　我一直笃信，每一个孩子都知道"好好学习，天天向上"，也都非常清楚"学习是自己的事情"，只不过很多时候他们在"求知"的过程中遇到了一些阻碍，而恰恰这些阻碍超出了他们的应对能力。在这个时候他们就需要一些外力的帮助，需要家长、老师共同帮助他们攻克难关。

　　阅读也是一样。阅读关乎成长，关乎未来。人们往往通过阅读汲取一些最重要、最广泛的知识，用一句比较"鸡汤"的话来描述，"读书可以让我们成为更好的自己"。

　　既然如此，主动阅读就成了我们不得不探讨的一个话题。如何让孩子养成主动阅读、主动思考的习惯，便成了每一位家长关心的问题。

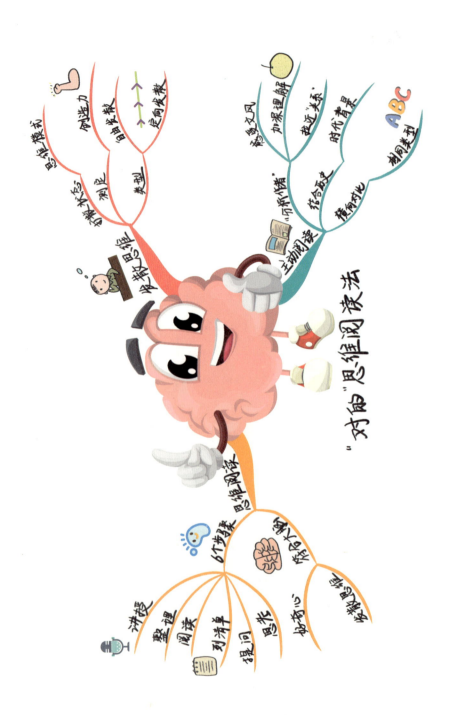

第 1 节　大脑的基本"思维方式"——发散思维

　　提到主动阅读，就不得不说到大脑。学习也好，阅读也罢，都是依靠大脑加工和处理信息。如果将大脑比作我们学习的"工具"，那么，了解这个工具的工作原理和知道如何正确使用这个工具就显得尤为必要。

　　从阅读的角度来看，整个过程都需要"适配"大脑的基本工作模式，这样我们的大脑才会保持活性，变得更高效。反之，就会出现"读不下去""读着读着就困了""读着读着就走神了"等情况。也就是说，这个时候我们采用的学习方法和阅读方法是"反大脑模式的"，试问，让大脑做一件不擅长的事情，它是否也会"消极怠工"？而"适配"大脑的基本思维方式之一是——发散思维。

什么是发散思维？

　　发散思维，是指大脑在思考时呈现的一种扩散状态的思维模式，又称辐射思维、放射思维、扩散思维或求异思维。有科学家认为，发散思维是创造性思维最主要的特点，是测定创造力的主要标志之一。

　　发散思维是调动起大脑创造性、主动性的思维方式之一。如果我们在阅读的全过程都使用发散思维，那么大脑是可以被充分"调动"起来的。

　　接下来，通过几个小案例来了解什么是发散思维。

案例 1：当你听到"学习"的时候，可以联想到哪些信息？

将联想到的信息，填写在下面的表格中。

在联想与填写的过程中，你只需要做到"不假思索"地把联想到的词语填写进去就可以了。想到什么就写什么，不要判断对与错，让你的大脑自由驰骋。

读书	快乐	考试
老师	学习	学校
作业	放假	分数

通过"学习"，我能联想到"读书、快乐、考试、老师、学校、作业、放假和分数"这几个词语。当然，在这个联想的过程中，每个人有不同的想法和答案都是可以的，没有对错之分。同样的，如果给我们足够多的时间，联想的数量可以更多。

所以，我们会发现发散思维至少有两个特点：

1. 个人自由，没有对错；

2. 想法无限，数量无限。

案例 2：你认为"木棒"有哪些功能？

将你联想到的信息填写在下面的表格中。

	木棒	

这个时候，调动你的大脑，发挥你的想象力。

拐杖	武器	搭房子
牙签	木棒	测量距离
栏杆	玩具	做木车

如果你足够细心，就会发现发散思维并不是完全"荒诞的、无厘头的"，其实它是一种"找关系"的过程。比如：我们通过"木棒"联想到了"武器"，很有可能是想到了孙悟空的"金箍棒"，所以我们觉得木棒也可以作为一种武器。我们通过"木棒"联想到了"栏杆"，也有可能是我们见过用木棒做成的栏杆。

总之，我们所有的自由联想都在大脑中寻找到了"关系"，这种"关系"非常重要。正是这么多复杂的"关系"组建成了我们大脑中的"知识网"。

对于阅读也是一样，我们在读书、获取知识的时候，也要不断使用"发散思维"来搭建我们的"阅读知识网"，让当下阅读的"新知识"与"旧知识"产生"关系"，使"新知识"又变成"旧知识"，这就是利用大脑发散思维学习的过程。

发散思维分哪几种？

如果我们想很好地驾驭这种思维方式，就有必要了解它的两种类型：

1. 自由发散；

2. 定向发散。

自由发散是一种自由的联想和想象。

我们以"班会"为例。通过这个中心关键词你可能会想到：班会的主题、时间、地点、主持人、笔记本、会议笔记、头脑风暴、老师等。

主题	时间	地点
主持人	班会	笔记本
会议笔记	头脑风暴	老师

这些思考的角度都是随机、零散且相对独立的，角度非常丰富。我们把这种发散思维的过程称为自由发散。它可以提高我们思考问题的全面性，为解决某一个问题提供更多的信息和突破口。

定向发散，与自由发散有所不同。中心关键词同样是"班会"，大脑在思考时会提前划定某个思考范围，比如：参与班会的人员都有谁。

这种情况下，我们可能思考的是：

班长	学习委员	卫生委员
体育委员	班会	劳动委员
文艺委员	小队长	同学

定向发散实际上给我们的发散思维多了一个限制条件，帮助我们在思考的时候力求解决某一问题，定向发散更加聚焦。

发散思维在阅读中的应用

我相信，更多的父母不仅关心孩子的学业问题，也十分关注孩子的长远发展。比如：如何让孩子具有更大的人生格局？如何让孩子更有见识、更有自己的立场？如何让孩子在面对纷乱复杂的事件时，能够有独立的思考和见解？

其实，我们每个人心中都有一个很好的选择，那就是：阅读。更进一步来说，就是：自主阅读。

自主阅读能够帮助孩子构建属于自己的知识体系，发展独立思考的能力。我们处于智能时代，人们通常都有手机、平板电脑等快速获取信息的通信设备。如果一个人没有独立思考的能力，就会被很多"流行"的价值观套路、裹挟。很多人都是这样，看到一篇浏览量很高的文章时，很有可能没有阅读完就忙着"转发""点赞"，以此来表示"我看过""我同意"。然而，其中观点未必真的值得被赞同。

那么如何避免被套路呢？唯一的办法就是自主思考，有一个自我的判断。

思考的方法固然有很多，我们来谈谈如何用发散思维提高在阅读中主动思考的能力。

利用发散思维培养主动阅读能力，主要分这样几个场景：

一、在阅读前，分析"作者"发散思维

当要阅读某位作者的文章或书时，我们可以运用发散思维，回忆曾读过这位作者的哪些作品，作品内容是什么，表达了作者的哪些态度或立场。这些思考有助于我们阅读当下的内容，可以进行比较阅读，看一看作者的观念是否有变化，写作风格跟之前有没有不同等。

比如，当读到鲁迅先生的《狂人日记》，我们就可以发散思维，回忆一下自己曾经读过的或者知道的鲁迅先生的其他作品。

我们可以利用这样一个九宫格来发散思维：

孔乙己	药	故乡
阿Q正传	《狂人日记》	社戏
兔和猫	鸭的喜剧	彷徨

当然，能够用发散思维想出多少作品，因个人实际的阅读情况而定，并不一定要把格子填满。

完成第一级发散思维之后，我们可以继续进入第二级的发散思维，也就是根据每一部自己读过的作品发散思维，看看自己能够回忆起多少关于这部作品的内容。

以《孔乙己》为例。

酒店	茴香豆	伙计
站着喝酒	《孔乙己》	读过书
中秋	欠钱	没来过

通过回忆，我们知道这篇小说主要刻画了孔乙己在封建腐朽思想和科举制度的毒害下，精神上迂腐不堪、麻木不仁，生活上四体不勤、穷困潦倒，在人们的嘲笑戏谑中混度时日，最后被封建地主阶级吞噬的悲惨形象。

同样，我们可以发散思维，将自己读过的其他作品也一一回忆。

有人可能会问，这么做对我们当下的阅读有什么好处呢？

1. 回忆阅读体验，重新感受作者的文风。通过这样发散思维的回忆，可以让我们的大脑从长时记忆中调取曾经的阅读体验，重新回顾作者的写作风格，让我们更好、更快地阅读当下的这篇文章。

2. 调取记忆线索，加强当下文章的理解。像鲁迅先生这样伟大的作者，大部分作品都与当时的时事相关。通过回忆阅读过的作品，不仅能够帮助我们更好地解读当下的作品，也有助于我们获得更深刻的理解。

即使作者的作品与当下时代背景关系不密切，通过回忆，也能让我们重新理解作者本身，以及更好地理解作品。

3. 拉近与作者的"关系"。这样回忆的发散思维，能够让我们更快地走进作者的内心世界，与作者产生共鸣，拉近彼此的距离。自然地，读起文章的时候也会更容易产生代入感。

二、在阅读前，立足"时代背景"发散思维

刚才是以分析作者的作品来发散思维，用作者作为切入点来帮助我们加深对当下文章的理解。同时，我们也可以立足"时代背景"来发散思维。

同样以鲁迅先生的《狂人日记》为例。

新文化运动	新青年	第一部作品
封建礼教	《狂人日记》	改造国民
北京大学	愚昧无知	革命民主

通过思维的发散，我们可能会想到以上这些关键词。它们帮助我们更好地理解当时的背景：陈独秀先生创办的杂志《新青年》，在发表了胡适先生的《文学改良刍议》和陈独秀先生的《文学革命论》之后，被认为是新文化运动的第一阵地。《新青年》向鲁迅先生约稿，先生在日本留学的时候就已经产生了以文艺改造国民性的思考，于是双方一拍即合，第一篇白话文小说《狂人日记》应运而生，发表于1918年并引起了巨大的轰动。作品融入了他多年来的愤怒、不满、焦虑，以及希望、祈求等各种复杂的情绪，也必然体现了作者多年来对中国历史的深思和对现实社会的认识，是一篇彻底的反封建"宣言"。

如果我们在阅读之前有了这样的思考再去读文章，那么感受会更强，对文章所传递的态度和价值观也会更加清晰、明确。

当然，有的人可能会觉得：我并不知道这段历史背景，要如何发散思维呢？如果没有这方面的知识储备，我们可以查阅相关资料，这也是很好的方法。阅读文章前，先搜索、浏览一下创作背景也能起到

同样的效果。有了这样的知识吸收过程，我们在以后读到同时代作品的时候，不就可以运用发散思维了吗？

蜘蛛网不是一下编织好的，罗马也不是一天建成的。我们每个人的知识库当然也不是瞬间就能搭建完成的，它需要循序渐进，一点一滴地积累。

三、在阅读前，横向对比"同类型"发散思维

横向对比"同类型"什么意思呢？很简单，在遇到同类型的作品、作者、诗句的时候，我们先根据"同类型"进行发散思维，然后横向比较。这个过程可以帮助我们获得这个知识点更为全面的、透彻的认知。这也等同于我们从不同的作者身上借鉴经验、吸收精华思想。

接下来，我们看看如何通过发散思维读懂诗人。

以最常见的古诗为例。当读到"春眠不觉晓，处处闻啼鸟"的时候，我们首先知道这句诗文是描写季节的。由此，我们可以发散一下思维，看看大脑中还存储了哪些描写季节的诗句。

1. 发散思维，联想同类型的诗句

人间四月芳菲尽，山寺桃花始盛开。	好雨知时节，当春乃发生。	仲夏夜苦短，开轩纳微凉。
小荷才露尖尖角，早有蜻蜓立上头。	春眠不觉晓，处处闻啼鸟。	万里悲秋常作客，百年多病独登台。
空山新雨后，天气晚来秋。	千山鸟飞绝，万径人踪灭。	窗含西岭千秋雪，门泊东吴万里船。

2. 主动思考，寻找诗句之间的相同点

假设我们一共联想到了这些诗句，接下来就要寻找这些诗句的相同点，看看不同的作者在描写季节的时候都是从哪些相同的角度出

发的。

比如，当看到"人间四月芳菲尽，山寺桃花始盛开"的时候，我们知道作者通过写"桃花"来描述春天。当看到"小荷才露尖尖角，早有蜻蜓立上头"的时候，我们知道作者通过描写"荷花"来描述夏天。我们通过这样对比就知道，可以利用季节中的"植物"描写不同的季节。

再比如，当看到"仲夏夜苦短，开轩纳微凉"的时候，我们知道作者通过"热"来描写夏天。当看到"空山新雨后，天气晚来秋"的时候，我们知道作者通过"凉"来描写秋天。这样，我们通过对比发现，还可以从人的"感受"层面来描写季节，这样会更容易让读者产生共鸣感。

用同样对比的方式，我们可以得到这样一个结论：描写季节，可以通过"植物""动物""人的感受""自然景物"这几个角度展开。这样是不是更有利于提高我们阅读的理解力呢？甚至对未来的写作也带来帮助，在写同样题材的文章的时候，我们便会知道从哪些角度切入了。

3. 回到原诗句，深度理解

在完成对比思考之后，我们就可以回到原来"春眠不觉晓，处处闻啼鸟"中。首先，我们知道诗人的意思是"春天的时候不知不觉天就亮了，到处都能够听到鸟叫的声音"。这里面有"自然景物""动物"和"人的感受"这三种元素。通过"不觉晓"，我们可以感同身受作者在春天早晨起床的心情，那种睡到自然醒的感觉，非常美好。通过"闻啼鸟"，一幅春天万物复苏，生机勃勃的自然画卷徐徐展开，我们能够感受出作者对于春天的喜爱之情。

有人可能会问，这样的阅读是不是过于烦琐？其实不然，我们的阅读不仅仅追求速度，更注重感受。通过阅读文字来感受作者的内心世界，感受作者描绘的那个世界。这些才是增加人生丰富度的捷径。

请记住，我们阅读的绝不是一行行"枯燥"的文字，而是一个个"鲜活"的生命。

第 2 节 "对的"思维阅读法的 6 个步骤

我们继续探讨如何在阅读的每一个步骤中让大脑主动阅读。

我给这种阅读的方法起了一个名字，叫作"对的"思维阅读法。

"对的"意思是用对了大脑，让大脑在阅读的每一步起主导作用，并且发挥最大的能力。

"对的"思维阅读很简单，就是让我们在阅读的每一个环节主动思考，而不是被作者"牵着鼻子走"，一味觉得作者写的都是至理名言。用一种流行的说法就是："站在上帝的视角"阅读。这样的阅读能够极大程度地锻炼我们的思辨能力和独立思考能力。

"法"就是方法、策略。有的阅读推广者认为阅读是一件很私人的事情，不应该有很多的"套路"和方法。但是我认为，阅读最重要的不在于是否应该有方法，而在于是否能够帮助阅读者完成一次美妙的阅读之旅，如果能，这样的方法就值得借鉴。

接下来，我们就系统讨论一下"对的"思维阅读法的 6 个步骤。

一、思考

这一步说起来非常简单，但又恰恰是经常被人们忽略的关键一步。很多人在拿起书的时候就马上投入阅读，开始"狼吞虎咽"地往大脑里"塞"知识，却从来没有思考一下，自己为何要去阅读这本书，也就是阅读这本书的目标是什么。

是否确定阅读的目标，区别了主动阅读和被动阅读。在被动阅读的时候，大脑常常会进入一种停滞的状态，甚至可能已经开始准备"睡眠"了，而主动阅读的时候，大脑的神经连接最紧密，运作也更加兴奋、更加充分。

我有一段亲身阅读体验。在前面的章节，我曾提到，花 30 分钟看完一本大概 12 万字的《油漆式速读术》。能在短时间内看完并且消化这本书大部分的内容，仅仅因为我在读的时候带着非常强烈的目标。

关于阅读的具体目标，可以有这样的几个角度：

1. 我为什么要阅读这本书？可以利用发散思维的方式。

阅读作业	感兴趣	学习知识
好奇心	Why?	曾经读过
朋友推荐	消磨时间	考试会考

九宫格里列举的是可能的原因，比如：

（1）阅读作业：这个目标会让我们在阅读的时候明确书一定要读完，不能半途而废；

（2）感兴趣：我们可能会放松对自己的要求和期待，随着自己的兴趣阅读；

（3）学习知识：这种目的非常明确，明确到我希望从这本书中学习到某个知识。就像前面我自己的例子一样，带着很强的目的性。

阅读的目的不尽相同，每个人都不一样，没有好坏高低之分，重要的是自己是否有思考。

2. 我希望从这本书里面吸收什么知识？我们同样利用发散思维。比如姬广亮老师的《给孩子的8堂思维导图课》。

什么是思维导图	怎么画思维导图	思维导图学语文
思维导图学英语	What?	思维导图学数学
思维导图写作文	思维导图做计划	思维导图做总结

你看，在阅读之前有这样一个思考，是不是会让我们在实际阅读的过程中更有目的性呢？也更容易取得阅读的成果呢？

3. 我想要花多少时间来完成这次阅读？这次我希望阅读多少内容？多少页？答案因人而异，视情况而定。最重要的是，目标不在于有多大，而在于是否能够完成。

二、提问

在完成"思考"之后，我们会比较明确此次的阅读目的，然后就可以开展第 2 步——"提问"。这一步可以提出这样两个问题：

1. 自己有没有相关的背景知识（知识储备）？

2. 书中有哪些内容是我已知的（曾经读过或听别人提过）？

其实这两个问题都有一个共同的目的，就是从自己大脑的长时记忆中调取与当下阅读有关的内容，从而让我们更好地理解将要阅读的文字。

同样以《给孩子的 8 堂思维导图课》为例。

思维导图是笔记模型	可以用来梳理知识点	思维导图是发散结构
可以用来梳理课文	已知的知识	可以用来做读书笔记
思维导图是图文笔记	可以用来梳理思维	画思维导图需要彩笔

通过填写九宫格，我们就调取出了对"思维导图"的理解。这其中可能有对的，也可能有错的，都没有关系，带着它们去阅读，一方面会强化我们对原有知识的理解，另一方面也会纠正以前错误的认知。

其实，"提问"这一步的核心要义就是：通过阅读检验自己的经验。这是从被动阅读转为主动阅读很重要的一步。

三、列清单

这一步属于总结和过渡的环节，结合前面提到的阅读目的和已知经验，列出自己的阅读清单，也就是自己最想要阅读的内容。依然以《给孩子的 8 堂思维导图课》为例。结合前面两步的思考，我们就能够得出这样一个阅读的清单：

	想要阅读完记住的内容
☑	掌握正确绘制一幅思维导图的技巧
☑	学会如何用思维导图制作语文知识笔记
☑	学会如何用思维导图梳理自己的思维，构思写作
☑	学习如何用思维导图制订学习计划
☑	学习如何用思维导图制作读书笔记

假设我们列出了上面这样的阅读清单，为了增加"游戏性"，可以给这个清单增加一个"需求度"打分，来确定自己的阅读顺序。当然，也需要考虑到基本的逻辑，比如在学习思维导图的时候，要先学习"思维导图的绘制技巧"。

需求度 （从1—5打分）	想要阅读完记住的内容
1	☑ 掌握正确绘制一幅思维导图的技巧
5	☑ 学会如何用思维导图制作语文知识笔记
2	☑ 学会如何用思维导图梳理自己的思维，构思写作
4	☑ 学习如何用思维导图制订学习计划
3	☑ 学习如何用思维导图制作读书笔记

四、阅读

充足的准备之后，就可以开始阅读了。在这个环节，我总结了三个大家容易忽视的点：

1.阅读目录。很多人容易忽视目录的内容，只看页码，然后翻到第一章就开始阅读。这有什么弊端呢？你的大脑会没有这本书基本的轮廓。这种阅读方式是非常传统的线性阅读，我们提倡的阅读是非线性的、统领全局的阅读。所以，要在具体看章节内容之前了解整部书有哪些内容，一共有多少章，每一章之间的关系是什么，哪些章节内容多，哪些内容少等信息，而这些内容其实在目录里可以提取出来。所以，阅读目录是很有必要的。通过浏览和阅读目录，能够大致理清书籍的结构和作者写作思路，为选择阅读方式提供方向。

在这一步，大家可以利用下面的"大纲思维导图模板"来整理一本书的大纲内容。

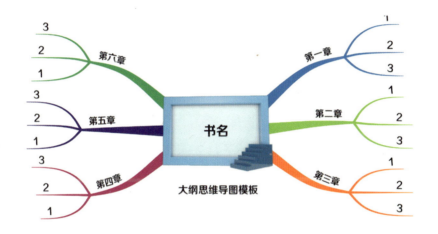

2. 阅读正文。根据目录梳理思路，并结合自身的需求，选择按照"从头到尾"的顺序或是"有的放矢"的策略去阅读。有些不善阅读的人会被"必须从头读到尾"的观念绑架。这种观念会让读书的过程变得特别痛苦，让我们讨厌读书。要知道，我们不是为了读书而阅读，而是为了获得想要的知识，丰富我们自己。能做到"书为自己所用"的人，才是善于阅读的人。所以说，在阅读前检视自己的需求，根据自己的需求来阅读，才能够将自己作为阅读和学习的中心，向外寻找知识，而不是被动接受，最后变成自己都不知道想要什么了。

所以，我非常推崇"有的放矢"地阅读。如果我们能把所有的书都变成自己的"工具书"，那才是最棒的阅读体验。想学习和了解哪方面的知识内容，就找相关的书来阅读，这样就能够不断强化自己内在的阅读动机。

3. 使用阅读技巧。因为一本书中可能有故事性的章节、评论性的章节，也可能有知识性的内容，所以我们才会用到高效阅读的一些技巧。技巧层面是最基础、最底层的，它为我们奠定更高维度的阅读策略，所以我们强调，高效阅读不等于走马观花地阅读，更不能等同于一目十行地浏览阅读，高效阅读有一系列的策略。

五、整理

这是很多人会忽视的一个环节。大部分人在阅读之后要么大呼万事大吉，准备好好休息一番，要么跃跃欲试去读另一本书，这实在是太可惜了。前面提到过，大脑有"遗忘"的机制，而且，遗憾的是，遗忘在记忆结束的瞬间已经开始了。如果在阅读后，不赶紧通过"复习"去对抗"遗忘"，我们很容易就把已经读过的内容抛在脑后了。就像我们吃了饭却没有消化吸收，不供给身体所需的营养，是不是很可惜呢？

所以，在阅读之后，我们要完成"整理"。在这一环节，有两个要点需要注意：

1. 回忆。可以想一想，当我们看完一部电影的时候，回到家躺在床上，大脑会不由自主地呈现电影画面，回忆其中精彩的情节。那看完一本书呢？可能很少有人去主动回忆书中的内容吧！没有这个习惯也没有关系，我们可以告诉自己，每次看完一本书的时候尝试定期去回忆，慢慢养成这个习惯就厉害了。

2. 梳理。单纯回忆是不够的，我们要在回忆的同时整理和输出笔记。思维导图就是很棒的一种梳理工具，我们可以先用九宫格发散思维，梳理出印象最深的几个关键词，然后再通过思维导图的形式进行梳理。

六、讲授

只有自己能讲出来的知识才真正属于自己。阅读也是一样，我们通过前面 5 个步骤完成了信息的输入，而更重要的是有所输出。将阅读获取的信息通过讲授和分享，大脑将重新构建你对这本书的理解。所以，讲授并与别人分享这一环节至关重要。

在这里跟大家介绍一种学习方法——费曼学习法。

费曼学习法的灵感源于诺贝尔物理学奖获得者理查德·费曼（Richard Feynman）。费曼的老师惠勒曾经说过："只有通过教别人，才能让自己学会。"其实，这就是"以教促学"的理念。

费曼学习法可以简化为四个单词：concept（概念）、teach（教给别人）、review（回顾）、simplify（简化）。

在阅读中如何应用费曼技巧呢？我们来看一下。

第 1 步：概念。选择一本想要分享给别人的书（一定是自己读过的）。然后，运用思维导图或康奈尔笔记的方式将这本书的内容进行回忆梳理，形成一篇思维导图笔记或康奈尔笔记。

第 2 步：教给别人。在梳理完成之后，带着自己的阅读笔记找人分享。尽量把自己记得的和对于这个内容的理解讲出来，而且最好是用自己的语言逻辑，做到通俗易懂。

第 3 步：回顾。在分享完成之后，再来回顾。看一看自己在分享的时候哪里卡壳了？哪里记忆不清楚了？哪里讲错了？然后再进行阅读和整理，直到自己搞清楚、记下来为止。

第 4 步：简化。往往最大的道理会蕴藏在最简单的事情当中，也能够用最直白的语言讲述出来。所以，在搞清楚某个内容之后，就尝试用自己最简单、最直白的语言去讲解，这样非常有助于建立知识和自身之间的联结。

在分享和讲授的过程中，我们对知识产生新的理解和疑问，带着新的思考，我们就可以进入到下一个思维阅读的循环之中。

也就是说，"对的"思维阅读法并非线性的过程，而是一个循环。每一次的"思考—提问—列清单—阅读—整理—讲授"的过程会让我们在大脑中整合知识，强化知识链条，在强化之后进入新的阅读循环中，带来更多的感悟。

"书读百遍，其义自见。"正如前面所说，只有运用主动的阅读技巧和方法，在阅读中思考和感悟，阅读后讲授和分享，才能够真正地"其义自见"。

第 3 节　利用思维阅读法完成整本书阅读

知道了主动阅读的 6 个步骤分别是：思考、提问、列清单、阅读、整理和讲授，也清楚了每一步的意义和注意事项，接下来我们就以姬广亮老师的《给孩子的 8 堂超级记忆课》一书为例来学习如何将这种主动阅读的方法运用到实际中。

一、思考

明确自己的阅读目的。

为什么要阅读这本书？从这本书的书名就能够很明显地看到，这是一本帮助我们提升记忆力的书。所以我们的"思考"就是"为什么要提高记忆力"？

背单词	背课文	背文言文
没有好方法	为什么要提高记忆力	背诵太难了
想要节省时间	考试想要考高分	希望成为最强大脑

请注意，这里的九宫格不是必须填满，不用"生搬硬套"，我们的目的一定出自自己最真实的内心想法。

二、提问

这个环节，我们需要调取自己对于"记忆"的经验和知识。

我自己有什么好的记忆方法？结合实际情况发散思维，回忆自己是否学习过一些记忆方法，或者说自己有没有"发明"一些好的记忆方法。

多读多写多重复	自然拼读法	归纳整理法
同类别记忆法	我有什么好的记忆方法	联想的方法
对比记忆法	表格法	思维导图法

如果你曾经学过一些记忆方法，或者曾有"高人"传授的记忆"秘籍"，你可能会发散思考出很多的方法。不过，我想大多数同学应该是这样的：

死记硬背法	死记硬背法	死记硬背法
死记硬背法	我有什么好的记忆方法	死记硬背法
死记硬背法	死记硬背法	死记硬背法

除此之外，在"提问"这个环节，还可以明确自己在学习中最需要提高的是哪方面的记忆能力。

古诗	课文	文言文
英语单词	在学习中最需要提高记忆力的地方	简答题、问答题
英语课文	数学公式	定义定理

"提问"环节，都可以唤醒我们曾经的一些经验，用来帮助我们强化阅读的目的，进而提高阅读的效率。

三、列清单

我们结合"思考"和"提问"前两个环节的情况，梳理出一个阅读的"需求清单"。

需求度 （从1—7打分）	想要阅读完记住的内容
2	☑ 如何快速记忆现代文课文
6	☑ 如何快速背诵文言文
5	☑ 如何快速背诵古诗
1	☑ 如何快速背诵单词
4	☑ 如何快速记忆简答题、问答题
7	☑ 如何快速背诵英文课文
3	☑ 如何成为最强大脑

列出个人的阅读"需求清单"之后，我们就清晰地明确了阅读的

方向。只要确定了方向，我们在正式阅读的过程中就会更加专注和持久，也更容易得到想要提升的部分。

四、阅读

前3步结束之后，就正式进入了阅读的环节。

首先，要阅读的是目录部分。

结合思维导图整理一下这本书的大纲，发现一共有8个章节，分别讲述了记忆的奥秘、记忆大师的三根魔法棒、记忆的万能公式等基础方法。还有数字信息、中文信息、英文信息和生活琐事这些记忆的实际应用部分，以及如何练就记忆大师的内容。

清晰了整体的结构和内容，再结合前面的"需求清单"，我们就知道我们想要学习的内容这本书都有涉及，这样就会强化我们"读下去"的动力。

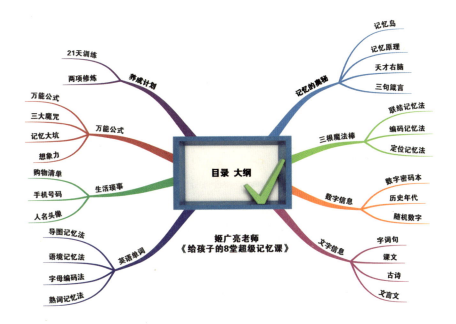

其次，阅读正文。阅读正文的时候，可以结合"需求清单"和实

际情况，有选择、有重点地阅读：

1. 本书前两章是基础理论和方法，是让我们对记忆方法有一个基本的了解和认知，属于无论如何都要先读完的。再结合思维导图，我们可以将这两章节内容绘制成"导图笔记"。

《给孩子的 8 堂超级记忆课》第 1 章思维导图

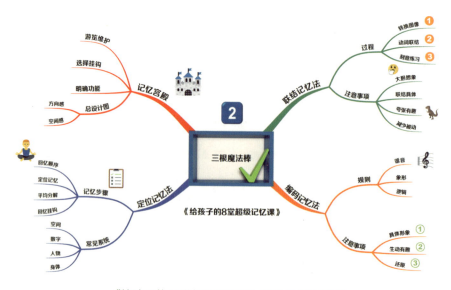

《给孩子的 8 堂超级记忆课》第 2 章思维导图

2. 了解了基本理论之后，我们就可以"有目的"地阅读。结合自己的"需求清单"，先找到自己最迫切需要阅读的内容开始阅读。

结合阅读清单，我们可以确定阅读的顺序：

（1）阅读第 5 章，了解如何快速背诵单词和英文课文；

（2）阅读第 4 章，了解如何记忆现代文、古诗和文言文；

（3）阅读第 8 章，知道如何练就最强大脑。

《给孩子的 8 堂超级记忆课》第 5 章思维导图

至于剩下的第 3、第 6 和第 7 章，就可以放在最后阅读。

同时，在阅读的过程中，我们可以将每一章的内容绘制成思维导图：

《给孩子的 8 堂超级记忆课》第 4 章思维导图

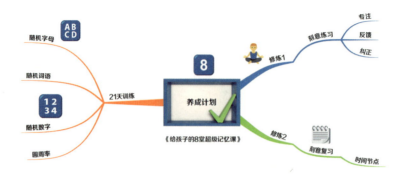

《给孩子的 8 堂超级记忆课》第 8 章思维导图

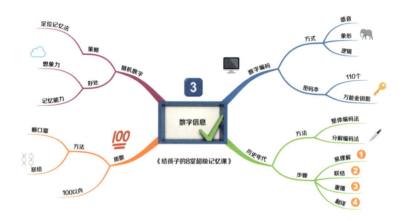

《给孩子的 8 堂超级记忆课》第 3 章思维导图

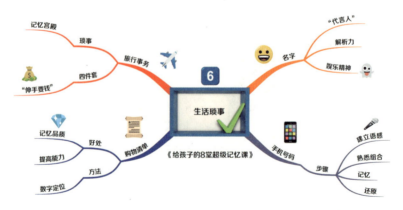

《给孩子的 8 堂超级记忆课》第 6 章思维导图

《给孩子的8堂超级记忆课》第7章思维导图

要强调的是，在阅读正文的过程中，我们需要运用到本书第二章讲到的提升阅读速度和第三章提升阅读理解力的方法。

五、整理

阅读完整书之后，进入"整理"这个步骤：

1.回忆。回忆刚才读到了哪些知识，学会了哪些方法。还有具体每种方法是如何使用的，注意事项是什么等。

2.梳理。回忆完之后，我们需要根据自己的回忆梳理发散思维。通过关键词，慢慢延展自己的"记忆导图"。

当然，每个人的回忆内容都不尽相同，所以就不举例说明了，以免误导各位。

六、讲授

最后就是讲授和分享，可以拿着自己整理出来的思维导图，讲给爸爸和妈妈听，或者分享给同学，教给他们记忆方法。

当然，你也可以选择一种你最拿手的方法进行分享。

知识矩阵 >>>>

在第六章中，我们一共学习了 6 个重要的知识点，可以通过发散思维和"对的"思维阅读法，提升主动阅读的能力，进而改善自己阅读中的思辨能力。

发散思维的定义

1. 发散思维又称辐射思维、放射思维、扩散思维或求异思维
2. 指大脑在思维时呈现的一种扩散状态的思维模式
3. 有科学家认为，发散思维是创造性思维的最主要的特点，是测定创造力的主要标志之一

发散思维在阅读中的应用

1. 在阅读前，分析"作者"发散思维
2. 在阅读前，立足"时代背景"发散思维
3. 在阅读前，横向对比"同类型"发散思维

根据"同类型"进行发散思维的步骤

1. 发散思维，联想同类型的内容
2. 进行主动思考，寻找内容之间的相同点
3. 回到原文，深度理解

根据"作者"进行发散思维的意义

1. 回忆阅读体验，重新感受作者的文风
2. 调取记忆线索，加强文章的理解
3. 拉近与作者的"关系"

"对的"思维阅读的6个步骤

1. 思考：思考当下的阅读目的
2. 提问：提取自己的长时记忆经验
3. 列清单：列出阅读的"需求清单"
4. 阅读：进行目录和正文的阅读
5. 整理：回忆并梳理阅读内容
6. 讲授：分享讲授阅读内容

发散思维的分类

1. 自由发散：自由联想和想象
2. 定向发散：提前划定某个思考范围

任务卡片 >>>>

知识需要从"知道"到"做到",而在这个过程中,我们需要完成一系列的小任务哦!

 Task

建立"发散思维"笔记本

制作一本发散思维九宫格笔记本,并装饰一番

One

 Task

以"学习"为主题进行发散思维

根据学习这一主题,完成定向发散,思考一下跟学习相关的品质都有哪些

Two

 Task

以"绳子"为主题进行发散思维

以"绳子"为中心主题,发散思维,联想绳子的"功能"

Three

 Task

完成"作者"主题的发散思维

结合要阅读的一篇文章,分析"作者"进行发散思维,回忆该作者的其他作品

Four

 Task

完成"时代背景"主题的发散思维

结合要阅读的一篇文章或一本书籍,立足"时代背景"进行发散思维

Five

 Task

完成"同类型"主题的发散思维

根据学过的一首古诗的"体裁",发散思维同"体裁"的古诗,并思考不同作者的写作技巧

Six

 Task

系统的阅读力提升训练

完成一整套的阅读力系统训练,包括:固点凝视训练、眼部基础能力训练、视幅范围训练、一目多字训练和文章测试

Seven

 Task

文章限时闯关训练

根据自己的实际情况,完成相应速度级别的文章闯关。一定要选择比自己阅读速度高的关卡哦

Eight

 Task

周末的亲子游戏时间

运用费曼学习法,跟爸爸或妈妈讲述和分享一篇自己的阅读心得

Nine

主题阅读——1 天读完 5 本书的方法

晨昊今年上初二了，有一天我们聊天的时候，他说："郭老师，我感觉一本书一本书地读，太慢了……"

我很好奇他为什么会有这种想法，于是就问他："你觉得慢，是最近有什么你必须要读得快的书吗？"

"对啊，最近我上初二了，感觉自己学习压力好大，所以就想去找一些能帮我提高学习效率的书来读。本来时间就不够，再去读这些书感觉更没有时间了。"

"哦，我明白了。你想快速提高自己的学习效率，就买了一些书来读，希望用最短的时间学习到提高学习效率的方法，对吗？"

"是的，是的，郭老师。有这种方法吗？"

"当然有啦！我来教你吧！"

在正式学习主题阅读的方法之前，我们需要先了解一个概念——知识体系。

什么是知识体系？

阅读需要被当作一件终身学习的事情，阅读的书籍越多，越会发现一些有趣的现象。比如，我们会在一段时间内对同类型书籍进行大量的阅读，由此积累的知识内容对我们大脑来说像是一块块的"砖头"，砖头的用途以及砖头之间的关系是什么？砖头自然是用来盖房子的，而房子就是我们说的知识体系，可并不是所有人都会盖房子。知识体系不仅是让我们在一个知识点上积累大量的知识，更重要的是让我们发现知识和知识之间的关联性，也就是盖房子的能力。

知识体系从哪里来？这里要分为两个部分：

"砖头"一般来源于上课学习和阅读，也就是我们通过上课和看书获取某一个知识点的大量素材；

"盖房子的能力"则来源于联结，指知识之间的联结以及你自己的思考。

比如在圆的知识上，我们通过上课了解周长、面积、圆周率等"砖头"，然后我们需要更多的思考，去找到它们内在的联系，才能够将这些知识更好地用到解题中。

为什么要构建知识体系？

从脑科学的角度来说，我们的大脑是通过有效的联系进行学习的，通过不断的联结建立知识网络和知识结构。所以，学习就应该是体系化的，知识的掌握也应该是体系化的。

从学习知识的角度来说，往往学习和理解一个知识点不难，就像考试，一般的简单题都是考一个知识点，难度大的题目，就是综合几个知识点了，而且重点考察的就是知识点和知识点之间的关联性，就是所谓的知识结构和体系。

从终身成长的角度来说，无论我们掌握哪一个技能或学科，无论我们想要成为哪一个行业的精英，必须要做的就是建立那个科目的知识体系，否则，永远都只会停留在知道的层面而无法深入。

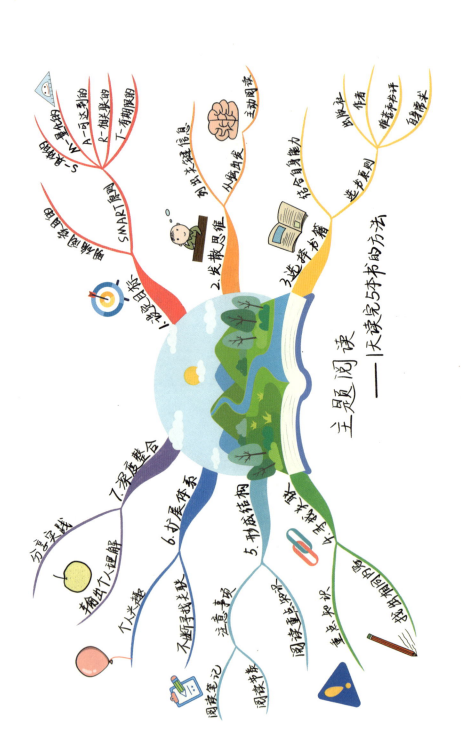

主题阅读
——1天读完5本书的方法

1.设定目标
　SMART原则
　　S——明确的
　　M——可量化的
　　A——一句话来的
　　R——相关联的
　　T——有期限的
　蓝图描绘

2.发散思维
　引出关键信息
　从海收发
　主动阅读

3.选择书籍
　结合自身能力
　进步原则
　的顺序
　　作者
　　章节标评
　　自身需求

4.专注
　重点标识
　活用便利贴

5.利成结构
　阅读速度掌控
　注意事项

6.扩展体系
　不断寻求关联
　阅读笔记
　不入关
　阅读书籍

7.深度整合
　自我实践
　输出个人理解

第 1 节　设定目标——明确阅读目的

在主题阅读前，我们需要明确阅读目的和需求。中国有句老话，"凡事预则立，不预则废"。

晨昊想要学习如何提高自己的学习效率，我就让他设定了一份自己的阅读目标。

晨昊说："提高学习效率就是我的阅读目的。"

我说："晨昊，你这个叫想法，不叫目的。"

"那该如何制订阅读目的呢？"晨昊问我。

"阅读目的应该是具体的、清晰的、可量化的，遵循 SMART 原则。"

SMART 原则

SMART 原则是五个英文单词首字母的缩写，分别对应：

S—Specific：设定的目标必须是具体的。

也就是目标要具体到某一个具体的方面，如希望提高记忆力、希望提高学习成绩、希望提高学习效率等。

M—Measurable：设定的目标必须是可以衡量的。

就是要能够被验证，在事情完成后能够验证目标是否达成，简单来说，就是要有具体的"数量"。如希望能够提高记忆力 5 倍以上、希望学习成绩提高 30 分、希望自己晚上学习的时间压缩到 1.5 小时等。

A—Attainable：设定的目标必须是可以达到的。

当然，设定的目标是要在自己努力之后可以达到的，既不可太高，也不可太低。过低的目标没有成就感，也容易让我们产生惰性；过高的目标超出了自己的能力范围，会让自己压力过大，产生自我怀疑。

所以，目标的设定要符合现实，最好是"跳起来，刚能够够到"。

R—Relevant：设定的目标要与个人的学习以及其他的目标具有一定的相关性。

这个原则很好理解，主业是学生的我们，设定的目标要跟自己当下最重要的任务"学习"紧密相关，这样会让我们在长时间内保持专注高效的状态。

还有，这个目标跟我们其他的"状态"或"目标"是否有关联性，比如：我希望通过提高学习效率节省时间，将节省出来的时间用于做自己喜欢的运动、阅读等。

T—Time-bound：设定的目标必须具有明确的截止期限。

一个目标如果没有截止日期，就等同于无效的目标，因为我们没有一个限定的时间，就会容易产生拖延，导致目标无法完成。

所以，结合 SMART 原则，我让晨昊重新制定了自己的目标。

我希望用一个下午的时间，通过阅读 4—5 本书，提高自己的学习效率，让我每天学习（写作业）的时间压缩至少一半，将节省出来的时间用于玩航模。

"为什么一定要将阅读目的设置得这么细呢？我感觉还是挺麻烦的啊。"这是当时晨昊的疑惑，我想也是很多人的疑惑。跟大家分享一个关于大脑的知识，了解之后，你就明白为什么设定目的要这么烦琐了。

蔡格尼克记忆效应

蔡格尼克是一位俄国的心理学家，她在 1927 年发表了一篇关于大脑的重要研究报告，该报告揭示了一项非常重要且很有意思的特征：

我们的大脑会牢牢记住被打断或者未完成的事情。

这个研究报告起源于蔡格尼克的一次用餐。在一次外出吃饭中，她观察到用餐者一旦用完餐并结账后，便很难再得到服务员的注意。大部分人可能会觉得，服务员只关心那些没有结账的客人很正常，但是蔡格尼克没有就此罢休，反而进行了一系列更深一步的探索。

经过探索和研究，蔡格尼克发现，服务员不只是会停止对客人的关注，而且很可能在顾客结账后立刻把顾客刚才的点餐内容全部忘光。但是，这些服务员很容易就能够想起还没有结账的客人点了哪些东西。

于是，蔡格尼克就把这项观察的结果带入其他的场景中，做了一些额外的研究，得到了成果——"蔡格尼克记忆效应"。

每个人天生都有追求"有始有终"的倾向，如果事情没有完成，或者目标没有达成，大脑就会牢牢记住，时时挂念这个"未完成的事情"或者是"未达成的目标"，直到事情完成或者目标达成。

所以，设定目的的时候，一定要符合 SMART 原则，因为如果不这样做，我们就很难判定目标是否完成，大脑也就会一直纠结，牢牢记得"目标没有完成"这件事情。试想，如果这种纠结越来越多，我们的大脑负荷就会越来越重，随之带来的"无力感"也就越来越重，也不会得到我们想要的结果。

第 2 节　发散思维——列出关键信息

"晨昊，明确了阅读的目标之后，你觉得我们接下来该做什么？"
"开始阅读吗？"

"当然不是，接下来我们要做'发散思维'。"

"发散思维？为什么？"

"'对的'思维阅读法，你还记得吧？在这个方法中，我们非常强调主动阅读这个理念，提醒我们每一次的阅读都要从自己出发，要先问问自己，知道的哪些知识是跟当下阅读内容有关的。

"比如想要提高阅读效率这件事情，我们就要思考一下，自己认为提高阅读效率都跟哪些方面有关，也就是说，有哪些'关键词'。"

"哦，老师，我明白了，我通过发散思维，想到一些关键词是跟提高学习效率有关的，这样我在阅读书籍的时候，就会更容易理解，也更容易产生知识上的联结，对吗？"

"完全正确！你理解得很好！"

那么各位，你们明白为什么我们要发散思维了吗？

知道了为什么之后，具体操作非常简单，可以利用九宫格的方式进行。比如目标是：

我希望用一个下午的时间，通过阅读4—5本书，提高自己的学习效率，让我每天学习（写作业）的时间压缩至少一半，将节省出来的时间用于玩航模。

学习兴趣	学习方法	时间管理
学习计划	学习效率	笔记
记忆力	学习态度	考试

中心词是"学习效率"。我们就从学习效率出发，列出自己认为跟学习效率有关的关键词。

预习	复习	听课
成绩	学习效率	作业
专注力	环境	心情

当然，如果一个九宫格不够的话，我们可以再增加一个。

学习兴趣	学习方法	时间管理
记忆力	学习效率	学习计划
预习听课	学习笔记	考试成绩

最后，进行筛选。因为罗列出太多关键词，会让我们抓不住重点，所以我们需要从这么多的关键词里面，挑选出来我们认为当下最需要、最重要的关键词。

接下来就是带着我们列出的这些关键词进行书籍的选择。

第 3 节 选择书籍——结合自身能力

通过这些关键词，我们在选择书籍的时候是有目的、有思考的，选出来的书籍一定是更能够解决我们阅读需求的。

"晨昊，你平时都是如何选书的？"

225

"我一般都是看书的封皮好不好看……"

"哈哈！这是一个很重要的标准，如果封皮不好看的话，我们可能连深入了解的欲望都没有了，对吧？"

"是的，是的！"

"不过，除看'颜值'之外，选书还有一些原则和方法哦。"

如何选择书籍

1. 看出版社。 在某个特定内容领域里，选择比较知名的出版社，知名出版社通常拥有更优质的资源和话语权，优质书籍的概率比较大。

2. 看作者。 作者的水平决定书的品质，买书之前可以查询作者在该领域的影响力和专业度。 一般情况下，我们最好选择在自己的专业领域有长期实践的作者，他们的内容多是经过实际检验了的经验积累。

3. 看推荐。 可以关注那些牛人、大咖或者你所敬佩的人都在读什么书。"牛人"的共同特征是喜欢分享，经常会在微博或社交媒体上分享读书心得，公布推荐书单，很有参考价值。

4. 看书评。 大多数书籍在亚马逊、豆瓣、知乎上都有读者的读后感和书评，通常质量都不低。 可以作为参考。

5. 看需求。 这是最重要的一点了，要看自己的实际需求和阅读的目的是什么。 比如关于学习效率，我就选择出来了这样几本书籍：《我的第一本学习方法书》《如何培养小学生的高效学习方法》《如何培养小学生的高效学习态度》和《东大教授教我的学习法》。

需要注意的是，第一次在进行主题阅读的时候，选择4—5本书籍就可以了，如果太少，知识点覆盖得不够全面，如果太多，阅读难度太大。

第4节 寻找关联——找出相同内容

"晨昊，选择好书籍之后，将这些书放到面前，开始阅读所有书的目录吧！"

"老师，为什么要先做这个呢？我都迫不及待要开始读啦！"

"这样一本一本去读，跟你平时的阅读方法就没有什么不同了呀！我来告诉你，为什么要这么做吧！阅读目录可以让我们快速梳理出每本书的主体脉络结构，对每本书有一个大致的了解。更重要的是，通过这样的方式，我们能够抓取到这些书的一些共同点，在阅读目录的过程中，必须要重点注意这些书所讲述的共同点，然后拿笔把它们标注出来。"

"老师，我好像明白了，不同的作者如果都提到了相同的关于'高效学习'的内容，那这些共同点就极大可能是'高效学习'这个主题中最核心、最重要的内容了。所以，通过阅读目录，我们就抓住最重要的信息了，对吗？"

"太棒了，就是这样的。"

"哦，老师，我去从目录里开始'寻找关联'啦！"

"老师，看了这些我们所选书籍的目录，关于'高效学习'，我发现了几个关键的'相同点'。"

关键词	图书	有关章节
学习兴趣	《我的第一本学习方法书》	第一篇　兴趣是进入知识殿堂的"金钥匙"
	《如何培养小学生的高效学习态度》	第三章　学习与兴趣未必就是"冤家对头"

　　"这两本，在学习兴趣上都有重叠，我们可以先阅读这两本书的这两章，看看如何提高我们的学习兴趣。

关键词	图书	有关章节
记忆力	《东大教授教我的学习法》	第三章　最强记忆法
	《如何培养小学生的高效学习方法》	第二章　记忆唤醒：练出来的"过目不忘"

　　"我们能够看出来，两本书都单独拿出了一个章节来讲解如何提高记忆力，可见记忆力的提升对于学习效率的提高是至关重要的，所以可以重点先读这两章的内容了。

关键词	图书	有关章节
目标计划	《东大教授教我的学习法》	第二章　设定目标的方法
	《如何培养小学生的高效学习方法》	第三章　学习有计划，效率提升大
	《如何培养小学生的高效学习态度》	第五章　学习没计划，就像盲人骑瞎马

　　"三本书分别都提到了目标计划的概念，可见设定目标，制订计划是非常重要的，所以，要优先去读这部分的内容，了解如何制订学习计划。"

"嗯，非常好。通过阅读大纲，你已经知道学习兴趣、记忆力、目标计划这三个跟学习效率密切相关的话题了，接下来要做的就是从不同的作者书中汲取营养，分别阅读这些重点的内容啦！"

第5节 形成结构——阅读重点知识

其实，当找到若干个相同点之后，我们就可以进行排序，优先阅读我们找到的重点知识。

比如，我们可以先阅读"目标计划"的内容，再阅读"记忆力"的内容，然后再阅读"学习兴趣"的内容，从不同的角度去理解"高效学习"这个概念，相当于一下子吸收了好几位作者的思想精华，建立了一个关于"高效学习"初步的知识框架了。

"晨昊，接下来的事情就很简单了，开始阅读'重点知识'吧！"

"好的，老师。有什么需要注意的吗？"

"嗯，需要注意两点：1. 按照我们之前学过的阅读节奏进行阅读；2. 在阅读过程中记得标注关键词，形成阅读笔记。"

"好的，老师。我准备用1个小时，把这些重点内容读完！"

"加油！"

"时间到了，晨昊读完了吗？"

"刚读完，老师。我感觉真的不太一样，比如记忆力这个话题，我发现几位作者的内容有一样的地方，也有不一样的地方。对我来说，能够站在不同的角度去理解记忆力，感觉真棒！"

"嗯，晨昊，你已经发现主题阅读的魅力啦！"

第 6 节 扩展体系——不断寻找关联

"老师，重点内容都读完了，我接下来该做什么？"

"重新回到目录，根据已经建立的知识网络，结合自身，标注出这些书中你感兴趣的内容，然后去阅读。这个过程，会进一步建立我们大脑里高效学习的知识体系，并让这个知识架构更加紧密和丰富。"

"好的，老师。我觉得《我的第一本学习方法书》中的'两段式'背英语特别好玩，那我是不是就可以先阅读这部分，满足一下自己的好奇心呢？"

"当然可以。"

"晨昊，不要忘了，读完感兴趣的部分之后，还要去阅读这些书里面没读过的内容，而且，在阅读过程中要记得去找关系，找不同内容之间的关系，找跟之前你觉得重要的、感兴趣的内容之间的关系。总之，阅读的时候一定要记得不断地去把新内容跟已知内容建立关系。"

"明白了，老师。我这就去阅读，接下来我准备再用 1 个小时把剩下的内容读完。"

"加油吧！"

第 7 节　深度整合——输出个人理解

"晨昊，全部读完之后，不要忘了最后一步哦！"

"什么？读完就读完了呗，还要干吗？"

"难道你忘了——分享？"

"哦，我想起来了。"

"晨昊，要想真正把这本书中的内容变成你自己的知识，一定不能忘了这一步！"

"晨昊，怎么样？用了一下午的时间，我们学会了主题阅读，你应该也掌握了如何提高学习效率的法宝了吧？"

"嗯，是的。老师，我觉得我太棒了！"

"那知道接下来要做什么？"

"嗯，知道。我要把读到的内容、学习到的方法进行实践，然后在实践中不断地验证和改进。"

"非常棒！期待你能够达成你的目标！"

知识矩阵 ≫≫≫

在第七章中，我们一共讲解了主题阅读方法中的 9 个知识点，通过这些知识点能够让我们快捷有效地进行主题阅读，从而快速掌握某一个知识的知识体系。

知识体系

知识体系，不仅仅是让我们在一个知识点上积累大量的知识；更重要的是，我们需要发现知识和知识之间的关联性

主题阅读第 1 步：设定目标

SMART 原则：
1. S—Specific：目标必须是具体的
2. M—Measurable：目标必须是可以衡量的
3. A—Attainable：目标必须是可以达到的
4. R—Relevant：目标要与个人学习及其他目标有一定的相关性
5. T—Time-bound：目标必须具有明确的截止期限

蔡格尼克记忆效应

1. 大脑天生有追求"有始有终"的倾向
2. 如果事情没有完成，或者目标没有达成，大脑会牢牢记住，直到事情完成或者目标达成

主题阅读第 2 步：发散思维

通过发散思维的方式，列出跟当下要阅读的"主题"有关联的关键词，并依据这些关键词进行书籍的选择

主题阅读第 3 步：选择书籍

根据出版社、作者、书评等内容进行筛选，并结合自身的阅读需求

主题阅读的第 4 步：寻找关联

1. 快速梳理出每本书的主体脉络结构，对每本书有一个大致的了解
2. 通过这样的方式我们能够抓取到每本书里面的共同点

主题阅读的第 5 步：形成结构

1. 抓取每本书里面的共同点，这些共同点极有可能就是当下"主题"的核心知识
2. 拿笔把这些共同点标注出来

主题阅读的第 6 步：扩展体系

形成主要的结构框架后，通过阅读自己感兴趣、好奇的内容和其他内容，不断地丰富当下"主题"的知识脉络，形成自己的知识体系

主题阅读的第 7 步：深度整合

通过跟别人分享，会让我们的大脑重新构建对内容的理解；用自己的语言去讲述，这样才有可能真正把这本书中的内容变成自己的内容

任务卡片 >>>

知识需要从"知道"到"做到"，而在这个过程中，我们需要完成一系列的小任务哦！

 Task

制定主题阅读的目标

根据 SMART 设定一个标准的主题阅读的阅读目标

One

 Task

完成阅读主题的发散思维

利用九宫格，完成该主题阅读目标的发散思维，罗列出若干关键词，以供书籍的选择

Two

Task

完成主题阅读的书籍选择

根据罗列出的关键词，进行书籍的选择，4—5 本即可

Three

 Task

完成主题阅读的"重点框架"

通过阅读不同书籍的目录大纲，罗列出重点知识点，并结合阅读技巧，形成重点知识的重点框架

Four

 Task

完成主题阅读的"知识体系"

通过重点框架的形成，再不断阅读感兴趣、好奇的内容和其他内容，逐渐丰富该主题的"知识体系"

Five

 Task

完成主题阅读的"深度整合"

根据自己主题阅读对于知识的掌握，结合自身的理解，将内容输出，分享给其他人

Six

 Task

系统的阅读力提升训练

完成一整套的阅读力系统训练，包括：固点凝视训练、眼部基础能力训练、视幅范围训练、一目多字训练和文章测试

Seven

 Task

文章限时闯关训练

根据自己的实际情况，完成相应速度级别的文章闯关。一定要选择比自己阅读速度高的关卡哦

Eight

 Task

周末的亲子游戏时间

跟爸爸或妈妈分享自己主题阅读的学习心得

Nine

时间管理——合理规划自己的阅读时间

有一天特训营下课的时候，我无意中看到鹏飞同学耷拉着脑袋，情绪低落。于是我就走过去问他："怎么了，看你很不开心的样子？"

"唉，郭老师，作业太多了，时间太少了……您看每天就24个小时，我再怎么努力，时间也不会变长。"

"没错。但如果我们能合理分配好时间，就可以让时间使用率最大化，变相地增加时间。"

"有道理。郭老师，您给我讲一讲吧，我现在太需要规划自己的时间了！"

各位，我想有很多人都有跟鹏飞一样的苦恼，随着所读年级越来越高，学习的压力越来越大，时间似乎永远不够用。如何学会管理好自己的时间？利用好碎片时间就显得至关重要。

在这之前，我们有必要调整一个认知，那就是"时间管理"只是一个表面说法，我们真正管理的不应该是"时间"，而是"精力"。也就是说，我们需要做的是"精力管理"，明确我们在什么时间、用怎样的状态、做什么样的事情。

时间管理
——合理规划自己的时间

时间管理

读书5分摩
1.清捉
2.理清
3.整理
4.回顾
5.执行

阅读计划
PDCA
P-计划
D-执行
C-检查
A-处理

目由计划
执计
宽松
碎片时间
解决方式

第 1 节　如何管理好自己的时间

　　现在的学生们除了每天的校园学习，还面对了很多其他方面的压力，包括平时要表现好一些、学习成绩要好一些、上好的大学、找个好工作等，甚至有来自社交的压力，交朋友、被其他人尊重和接纳、抽出时间跟朋友玩耍、参加一些兴趣爱好的社团……作为父母，当然希望孩子们能够自己解决和处理这些压力，但是对于孩子来说，仅仅学习就已经让他们从早忙到晚，精疲力竭了，哪还有那么多的时间去处理其他的事情呢？

　　当孩子们面对这些压力的时候，他们是如何应对的呢？

　　之前有这样一组数据的统计：

1. 大约有 46% 的学生通过打电子游戏来管理和释放压力；

2. 大约有 43% 的学生通过上网来管理和释放压力；

3. 大约有 37% 的学生通过运动来管理和释放压力；

4. 大约有 36% 的学生通过看电视或电影来管理和释放压力；

5. 大约有 28% 的学生通过打球来管理和释放压力。

＊数据来源：［美］戴维·艾伦《搞定——青少年入门图解版》

（城邦文化事业股份有限公司　葛窈君　译）

　　各位同学，上面的方式是不是自己会采用的？如果是，那么我想请大家思考一下，这些策略对你有效吗？能从根本上解决你的压力问题吗？会不会给你带来更多的负担和压力呢？

当然，你的心里有自己的答案。这些方式只能帮助我们短时间释放"情绪"而已，并没有从根本上解决我们的烦恼。

要想真正解决这些"压力"，我们需要学会使用一个风靡世界的时间管理工具。

GTD 时间管理法则

GTD 时间管理法则是时间管理大师戴维·艾伦的研究成果。戴维·艾伦是世界顶尖的工作效率大师，他的代表作《搞定》被翻译成 30 多种语言在全球发行。

GTD 是英文 Getting Things Done。中文意思是：把事情做完。所以我们说 GTD 的精髓在于"Done"，也就是完成。先把事情做完，这样我们的大脑就不会再纠结、不会再有很大的压力了。

但 GTD 并不是教你如何把事情"做完"（因为每个行业、每个专业的事情都有其特定的方法），而是教会你学会专注当下，把握这一刻，并且清楚地知道下一步该做什么，在事情失去控制的时候能够重回正轨，为事情的各种可能性做好准备。

GTD 中非常重要的一个方法，叫作"搞定 5 步骤"。

一、捕捉

捕捉指收集大脑中念念不忘的事情，这些事务包罗万象，可以是学习上的、也可以是生活中的，还可以是社交方面的，总之，要做到 100% 地收集大脑中"未竟"的事情。

在捕捉的过程中，有三点是需要注意的：

1. 限定时间。通过时间的限定，可以让我们大脑快速进入集中、

搞定5步骤

高效的状态，免得产生拖延。大家可以根据个人的情况，将时间限定于 15 或 25 分钟。

2. 设定范围。设定范围指我们需要捕捉的是多长时间之内的事情，比如一周之内的，或者是一个月之内的等。总之，要有一个边界，这样更有利于我们的思考。

3. 思考方式。在这里，我建议大家采用思维导图中"发散思维"的方式进行思考，但是最好给自己一个思考的方向，比如按照不同的场景进行发散思考，按照不同的主题进行发散思考、按照不同的学科进行发散思考等。

我们以"不同的场景进行发散思考"为例，并形成一张思维导图。

在这里，我们可以将场景分为：家里、学校、网络上和路上。然后分别把在不同场景下要做的事情写出来。

这样，我们就得到了自己的一个"杂事清单"。

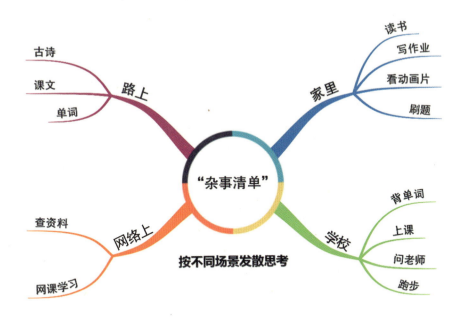

当这么捕捉之后，我们其实是把事情从大脑中清理出来，放到一个"系统"当中，大脑就会觉得"清爽"起来。只有这样，我们才有可能更加冷静地判断和思考。

就像戴维·艾伦先生说的："你的大脑是产生创意的地方，而不是堆积想法的空间。"

二、理清

仅仅捕捉出来当然是远远不够的，我们需要对每一件事情进行细致的思考，这个步骤叫作"理清"，是在大脑中"秘密进行"的，同时也是"搞定5步骤"之中最重要的一个环节。

在理清的过程中，我们需要把事情进行定义。简单来说，就是我们需要思考明确每一件事情要在什么时间、什么地点、什么状态下完成。

在这一步中，我们需要通过自我提问进行连续的逻辑分析。

1. 针对所有事务：这是什么？是否需要采取行动？

通过这个问题，我们能够将事情进行第 1 步的分类，需要采取行动的，我们直接放到"待行动清单"中；不需要行动的，我们直接放到"垃圾桶"（也就是完全不需要做的事情）或者是"愿望清单"（也就是 1 周、1 个月以后，甚至是 1 年以后要做的事情）。

比如"在家里写作业"这件事情，经过第 1 步的提问，我们知道这件事是要做的，就可以放到"待行动清单"中。

比如"在学校跑步"这件事情，经过提问，我们可能觉得短期内不太可能实现，那么就可以把它放到"愿望清单"中，等以后机会允许的情况下，再思考要不要执行。

2. 针对"待行动清单"中的事情：下一步行动是什么？希望的结果是什么？

通过这个问题，我们需要思考每一件事情下一步的行动指南，也就是具体的"行动"，比如打开数学书、拿出考试卷子、打开电脑、取出单词卡片等。

这样明确的下一步行动指南会让我们马上着手去做，而不必拖延。以往我们会有拖延的现象，很多情况下是因为不清楚下一步具体要做什么，然后大脑就会觉得不知所措，会思考很多，压力很大。

在"理清"这一步中，有一个非常重要的原则，叫作"两分钟法则"。

简单来说，就是这件事情能够在两分钟之内完成，如果能完成，那么不要犹豫，马上投入搞定这件事情。比如交作业给老师、考试卷子请父母签名、整理书包、把脏衣服扔进篮子里等。

三、整理

在经过"理清"这个步骤之后，我们就将"待行动清单"中的事情进行了基本的分类：

1. 两分钟之内能够完成的，我们就马上完成；

2. 需要更长时间完成的，我们就进行"整理"。整理出一个"行动清单"并放入"日历表"中。

最简单的日历表，可以是这样的：

时间	周一	周二	周三	周四	周五	周六	周日

然后，根据自己的实际情况，将事情放入"日历表"中，并估算事情完成的时间。

这样，我们就能够得到一个相对可执行、易于操作的"日历表"，不要忘记，针对每一件事情，我们都需要制定"下一步行动指南"哦！

四、回顾

制定完"日历表"，就相当于我们制定好了"作战计划"。那么回顾就相当于按下暂停键，停下来检视一下"捕捉""理清"和"整理"这3个步骤是否合理，以及在开始执行后，检视自己执行的情况。

"捕捉""理清"和"整理"相当于我们自己人生的"作者"，而"回顾"就相当于是"编辑"，我们需要跳出"作者"的角色，站在另外一个角度去看待我们的行为是否恰当，结果是否令人满意。

具体回顾的方式可以有这样几种：

时间	周一	周二	周三	周四	周五	周六	周日
6：00—6：30	单词15个	古诗3首	单词15个	古诗3首	单词15个	复习单词	复习古诗
6：30—7：00	跑步		跑步		跑步		跑步
7：30—8：30						读书	读书
9：30—10：30						数学作业	语文作业
11：00—11：30						英语口语	英语口语
14：30—15：30						数学试题	网课学习
19：00—19：30	数学作业	数学作业	数学作业	数学作业	数学作业		
19：40—20：10	语文作业	语文作业	语文作业	语文作业	语文作业		
20：20—20：50	英语作业	英语作业	英语作业	英语作业	英语作业		

1. 每日早晚回顾。每天早晨起来检视一下当日的行动计划是否合理、是否满意，有没有哪些地方需要调整；每天晚上睡觉前检视一下当日是否按照原定计划完成，如果全部完成，则可以适当自我奖励，如果没有完成，则可以分析一下未完成的原因是什么。

2. 每周整体回顾。一般情况下，我们经常会以周为单位制定行动计划，那么每周的回顾就尤为重要，我们需要看一下这一周自己的行动执行情况如何，在回顾检视的时候可以问这样几个问题：

（1）事情是否都按计划完成了？

（2）在完成这些事情的时候，是否有空余时间？（比如原定30分钟背诵15个单词，结果自己只用了20分钟就搞定，这就意味着下次可以将时间调整为20分钟。）

（3）本周是否有出现意外的突发情况导致事情没有按时完成？

（4）本周是否有临时调整计划的情况，是什么原因？

这样，通过每日和每周的检视，让大脑保持在时刻准备好的状态，我们会重新获得对自己的掌控感和自信心。

五、执行

当前面几个步骤都完成之后，我们就顺利进入最后的"执行"阶段了。在执行阶段，我们能够根据"日历表"中的内容清楚地知道每一个时间需要做什么。

执行的过程中，最重要的目标是"专注于当下"，不仅是学习，也包括玩耍的时间。当按照"日历表"中计划的事情进行推进的时候，我们同时可能会收获很多"空白"的时间，而我们要做的事情很简单，就是相信制订的"日历表"，利用好这些"空白"的时间进行休息。因为只有充分地休息之后，才能更高效地投入下一件事情！

第 2 节　如何利用好碎片时间完成阅读

我们学会了通过戴维·艾伦先生的"搞定 5 步骤"合理规划自己的时间，除了这些大块的时间，我们会发现还有很多零散的碎片时间，那么我们要如何合理地利用这些碎片时间呢？

什么是碎片时间？

在我们的工作、学习和生活中，比预计的时间提前完成某项活动所剩下来的时间；或者更通俗地说，没有安排任何工作，未被计划的时间，这些时间因为零散、无规律，所以被叫作碎片时间。如果能够把每天的碎片时间合理运用起来，也是一段不短的时间。

明确自己的碎片时间有哪些？

简单点来说，我们每天除长时间地上课、写作业和一些恒定的活动时间之外，剩下的就是碎片时间，所以在正式利用这些碎片时间之前，每个人应该先看一下自己每天到底有哪些时间段是碎片化的。

首先你必须要觉察到自己有零碎的时间，千万不要先入为主地觉得自己每天特别忙，一定没有碎片时间；

第二，就是要确认一下这些碎片时间可以用来做什么，因为我们讲阅读，所以我们就需要来确定一下这些碎片时间可以用来读什么。 比如，我今天坐飞机从哈尔滨回北京，在飞机上的时间大概是两个小时，那这两个小时根据我的阅读能力，我可以读什么样的书？这样我就可以提前做好规划和准备，所以，我一旦开始了这段时间，就不会去看一些无聊的东西，或者倒头就睡，而是有了一个非常明确的方向。

对大家也是一样，每天的碎片时间都有哪些？每个时间段有多长时间？每个时间段可以用来读什么内容？如果能提前做好规划，就不会觉得时间不够用了。

大家可以制订这样一个简单的表格，来把自己的碎片时间都列举出来。

碎片时间段	可利用的碎片时间长度	用来阅读什么内容

如何规划呢？举个例子：我们在学校每天午休的时间段，有20分钟用来主动支配，那么我们就可以计划一下。

碎片时间段	可利用的碎片时间长度	用来阅读什么内容
午休时间	20分钟	《西游记》10页

以此类推，我们可以根据自己的情况，将所能利用的碎片时间提前规划起来。

碎片时间段	可利用的碎片时间长度	用来阅读什么内容
午休时间	20 分钟	《西游记》10 页
上学路上	10 分钟	《小王子》2 页
放学路上	10 分钟	《小王子》2 页
睡觉之前	10 分钟	《伊索寓言》1 个故事
上厕所	5 分钟	《伊索寓言》1 个故事

在碎片时间里从哪里获取知识？

　　除阅读之外，在碎片时间里，我们还可以如何快速获取知识呢？在这里我就很推荐"手机"这个工具啦！

　　在手机上我们可以更加有效地利用碎片时间进行短暂的阅读，但是前提是你要有一些固定和熟悉的"知识源泉"。

　　比如一些可以听书的 APP，像樊登读书、喜马拉雅之类的，还有一些固定的公众号，比如多知网、简书福利社、人民日报等。

　　当然，对于有些学生来说，使用手机会有一些不便，但只要父母了解到我们使用手机是在真正地学习，他们是不会阻拦的。

兴趣是最好的老师

　　碎片时间较为零散、短暂，需要我们在利用这一时间时更为专注，这就要求我们必须对内容非常感兴趣。俗话说，兴趣是最好的老师。我们可以在这一有限的时间内，去尝试解决自己最为感兴趣的问题。

　　总而言之，如果我们能够有目的、有计划地利用好碎片时间，那么我们时间的使用效率会得到有效提高。

第3节　制订"阅读计划"养成良好阅读习惯

我们可能每天都被父母、老师督促，一定要做好学习计划、做好读书计划、做好时间规划，但是，你真知道我们为什么要做计划吗？进一步来说，为什么我们一定要把计划写下来呢？

还记得"蔡格尼克效应"吗？大脑有追求"有始有终"的倾向，会牢牢记住那些被打断或者未完成的事情。所以说，如果我们不做计划，不把计划写下来，不去执行，我们的大脑中就会堆积越来越多的"未竟之事"，使大脑承受的压力越来越大，增加不必要的负担。

读书也是一样，当我们希望快速读完一本书的时候，最好的办法就是先给这本书的阅读制订一个可以完成的计划。

为了合理地做好整本书的阅读计划，我们一起来学习一个做计划的工具，叫作"PDCA 阅读计划模型"。

"PDCA 循环"是美国的休哈特博士首先提出的，由戴明采纳和宣传并获得普及，所以又称戴明环。PDCA 循环的含义分为四个阶段，就是 Plan（计划）、Do（执行）、Check（检查）和 Act（处理）。

"PDCA 循环"并不是针对学生学习发明的，不过我们可以把它当作一个非常优秀的工具，迁移到学习和阅读中来。

我们接下来就详细看一下如何完成一份"PDCA 阅读计划模型"。

PDCA 阅读计划模型表格

计划阶段 （Plan）	书名	
	阅读目的	
	时间期限	
	具体时间规划	
执行阶段	每日阅读打卡	第 1 天：
		第 2 天：
		第 3 天：
		第 4 天：
		第 5 天：
		第 6 天：
		第 7 天：
检查阶段 （Check）	成功的经验	
	错误的经验	
处理阶段 （Act）	如何调整	

PDCA 阅读计划模型表格一共有 4 个部分需要我们填写，分别是：P（计划阶段）、D（执行阶段）、C（检查阶段）和 A（处理阶段）。

一、P（计划阶段）

首先，我们来看 P（计划阶段）。在这个阶段，我们要记录一些基本的信息。比如《童年》这本书，我们需要记录的是：

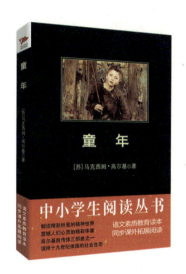

1. 书名：《童年》。

2. 阅读目的：一定是你真实的目的，我们只有清楚了自己为什么要读这本书，才会更容易完成阅读。比如：我想了解作者笔下沙俄下层人民的生活情况；我想了解当时的那一段历史；因为这是名著，老师让我一定要读完。

3. 时间期限：也就是计划在几号之前，或者是最多用几天把这本书读完。一般情况下，我们通过 PDCA 阅读模型制订计划，都要求在7天之内完成阅读。

4. 具体时间规划：根据这本书的页数和自己规划的时间期限来计算。比如这本书一共有 257 页，要在 7 天内完成，那么平均每一天的阅读页数就是 257÷7=36.714……，四舍五入是 37 页。

我们可以结合"碎片时间"的规划和大块时间的管理，确定好每天阅读 37 页的时间，比如每天早晨或者晚上花费 30 分钟阅读，这样将任务拆分开，就会更加容易完成。

二、D（执行阶段）

通过第一个阶段，我们虽然完成了初步的计划，但更重要的是每天按照计划去执行。

第二个部分，我们只需要写上"第几天，完成了多少内容和结果"即可。比如这样填写：

"第 1 天，完成第 1 页至第 40 页的阅读，超额完成计划。"

"第 2 天，完成第 41 页至第 50 页的阅读，未完成计划。"

这里需要提醒各位的是，一定要按自己真实的阅读进度进行填写，不要随意填写，骗人骗己。

每天的阅读，我们可能会出现读得多了，或者读得少了的情况，这是非常正常的，所以我们要进行第 3 步，检查阶段。

三、C（检查阶段）

在检查阶段，我们需要每天回顾一下，看看今天是否按照要求完成了，如果按照要求超额完成，那么我们可以思考一下是因为自己的阅读速度快？还是有其他原因？那如果未按照要求完成，也要重点反思一下，是时间规划得少了？还是懒惰了？

如果一个计划不能被坚定地执行，总半途而废的话，那就需要调整计划，通过这一步去思考计划的"可执行性"和"合理性"，然后进行合理改进。

四、A（处理阶段）

如果实际阅读和原本的计划有出入，通过反思之后，我们就要进入到最后一个步骤，处理阶段。

在处理阶段我们根据反馈出的问题进行相应的调整，比如每天都能超额完成，那么你可以有两个选择：

1. 每天减少阅读的时间，将节省出来的时间做别的事情；

2. 重新调整计划，看看是否能够用 6 天，甚至是 5 天完成整本书的阅读。

同样的，如果每天并不能按时完成，也可以重新调整计划，比如：

1. 如果在学校里并不能静下心来读书，没有办法利用课间的时间，那么可以增加在家的阅读时间，每天早起 20 分钟进行阅读；

2. 如果是因为懒惰没有完成，那么可以请爸爸妈妈来监督自己，或者给自己设定一个小小的奖惩机制。

通过这 4 个步骤，我相信大家会获得不同以往的阅读体验。

最后送给大家一句话："只有有结果的计划才是完美的计划。"我们制定任何一个计划都是为了要完成，要有结果。只有这样，我们才可能养成良好的阅读习惯。

知识矩阵 >>>>>

在第八章中，我们学习了时间管理的方法和技巧，能够帮助我们快捷有效地管理自己的时间，从而提高自己的时间使用率。

GTD 时间管理原则

Getting Things Done——把事情做完。GTD 的精髓在于"Done"：完成。先把事情做完，我们的大脑就不会再纠结于此

步骤 2：理清

在"理清"的过程中，需要把事情进行定义。简单来说，就是思考明确每一件事情要在什么时间、什么地点、什么状态下完成

步骤 4：回顾

1. 每日早晚回顾
2. 每周整体回顾

"搞定"的 5 步骤

1. 捕捉
2. 理清
3. 整理
4. 回顾
5. 执行

两分钟法则

一件事情如果能够在两分钟之内完成，那么不要犹豫，马上投入搞定这件事情。这样可以释放大脑空间，让大脑"清爽"起来。

步骤 5：执行

执行的过程中，最重要的目标是"专注于当下"，不仅仅是学习，也包括玩耍的时间。利用"空白"时间休息，调整个人精力状态

步骤 1：捕捉的三个注意事项

1. 限定时间
2. 设定范围
3. 思考方式

步骤 3：整理

整理出"行动清单"，并根据自己的实际情况，将事情放入"日历表"中，并估算事情完成的时间

PDCA 阅读计划模式的 4 个阶段

1. Plan：计划阶段
2. Do：执行阶段
3. Check：检查阶段
4. Act：处理阶段

任务卡片 >>>>

知识需要从"知道"到"做到",而在这个过程中,我们需要完成一系列的小任务哦!

 Task

完成步骤 1:捕捉

利用最多 30 分钟的时间,将 1 周内需要做的事情"捕捉"出来

One

 Task

完成步骤 2:理清

利用"理清"中的方法,将捕捉到的事情进行整理、分类

Two

Task

完成步骤 3:整理

根据理清之后的结果,将事情罗列到"日历表"中

Three

 Task

完成步骤 4、5:回顾与执行

1. 完成每日的回顾检视;
2. 在周末完成本周的回顾检视

Four

 Task

制订"碎片时间"表

收集自己的碎片时间,并根据实际情况制订阅读内容

Five

Task

完成 PDCA 阅读计划

找出一本要阅读的书籍,根据 PDCA 阅读模型中的方法,完成阅读计划

Six

 Task

系统的阅读力提升训练

完成一整套的阅读力系统训练,包括:固点凝视训练、眼部基础能力训练、视幅范围训练、一目多字训练和文章测试

Seven

Task

文章限时闯关训练

根据自己的实际情况,完成相应速度级别的文章闯关。一定要选择比自己阅读速度高的关卡哦

Eight

Task

周末的亲子游戏时间

跟爸爸或妈妈分享自己本周按照计划学习的学习心得

Nine

"课文预习法"——10分钟搞定语文预习

有一天，我看见畅畅同学抱着语文书翻来翻去，老远就感觉他有点儿不耐烦。于是就走过去问他："畅畅，你这是干吗呢？"

"预习课文呢……"

"哦，是语文老师布置的作业吗？"

"是啊！"

"嗯，预习是一件很重要的事情，你加油吧！"

"可是，郭老师……"

"怎么了，畅畅？"

"我不知道为什么要预习课文，我也不知道该怎么预习课文。"

"那你是怎么预习的？"

"我就翻一翻课文，读一读，看一看呗……"

"哦，我知道问题出在哪儿了，畅畅，让我来教你如何预习语文吧！"

语文是一切教育的基础，没有语文就没有其他学科教育。从古至今，语言文字是最重要的交际工具，是人类文化的重要组成部分。它不仅传承着我们中华民族灿烂辉煌的文明，也是我们中华文化的一个重要载体。

语文的学习可以简单分成"预习—听课—总结"三个环节。这三个环节看似非常简单，但很多同学并不理解这三个环节真正的意图。其实所谓的预习，就是通过阅读让自己跟作者建立联结，找出和作者之间世界观、价值观的不同，从而让自己能够多元地看待问题。听课就是用预习而来的问题跟老师建立联结，发现自己对作者意图的理解和老师的讲解有哪些相同点，又有哪些不同点。最后一个总结的环节，则是将作者、自己和老师三个人的思想进行整合，从而让自己对课文或文章有全新的认识，这才是三个环节真正的目的。简而言之，语文学习就是通过不断地联结，帮助自己形成价值观的过程。

语文预习法
10分钟搞定语文预习

精读
标记
新旧知识
思维能力
金读
联想法
提问法
记录
阅读提示
提问法
预习法
探难法

学习兴趣
出类拔萃
学习惯
良性循环
形成
提词
养成
预习好处

预习步骤
文章结构
关键句
2-5遍
精读法
粗读法
阅读提示
扫通顺
课后题
查阅资料
生僻字
整体感知
预习字词

预习词
低年级
中年级
高年级
预习步骤
预习时间
阅读
词序
摘抄
预习步骤

第 1 节　语文课文预习的 4 大方法

在语文学习的三个环节中，预习对提升课堂学习效率有很关键的作用，甚至影响学生语文学科的全面发展。

语文预习的 4 大好处

1. 消灭听课的"绊脚石"。以往我们不预习就上课，经常出现上课听不懂、不理解、跟不上的情况，这样很打击我们听课的积极性，容易产生"反正都听不懂，还不如下课再说呢"的想法，久而久之，就无法养成良好的听课习惯。

在课前的预习中，学生会对课文内容有一个简单的认识，也会自己解决文中的小难点，将大的难点铭记于心，然后在老师讲解重点知识时去学习、解决。若学生在听了老师的讲解后没有效果，也可以在课后有针对性地向老师请教，直到把难点攻克，这会真正地提升课堂的教学效果。

2. 有目的地听课能够提高听课质量。通过预习能够让我们提前了解课文，对课文有一个基本的认识和体验，也能够通过预习发现自己不理解和不明白的地方，这样就能够带着疑惑听课，有的放矢。

通过预习，知识已经不是第一次展现在学生面前，学生在学习的过程中，其实是在查漏补缺，巩固知识的重点和延伸课后的知识，这样，学生能够对知识有更深层次的学习，提升学习效率。

3. 养成独立自主的学习习惯。平时大家面临各方面的压力，有来自父母的，有来自老师的，好像所有人都会对自己说"学习是你自己的事""你要对自己负责"等。但很奇怪的是"如果学习是我们自己的事，为什么他们比我们还要焦虑呢"？其实，每个人都知道学习是为自己而学，问题只是从哪里开始为自己"负责"而已。预习，就是对自己的学习负责的开始。

在素质教育和新课程改革的大背景下，各个学校都更加重视对学生自主性学习能力的培养。对于小学生来说，学会学习方法比学会知识重要得多。所以在小学语文的学习中，学生要注重培养自主学习的能力，将课前预习作为家庭作业的一项重要内容，学会自己学习，通过自己学习获得更多知识。

4. 形成积极的良性的学习循环。这一点很好理解，预习是整个学习的开始，正所谓万事开头难，头开好了，后面的学习就水到渠成了。所以，良好的预习可以帮助我们形成一个良性的学习循环，形成一个好的闭环。巴金说过："孩子成功的教育从好习惯培养开始。"语文学习效率的提升从良好的课前预习开始。

我想，很多同学都像畅畅一样，预习时做得最多的一件事可能是读课文十几遍，几十遍，细致一点的同学看到不认识的字会查一查字典，不认识不理解的词去"百度"一下，但是这种预习的作用却并不明显。那么有没有更有效的、更完整的预习方法呢？

答案是肯定的。

预习语文的 4 大方法

1. 阅读法。阅读是预习最主要的方式之一，我们首先要把书本上的内容从头到尾仔细地阅读。对于相对比较容易理解的，可以"走马观花";对于复杂难理解的,则需要多看几遍,反复精读;对于实在不好理解的,则需要通过符号标注,这样在上课的过程中能够提醒自己,提高注意力认真听老师对这部分的讲解。

2. 联想法。大脑的基本工作方式是联想和想象。同时,知识在我们大脑中也是通过"联结"存储的,包括我们在学习新知识的时候,也需要让新知识快速地跟旧知识产生"联结"。这个联想的过程,也是将知识融会贯通、初步理解的过程。所以说,我们在预习的过程中,要不断将新旧知识产生联想。

3. 提问法。在预习新内容的时候需要多问几个"为什么",除了能将自己不懂的地方提出来,还能锻炼我们的思维能力。通过提问的方式,不仅让我们能够站在不同的角度理解课文中的内容,还能够帮助我们避免"假装知道"的假象。

4. 整理法。在预习中,"整理"非常重要、不可忽视。通过预习,我们对于新知识能够做到心中有数,但还会有部分知识存在疑问。无论如何,我们都需要将这些疑问整理并记录下来,等到上课的时候重点听老师的讲解,真正做到有目的、有质量地听课。

第 2 节　语文课文预习的 6 个步骤

大部分同学都有过这样的心路历程:老师说这个预习的学习方法很重要,我也想要提高自己预习的能力。但是,具体该做什么还是有点茫然。

所以,我总结了预习语文的 6 个步骤,大家以后可以照这 6 个步骤预习。

一、查找资料，了解作者及创作背景

俗话说："知此知彼，方能百战百胜。"预习也是一样，在正式阅读文章之前，通过查找资料的方式了解作者的信息以及创作所处的时代背景，对更深入地理解文章有很大的助力。

我们以小学的经典课文——《观潮》为例。

首先可以查一下跟钱塘江大潮有关的信息。比如：

地理位置：钱塘江位于我国浙江省杭州市，最终注入东海，在它入海口的海潮被称为钱塘江大潮。

观潮风俗：在古代的时候，杭州观潮主要在凤凰山和江干一带，后来由于地理位置的变迁，从明代起以海宁盐官为观潮第一胜地，被称为"海宁观潮"。在每年农历八月十五，钱塘江涌潮最大，潮头可达数米。农历八月十八在钱塘江上检阅水军，以后沿袭成节。

大潮成因：大潮形成的原因跟天时、地利和风势有关。天时方面，农历八月十六日至十八日，太阳、月球、地球几乎在一条直线上，所以这天海水受到的引潮力最大；地利方面，与钱塘江口状似喇叭形有关，钱塘江南岸赭山以东近50万亩围垦大地像半岛似的挡住江口，使钱塘江赭山至外十二公里段酷似肚大口小的瓶子，潮水易进难退；风势方面，沿海一带常刮东南风，风向与潮水方向大体一致，助长了潮势。

当然我们还会搜集到大潮的分类、历史的渊源等信息。这样我们就对钱塘江大潮有了一个基本的了解，让我们在后面学习的时候"不陌生"，有"亲近感"。

二、浏览课后题，寻找阅读的侧重点

课后题往往就是课文学习的重点检验，也是老师可能会讲到的重点内容，先了解课后题有什么，更容易带着问题阅读，提高理解效率。

比如《观潮》有这样一道课后题："说说课文是按照什么顺序描写钱塘江大潮的，你的脑海中浮现出怎样的画面？选择印象最深的和同学交流。"

于是我们就知道，这部分内容老师在课堂上一定会重点讲解，我们需要提前准备好答案，通过阅读，我们会发现，作者在描写大潮的时候，首先按照从早上到中午的时间顺序，描写了大家等待大潮来临的样子；在大潮来临的时候，作者是按照大潮"由远到近，再到远"的方式描写的。有具体描写的画面，在这里，同学们就可以用我们前面讲过的"图像法"来将文字转换成图像啦！

准备好了答案，并且在书上标注了大概的位置，那么我们在听课的时候，就可以结合自己的思考去听课，然后看看自己的理解是否正确了。

三、"快速阅读法"扫描全文，整体感知内容

通过前两步，我们对文章有了一个大致的把握和简单的了解，然

后运用快速阅读法快速浏览课文，进一步对课文有整体的感知。

这一步很简单，同学们让自己的眼睛像"扫描仪"一样快速扫描就可以，不过在阅读的过程中需要留意生字。

还是《观潮》这篇课文：

观　潮

钱塘江大潮，自古以来被称为天下奇观。

农历八月十八是一年中传统的观潮日。这一天早上，我们来到了海宁市的盐官镇，据说这里是观潮最好的地方。我们随着观潮的人群，登上了海塘大堤。宽阔的钱塘江横卧在眼前。江面很平静，越往东越宽，在雨后的阳光下，笼罩着一层蒙蒙的薄雾。镇海古塔、中山亭和观潮台屹立在江边。远处，几座小山在云雾中若隐若现。江潮还没有来，海塘大堤上早已人山人海。大家昂首东望，等着，盼着。

午后一点左右，从远处传来隆隆的响声，好像闷雷滚动。顿时人声鼎沸，有人告诉我们，潮来了！我们踮着脚往东望去，江面还是风平浪静，看不出有什么变化。过了一会儿，响声越来越大，只见东边水天相接的地方出现了一条白线，人群又沸腾起来。

那条白线很快地向我们移来，逐渐拉长，变粗，横贯江面。再近些，只见白浪翻滚，形成一堵两丈多高的水墙。浪潮越来越近，犹如千万匹白色战马齐头并进，浩浩荡荡地飞奔而来；那声音如同山崩地裂，好像大地都被震得颤动起来。

霎时，潮头奔腾西去，可是余波还在漫天卷地般涌来，江面上依旧风号浪吼。过了好久，钱塘江才恢复了平静。看看堤下，江水已经涨了两丈来高了。

——统编版《语文》四年级上册
（人民教育出版社）

通过阅读，首先，我们知道这篇课文分为 5 个自然段。其中第 1 自然段是总说，第 2—5 自然段分别描写了"等潮、潮来、潮走"等画面；其次，通过文字，我们也能感受到所描写的人们的心情和大潮的壮阔。

不过，在这个阶段，我们的目标是整体对文章有一个感知和了解，不用过分在意细节，有些内容记不住也没有关系，因为我们在后面还需要用高效阅读的技巧进行更精细的阅读。

当然，在快速阅读的过程中还需要特别留意那些需要重点掌握的生字词，在《观潮》课文后面就有"盐、屹、昂、鼎、沸、贯、浩、崩、震、霎、余、恢"，我们可以用特殊的符号将它们标注出来或者提前练习书写几遍。

四、"符号法"标注"生字词、关键词"

在使用快速阅读法之后，用独特的符号将课文中的生字词和一些关键词语标注出来，这样有一个好处就是可以让自己再扫描一遍文章内容，加深记忆。

比如，在《观潮》中，通过快速阅读结合添加符号的方式，我们找到"人山人海、若隐若现、山崩地裂、水天相接、笼罩、踮、鼎沸、霎时"等生字生词。

然后通过查字典或词典的方式，弄清楚这些生字或者词语的意思，好为下面的阅读奠定基础。

五、用高效阅读技巧通读文章

到这一步，我们要开始使用高效阅读的一些技巧进入正式阅读。可以有节奏地阅读，用一目多字的阅读技巧通读文章 2－3 遍。

进行阅读的时候，我们需要带着一些问题和思考去阅读，比如："说说课文是按照什么顺序描写钱塘江大潮的，你的脑海中浮现出怎样的画面？选择印象最深的和同学交流。"那么在阅读的时候，就要关注到描写钱塘江大潮的顺序，同时，也可以结合我们前面提到的"图像法"，将作者描绘的画面用图像的方式呈现在自己的大脑中，加深自己的记忆。

六、用"符号法"标注"关键句、中心句"以及文章结构

在高效阅读 2—3 遍后，标注出关键的句子和课文的段落结构，可以更加清晰地理解整篇文章的逻辑性和结构性。

比如，我们可以用"＿＿＿"来标注出中心句，可以用"（ ）"将关键句子标注出来，用"‖"将文章结构标注出来。

在这一步，郭老师需要强调的是，根据自己的理解标注就行，不用过分在意对与错（当然，也不能胡乱标注），因为即使错了，那也是你自己的理解。通过第二天上课的听讲，跟老师的讲解对比，你就会发现自己错在哪，差距在哪，只有这样，才有助于我们真正地提升理解能力。

这就是使用高效阅读技巧进行语文课文预习的过程。熟练掌握这个方法之后，每篇课文的预习时间不会超过 10 分钟，但却会极大提高阅读效率，进而提高整体的学习效率，节省我们的时间。

第 3 节　不同年级课文的预习重点

预习的 6 个步骤是一个通用的方法，但针对不同的年级，预习的内容、重点都会有不同。

小学低年级（1—2年级）

对于小学低年级的同学来说，在预习的时候需要注意：

1. 识字方面：在识字认字方面，预习要能够根据拼音认准生字字音、认清字形，还能够用学过的方法自主识记生字，能够试着给每节课的生字组词。

2. 阅读方面：在预习的时候要能够做到正确、流利、有感情地朗读课文，并且要学会默读的技能。在朗读课文的时候，要重点注意标点符号的使用，并且去感受不同符号所表达的不同语气。

3. 综合方面：要能够根据课文后的题目要求等主动积极地思考，并且有意识地结合题目和自身的思考跟小伙伴或父母共同讨论。

我们以小学 1 年级下册课文《我多想去看看》为例，看看低年级的同学应当如何在预习中注意这些方面：

1. 首先我们要查找一些有关这篇课文的资料。在这一步，我们可以通过互联网去搜索北京天安门和新疆天山的一些信息，同时也可以查查从天山到北京的路线。这样的信息搜索和整理会提高我们主动探究、主动学习的意识以及整合信息的能力。

2. 查找完资料之后，我们可以浏览一下课后题。通过浏览课后题，我们会先看到生字的学习，所以我们第一项任务就是认识这些字。如果遇到不认识的字，主动查阅字典，了解清楚这些字的读音、含义和书写的笔画。然后，我们会看到课后有 3 个题目要求：

（1）朗读课文，注意读好感叹号的句子。

看！这里就明确指出，要注意感叹号的句子，那么我们就需要知道"感叹号"的一些知识了，比如，感叹号都在什么场景下使用。

（2）读一读，记一记。

在这里主要是像"弯弯的小路、宽宽的公路、美丽的天山……"等词组，我们需要思考一下为什么要把它们"记一记"呢？然后会发现这些都是有形容的描写，让我们记住肯定是以后在写作表达的时候可以用到。所以，我们就知道老师上课的时候可能会重点讲这些词组的用法，需要提前预习一下。

（3）以"我多想……"开头，写下自己的愿望，再和同学交流。

这个题目是考察我们预习的综合能力，大家可以想一想自己有什么愿望呢？然后可以跟爸爸妈妈，跟同学交流一下，看看他们都有什么愿望。大家的愿望有什么不一样，然后思考，为什么大家会有不同的愿望呢？

在预习中，这样综合性的、深度的思考对我们有非常大的帮助，有助于提高我们的听课效率。

3. 当我们处理了生字词，也分析了课后题之后，就可以快速扫描一下课文内容啦！通过快速扫描，我们能够完整地了解文章写的是什么，也能快速知道"我多想去看看"到底是想去哪里。

我多想去看看

妈妈告诉我，沿着弯弯的小路，就会走出天山。遥远的北京城，有一座雄伟的天安门，广场上的升旗仪式非常壮观。我对妈妈说，我多想去看看，我多想去看看。

爸爸告诉我，沿着宽宽的公路，就会走出北京。遥远的新疆，有美丽的天山，雪山上盛开着洁白的雪莲。我对爸爸说，我多想去看看，我多想去看看。

——统编版《语文》一年级下册

（人民教育出版社）

这样，我们就能够完成一次高质量的预习。而且在字词识记、阅读能力和综合能力方面都有体现。

小学中年级（3—4年级）

对于小学中年级的同学来说，在预习的时候需要注意：

1. 字词方面：能够熟练运用字典、词典等工具，自主学习陌生字词。能够用自主的方式理解字词的意思。

比如3年级上册的课文《铺满金色巴掌的水泥道》课后题中就有：

下面加点的词语你是用什么方法理解的？和同学交流。

·啊！多么明朗的天空。

·它们排列得并不规则，甚至有些凌乱。

这样我们在预习的过程中，就需要将"晴朗"和"凌乱"这两个词语作为重点，去思考或者查询。

2. 阅读方面：基本了解课文内容，能够画出自己不能理解的句子，并做上记号。除不能理解的句子之外，也可以是你认为写得比较好的句子、比较重要的句子。

比如《大自然的声音》，我们在预习的时候，可以：

（1）用"～～～～"来表示描写优美的句子，例如：

小溪淙淙，流向河流；河流潺潺，流向大海；大海哗哗，汹涌澎湃。

（2）用"——————"来表示自己不理解的句子，例如：

不一样的树叶，有不一样的声音；不一样的季节，有不一样的音乐。

（3）用"————"来表示每一个自然段中的中心句，例如：

风，是大自然的音乐家。

水，也是大自然的音乐家。

动物是大自然的歌手。

小学高年级（5—6 年级）

对于小学高年级的同学来说，在预习的时候除了要注意字词、朗读、句子等方面的内容，更核心的是对文章的解析，要能够做到边默读边思考，了解课文内容：

1. 可以尝试口头概括或者以小标题的方式概括主要内容；

2. 学会为文章划分结构和层次；

3. 学会质疑，并进行批注和标记，试着自己解答这些疑问，将不会的留在课上解决或者和老师同学交流讨论。

我们以小学 6 年级下册课文《十六年前的回忆》为例：

十六年前的回忆

1927 年 4 月 28 日，我永远忘不了那一天。那是父亲的被难日，离现在已经十六年了。

那年春天，父亲每天夜里回来得很晚。每天早晨，不知道什么时候他又出去了。有时候他留在家里，埋头整理书籍和文件。我蹲在旁边，看他把书和有字的纸片投到火炉里去。

我奇怪地问他："爹，为什么要烧掉呢？怪可惜的。"

待了一会儿，父亲才回答："不要了就烧掉。你小孩子家知道什么！"

父亲一向是慈祥的，从没有骂过我们，更没有打过我们。我总爱向父亲问许多幼稚可笑的问题。他不论多忙，对我的问题总是很感兴趣，总是耐心地讲给我听。这一次不知道为什么，父亲竟这样含糊地回答我。

后来听母亲说，军阀张作霖要派人来搜查。为了避免党组织被破坏，父亲只好把一些书籍和文件烧掉。才过了两天，果然出事了。工友阎振三一早上街买东西，直到夜里还不见回来。第二天，父亲才知道他被抓到警察厅里去了。我们心里都很不安，为这位工友着急。

局势越来越严峻，父亲的工作也越来越紧张。他的朋友劝他离开北京，母亲也几次劝他。父亲坚决地对母亲说："不是常对你说吗？我是不能轻易离开北京的。你要知道现在是什么时候，这里的工作多么重要。我哪能离开呢？"母亲只好不再说什么了。

可怕的一天果然来了。4月6日的早晨，妹妹换上了新夹衣，母亲带她到儿童娱乐场去散步了。父亲在里间屋里写字，我坐在外间的长木椅上看报。短短的一段新闻还没看完，就听见啪，啪……几声尖锐的枪声，接着是一阵纷乱的喊叫。

"什么？爹！"我瞪着眼睛问父亲。

"没有什么，不要怕。星儿，跟我到外面看看去。"

父亲不慌不忙地向外走去。我紧跟在他身后，走出院子，暂时躲在一间僻静的小屋里。

一会儿，外面传来一阵沉重的皮鞋声。我的心剧烈地跳动起来，用恐惧的眼光瞅了瞅父亲。

"不要放走一个！"窗外响起粗暴的吼声。穿灰制服和长筒皮靴的宪兵，穿便衣的侦探，穿黑制服的警察，一拥而入，挤满了这间小屋。他们像一群魔鬼似的，把我们包围起来。他们每人拿着一支手枪，枪口对着父亲和我。在军警中间，我发现了前几天被捕的工友阎振三。他的胳膊上拴着绳子，被一个肥胖的便衣侦探拉着。

那个满脸横肉的便衣侦探指着父亲问阎振三："你认识他吗？"

阎振三摇了摇头。他那披散的长头发中间露出一张苍白的脸，显然是受过苦刑了。

"哼！你不认识？我可认识他。"侦探冷笑着，又吩咐他手下的那一伙，"看好，别让他自杀！"

他们仔细地把父亲全身搜了一遍。父亲保持着他那惯有的严峻态度，没有向他们讲任何道理。因为他明白，对他们是没有道理可讲的。

残暴的匪徒把父亲绑起来，拖走了。我也被他们带走了。在高高的砖墙围起来的警察厅的院子里，我看见母亲和妹妹也都被带来了。我们被关在女拘留所里。

十几天过去了，我们始终没看见父亲。有一天，我们正在啃手里的窝窝头，听见警察喊我们母女的名字，说是提审。

在法庭上，我们跟父亲见了面。父亲仍旧穿着他那件灰布旧棉袍，可是没戴眼镜。我看到了他那乱蓬蓬的长头发下面的平静而慈祥的脸。

"爹！"我忍不住喊出声来。母亲哭了，妹妹也跟着哭起来了。

"不许乱喊！"法官拿起惊堂木重重地在桌子上拍了一下。

父亲瞅了瞅我们，没对我们说一句话。他的神情非常安定，非常沉着。他的心被一种伟大的力量占据着。这个力量就是他平日对我们讲的——他对于革命事业的信心。

"这是我的妻子。"他指着母亲说。接着他又指了一下我和妹妹："这是我的两个孩子。"

"她是你最大的孩子吗？"法官指着我问父亲。

"是的，我是最大的。"我怕父亲说出哥哥来，就这样抢着说了。我不知道当时哪里来的机智和勇敢。

"不要多嘴！"法官怒气冲冲的，又拿起他面前那块木板狠狠地拍了几下。

父亲立刻就会意了，接着说："她是我最大的孩子。我的妻子是个乡下人。我的孩子年纪都还小，她们什么也不懂。一切都跟她们没有关系。"父亲说完了这段话，又望了望我们。

法官命令把我们押下去。我们就这样跟父亲见了一面，匆匆分别了。想不到这竟是我们最后一次见面。

28日黄昏，警察叫我们收拾行李出拘留所。

我们回到家里，天已经全黑了。第二天，舅老爷到街上去买报。他是从街上哭着回来的，手里无力地握着一份报。我看到报上用头号字登着"李大钊等昨已执行绞刑"，立刻感到眼前蒙了一团云雾，昏倒在床上了。母亲伤心过度，昏过去三次，每次都是刚刚叫醒又昏过去了。

过了好半天，母亲醒过来了，她低声问我："昨天是几号？记住，昨天是你爹被害的日子。"

我又哭了，从地上捡起那张报纸，咬紧牙，又勉强看了一遍，低声对母亲说："妈，昨天是4月28。"

——统编版《语文》六年级下册

（人民教育出版社）

　　1. 概括主要内容：本文记述了中国共产党创建时期的重要领导人之一——李大钊同志，在残酷的白色恐怖下坚持工作、不幸被捕，在法庭上与敌人英勇斗争，最后壮烈牺牲的经过。

　　2. 划分结构和层次：本文一共有33个自然段，整体叙述了李大钊先生"被捕—审判—被害"的经过，全文按照时间顺序，可以划分为五个层次：

　　（1）第一层次：第1自然段。

　　（2）第二层次：第2—7自然段。叙述了李大钊先生在白色恐怖下，依然坚持工作。

（3）第三层次：第 8—18 自然段。叙述了 4 月 6 日清晨，李大钊先生被捕的经过。

（4）第四层次：第 19—29 自然段。叙述了十几天之后，李大钊先生被审判的经过。

（5）第五层次：第 30—33 自然段。叙述了 4 月 28 日，李大钊先生最后被害。

3. 用符号标注疑问：我们可以直接用"？"来标注出自己有疑问的地方，这些地方就是我们上课的时候需要着重听讲的地方，如果上课老师没有讲，那么我们同样可以带着疑问在课后问老师。

比如第 7 自然段中"我是不能轻易离开北京的"，我们就可以有疑问，为什么李大钊先生不能轻易离开北京呢？然后在这句话的旁边打上"？"。

再比如第 26 自然段中"我怕父亲说出哥哥来，就这样抢着说了"，我们同样可以产生疑问，为什么怕说出哥哥来？同样的，可以在这句话的旁边打上"？"。

初高中生

到了初高中，语文学习有了一定的基础，就可以完全按照我们预习的 6 个步骤来进行了。

总的来说，会预习的同学要么是在一旁静静地默读，思考问题；要么就是拿着笔写写画画，做些标注。

如果我们在预习的时候，只是简简单单读了几遍课文，那是敷衍的预习。对于很多同学来说，预习是所有课后作业中最重要的一项作业。从小养成良好的预习习惯，以后在学习中能够更加轻松、快速掌握文章的主旨和要领，从而提高自己在语文学习上的能力。

知识矩阵 »»»

在第九章中，我们一共讲解了语文课文预习中的 6 个知识点，这些知识点能够让我们进行快速、有效的课文预习，从而提高自己的听课质量和语文能力。

预习的 4 大好处

1. 消灭听课的"绊脚石"
2. 有目的地听课，能够提高听课质量
3. 养成独立自主的学习习惯
4. 形成积极的良性的学习循环

语文预习的 4 大方法

1. 阅读法
2. 联想法
3. 提问法
4. 整理法

语文预习的 6 个步骤

1. 查找资料，了解作者及创作背景
2. 浏览课后题，寻找阅读的侧重点
3. 用"快速阅读法"扫描全文，整体感知内容
4. 用"符号法"标注生字词、关键词
5. 用高效阅读技巧通读文章
6. 用符号法标出关键句、中心句及文章结构

小学低年级（1—2）预习重点

1. 识字方面：根据拼音认准生字字音，认清字形；用学过的方法自主识记生字；能够给每节课的生字组词
2. 阅读方面：正确、流利、有感情地朗读课文，学会默读。朗读课文时，要重点注意标点符号的使用，感受不同符号所表达的不同语气
3. 综合方面：能根据课后题目的要求主动积极地思考，结合题目和自身的思考，跟小伙伴或父母共同讨论

小学中年级（3—4）预习重点

1. 字词方面：熟练运用字典、词典等工具，自主学习陌生字词；能够用自主的方式理解字词的意思
2. 阅读方面：基本了解课文内容，能够画出自己不能理解或者觉得优美的句子，在旁边做记号

小学高年级（5—6）预习重点

预习的核心是在文章的解析方面，要能够做到边默读边思考
1. 学会尝试口头概括或小标题方式概括主要内容
2. 学会为文章划分结构和层次
3. 学会质疑，并批注和标记，试着自己解答这些疑问；不会的，课上解决，或者和老师同学交流讨论

任务卡片 〉〉〉〉

知识需要从"知道"到"做到",而在这个过程中,我们需要完成一系列的小任务哦!

 Task

制订语文预习计划

制订一份适合自己的语文课文预习计划,并按计划完成

One

 Task

每日总结与反思

根据计划完成的过程中,每日进行总结与反思

Two

 Task

总结反思笔记本

根据总结与反思的内容,将自己的心得与感受记录到笔记本中

Three

 Task

系统的阅读力提升训练

完成一整套的阅读力系统训练,包括:固点凝视训练、眼部基础能力训练、视幅范围训练、一目多字训练和文章测试

Four

 Task

文章限时闯关训练

根据自己的实际情况,完成相应速度级别的文章闯关。一定要选择比自己阅读速度高的关卡哦

Five

 Task

周末的亲子游戏时间

跟爸爸或妈妈分享自己本周的学习心得

Six

"体裁阅读法"——高效阅读不同文体

　　有一天，我看见桂博同学拿着一本语文书，"唰唰唰"快速地翻看着一篇又一篇课文。我感觉不太对劲，于是走过去问他："桂博，你在看语文课文吗？"

　　"是啊，郭老师。用您教的'有节奏的阅读'技巧，我看书的速度真的太快了！"

　　"那要恭喜你了，不过，你知道吗？不同体裁的文体，我们要用不同的节奏和策略哦！"

　　"啊？为什么啊？"

　　"因为，每种文体都有不同的表现方式和写作手法啊，作者写的不一样，我们看的当然也要不一样了！"

　　"哦，听起来好像挺有道理的哦！"

　　"什么叫好像挺有道理的！本来就是这个道理！"

　　"嘿嘿，郭老师，那您教教我呗？"

　　"没问题，那我们一起来学习'体裁阅读法'吧！"

　　很多学习高效阅读的同学有这样的习惯，觉得学会一种阅读技巧就可以"读遍天下书了"，却从来没想过不同的内容是否要用不一样的处理方式呢？读书的时候"一招鲜，吃遍天"，行得通吗？

答案是否定的。针对不同的文章体裁，我们自然要用不同的阅读策略。很简单的道理：不同的文章体裁有不同的侧重点，我们阅读时的关注点自然也不一样，合适的阅读策略能提高阅读效率，也能养成更好的阅读习惯。

在本章，我们来逐一探讨平时学习中常见的记叙文、议论文和说明文分别有哪些阅读方法吧！

在学习方法之前，首先让我们看一看这几种体裁分别有哪些特点和不同之处。

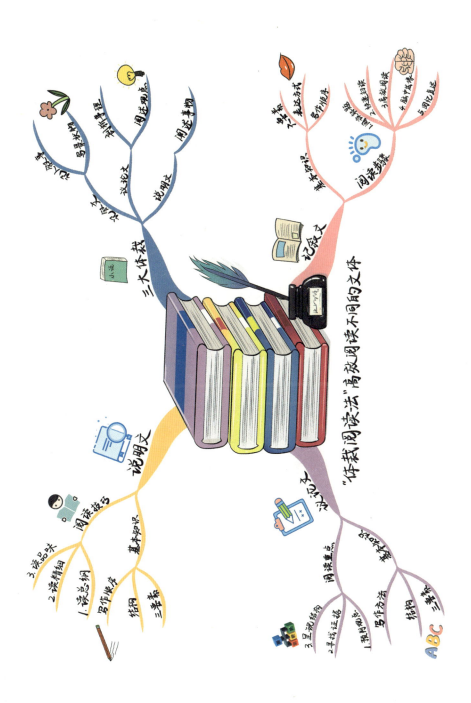

"体裁阅读法"高效阅读不同的文体

三大体裁

记叙文

说明文

议论文

记叙文
- 写景状物
  - 鸟兽米物
  - 教材事理
  - 阅读景物
  - 阅读事物
- 阅读步骤
  - 1 素读分析
  - 2 快速通读
  - 3 局部精读
  - 4 脑中浮现
  - 5 回忆复述
  - 写作顺序
  - 事本评析

说明文
- 阅读技巧
  - 1. 读总纲
  - 2. 读精细
  - 3. 读回味
- 基本脉络
  - 写作顺序
  - 结构
  - 三要素

议论文
- 阅读重点
  - 1. 抓论观点
  - 2. 手找证据
  - 3. 呈现结构
- 基本脉络
  - 写作方法
  - 结构
  - 三要素
- ABC

第 1 节　不同文体的特点与不同之处

记叙文、议论文和说明文，从三者的名称，我们可以观察出它们的区别：记叙文，是写一些事情和经历，然后通过一些特定的写作手法来记叙；议论文，则是针对某个事件或事物发表自己的态度、观点和看法，当然，在文章中要通过证据和推理等方式去证明自身观点的正确性；说明文，就是以说明为主，去阐述某个事物的特征或者原理。

记叙文

记叙文是以记人、叙事、写景、状物为主，以写人物的经历和事物发展变化为主要内容的一种文体形式。

关于记叙文，我们需要了解：记叙文的六要素、记叙文的表达方式、记叙文的写作顺序等。

一、记叙文的六要素

记叙文中的六大要素分别是：

人物：指的是事情里出现的主要人物、次要人物以及人物的语言、心理、动作。

时间：指的是事情发生的具体时间，以及时间的脉络。

地点：是指事情发生的具体地点，以及地点位置的变化。

起因：指的是事情发生的原因，也就是为什么会发生这件事情。

经过：是记叙文中着墨最多的部分，也就是事情的来龙去脉。

结果：指的是事情的结局，也就是最后事情怎么样了。

当我们知道了记叙文的六要素之后，在阅读的过程中就需要注意，哪些是这六要素的关键词，应该重点关注哪部分内容。

二、记叙文的表达方式

记叙文的表达方式有 5 种，分别是：

叙述：把人物的经历和事物的发展变化过程表达出来的一种表达方式。它是写作中最基本、最常见、也是最主要的表达方式。

描写：是对人物的外貌、动作，事物的性质、形态和景物的状貌、变化所作的具体刻画和生动描摹。

说明：是用简明的语言客观而准确地解说事物或阐述事理的一种表达方式。

抒情：是作者通过作品中心人物表达主观感受，倾吐心中情感的文字表露，可分为直接抒情、间接抒情两种。直接抒情即直抒胸臆。

间接抒情是在叙述、描写、议论中流露出爱憎感情。

议论：根据作品写出自己的见解或道理，与议论文不同的是，记叙文中的议论往往起画龙点睛、深化中心、揭示记叙目的和意义的作用。

三、记叙文的写作顺序

记叙文的写作顺序一般情况下也有 5 种，分别是：

顺叙：指记叙的时候按照事情发生、发展、结局的顺序来写，前因后果、条理很清楚。

倒叙：指记叙的时候把后发生的事情写在前面，把先发生的事情写在后面。先把结局说出来，吸引读者了解其起因和过程。

插叙：指在记叙过程中，需要插入另一些有关的情节，再接着叙述后来的事情。

补叙：指行文中用三两句话或一小段话对前边说的人或事做一些简单的补充交代。运用补叙，有助于更好地表达主题，使文章结构完整，行文跌宕起伏，达到出人意料的效果。

分叙：分叙法是指叙述两件或两件以上的同一时间内不同地点发生的事情，也叫平叙。

四、阅读记叙文的重点

既然知道了一些关于记叙文的基本知识，那么关于记叙文这类体裁的文章，我们在阅读的时候就需要从以下两方面着手：

1. 概括文章的内容，抓住以下 3 个要点：

（1）把握记叙文的要素，以写事为主的应明确写什么事，写人为主的应明确写什么样的人。

（2）把握关键性语句，揣摩作者写这些人、事的意图。

（3）分析层与层之间的关系，弄清文章脉络，然后概括文章的中心思想，体验作者的思想感情。

2. 弄清记叙文的结构特点及表现形式。掌握以下划分段落的方式：

(1) 以时空变化划分；

(2) 以作者思想感情的变化划分；

(3) 按记叙内容的变化划分；

(4) 按描述角度的变化、事情发展的阶段划分。

议论文

议论文，又叫说理文，是一种剖析事理，论述事理，发表意见，提出主张的文体。作者通过摆事实、讲道理、辨是非、举例子等方法，来确定某观点正确或错误，树立或否定某种主张。

议论文不同于记叙文，以形象生动的记叙来间接地表达作者的思想感情，也不同于说明文，侧重介绍或解释事物的形状、性质、成因、功能等。

总而言之，议论文是以理服人的文章，记叙文和说明文则是以事感人，以知授人的文章。

关于议论文，我们首先需要了解议论文的三要素、议论文的结构和写作方法等知识。

一、议论文的三要素

议论文三要素是论点、论据、论证。

论点：是正确、鲜明阐述作者观点的句子，是一篇文章的灵魂、统帅。任何一篇文章只有一个中心论点，一般情况下可以有多个分论点。在我们阅读的过程中，需要快速地提取作者的论点，为理解整篇文章奠定基础。

论据：是支撑论点的材料，是作者用来证明论点的理由和根据，分为事实论据和理论论据两种。

论证：是用严密论据来证明论点的过程。论证的目的在于揭示出论点和论据之间的内在逻辑关系。论证是议论文中着墨最多的，是需要我们在阅读的过程中重点分析的部分。

二、议论文的结构

议论文从整体写作结构上来分析，基本上常见的有这样几种：

1. 故事式开头

所谓故事式开头，就是开篇讲述一个引人入胜的小故事，用叙述性的语言，把情节表述清楚，然后由这个故事引出文章的论点或论题的一种方法。所以，当我们在阅读议论文的时候，如果开头是一个小故事，那我们就要注意了，在故事的结尾很有可能会有这篇文章的中心论点。

2. 层进式结构

层进式结构也称递进式、层递式，就是按照逻辑关系，由浅入深，层层递进，纵向开掘的一种结构方式。

尤其当我们在阅读的时候，发现"不仅……而且……"和"况且"等关联词语的时候，就需要告诉自己，作者很有可能采用的就是层进式的结构了。这种层进式结构一般情况下会将中心论点分成几个分论点，然后分论点之间是由浅入深、由简单到复杂的关系。

除了这种"层层递进"的结构，有的议论文还会按照"提出问题、分析问题、解决问题"的思路安排论证结构，也就是按照"是什么→为什么→怎样"的顺序来写。

3. 点例法举例

所谓点例法举例，也叫排比论证法。就是运用排比的句式列举一组相似的论据，然后进行归纳议论分析。

当我们在阅读议论文的时候，发现有排比的例子的时候，我们就需要跟随作者的思路，看到论据之间的关系，然后边阅读边分析作者有可能提出的论点。

4. 假设式分析

所谓假设式分析，也叫假设论证。就是针对前面所举的事例，从反面进行假设，进而得出一个与事实相反的结论，从而有力地论证中心论点。

以上是几种比较常见的议论文的结构。其实在阅读议论文的时候尤其要注意写作结构，这样既可以锻炼我们的阅读理解能力，也可以锻炼我们的逻辑推理能力。

三、议论文的写作方法

除了知道怎么去阅读一篇议论文，我们还可以站在"评审"的角度，去分析一篇议论文写得好不好。再理解得深一点儿，我们可以分析出好在哪里，不好在哪里。这样有助于我们自己写出一篇好的议

论文。

分析议论文写作方法是否得当，我们可以从题目、开头、中间、论据和结尾这几个方面来思考。

首先是题目。题目是文章的眼睛，是文章传递显要信息的重要部分。议论文的题目如果能够符合文体特征，要求鲜明，表意简洁，能够传达出文章内容之大概，便于读者把握整篇文章的基本内容。

其次是开头。高尔基说过："（开头）好像音乐里定调一样，全曲的音调都是它给予的，也是作者花工夫的所在。"在阅读议论文的开头的时候，我们要关注是否做到了"短、快、靓"。

短，就是简洁，最好三两句成段，引入本论。开头短，可避免冗长，而且短句成段，能够在空间上突出其内容的重要性。

快，就是入题要快，最好三言两语就点明文章的基本观点或议论的话题。开篇确定中心，有利于作者快速展开论述。

靓，就是要精彩。这也是传统文论中所说的"凤头"。文章开头如果使用了大量的比喻、类比、排比等修辞手法，一般来说就算是比较精彩的开头了。

然后是中间。其实，议论文的结构是否严谨，条理是否清楚，论证是否严密，论据是否典型，关键就在于中间段的写作。

接下来是论据。我们知道论点是议论文的灵魂，分论点是支撑起这个灵魂的骨架，而论据是议论文的血肉。一个人要丰满多彩，光有灵魂和骨架，没有血肉是不可想象的。同样一篇议论文只有中心论点和分论点是不能称为文章的，它还必须有典型而鲜活的论据。

我们在阅读议论文论据部分的时候，要分析他的论据：

1. 是否能够充分反映事物本质；

2. 是否真实，能够切合题旨；

3. 是否具有时代感，能够让读者有新鲜感。

最后是结尾。结尾是全文内容发展的必然结果，是文章结构的重要组成部分之一。现代著名作家师陀曾说："写文章不管长短，首先要考虑好结尾。有了结尾，如何开头，中间如何安排，便迎刃而解了。"我们在阅读议论文结尾的时候，要看看它的结尾是否响亮有力，令人警醒，催人奋进。

说明文

说明文是一种以说明为主要表达方式的文章体裁。通过对客观事物做出说明或对抽象事理的阐释，使人们对事物的形态、构造、性质、种类、成因、功能、关系或对事理的概念、特点、来源、演变、异同等能有科学的认识。说明文的中心鲜明突出，文章具有科学性、条理性，语言确切生动。

关于说明文，我们首先需要了解说明文的三要素、说明文的结构和说明文的写作顺序。

一、说明文的三要素

1. 内容的严密性：

严密性是指是否能够如实地反映客观事物，把握事物的特征、本质和规律，给读者正确的认识。

2. 说明的条理性：

条理性是指是否按照一定的顺序进行的说明。比如是否按时间顺序、空间顺序或者是逻辑顺序。

按时间顺序的描写和记叙文相似；

按空间顺序则需要注意事物的表里、大小、上下、前后、左右、东南、西北等的位置和方向；

按逻辑顺序则需要注意摸清各部分的内在联系，由表及里，由浅入深，由现象到本质。

3. 语言的准确性：

说明文中表示时间、空间、数量、范围、程度、特征、性质、程序等，都要求准确无误。语言简明，说明严密，富有科学性和严谨性。

二、说明文的结构

说明文的结构一般有 4 种：总分式、并列式、连贯式和递进式。

总分式：一般采用"总—分""总—分—总"或"分—总"的结构形式。

并列式：文章各部分的内容没有明显的主次轻重之分。比如培根的《论读书》，分别谈到了读书的目的、读书的方法、读书的好处，就是采用并列的结构。

连贯式：各层之间按照事物发展过程安排层次，大多数以时间为线索前后互相承接。

递进式：是事理说明文常用的结构形式。各层之间是由浅入深、由表及里、由现象到本质，关系是层层递进的。

三、说明文的写作顺序

说明一定要有顺序，这是使说明内容条理化的必要条件。常见的说明顺序有三种：

1. 逻辑顺序

逻辑顺序是按照事物、事理的内在逻辑关系，或由个别到一般，或由具体到抽象，或由主要到次要，或由现象到本质，或由原因到结果等。不管是实体的事物，还是抽象的事理，都可以用逻辑顺序来说明。

逻辑顺序主要分成 12 种：从原因到结果、从主要到次要、从整体到部分、从概括到具体、从现象到本质、从具体到一般、从结果到原因、从次要到主要、从部分到整体、从具体到概括、从本质到现象、从一般到具体。

2. 时间顺序

时间顺序是按照事理发展过程的先后来介绍某一事物的说明顺序。凡是事物的发展变化都离不开时间，描写事物发展变化的通常都采用时间顺序。

时间顺序在文章中使用恰当可以起到画龙点睛的效果，说明清楚，使读者一目了然。

3. 空间顺序

空间顺序就是按照事物空间结构的顺序来说明。要么从外到内，要么从上到下，要么从整体到局部，这种说明顺序有利于全面说明事物各方面的特征。

一般说明某个静态实体，比如说建筑物，就经常用这种顺序。我们课本中的《故宫博物院》就是按照空间顺序，介绍太和门、太和殿、中和殿、保和殿、乾清宫……最后到御花园，而在介绍每一座建筑物的时候，又按照先外后内、先上后下的顺序。

这样的说明顺序符合人们观察事物的习惯。

第 2 节　记叙文阅读的 5 个步骤

记叙文从类型上分为写人、记事、写景和状物 4 种类型。但是不管哪种类型，大多数记叙文都由"时间、地点、人物、起因、经过和结果"组成，大家可以仔细思考一下，这六要素都是有画面感的。

所以，我们在阅读记叙文的时候，应当侧重于"画面感"。如果我们在阅读的过程中，大脑中能完整地呈现作者所描写的画面，那么无论我们对文章的记忆还是理解，都会更上一层楼。

记叙文在阅读的过程中要有 5 个步骤

一、阅读标题

标题可以说是整篇文章最重要的信息了，但是很多同学都是简单地扫一眼。这是不够的，一定要让大脑"停顿"一下，思考一下自己对这个内容理解多少。然后，我们的大脑会带着疑问进入阅读中，并开始关联性阅读，因此提高我们的理解程度。

我们以语文课本中的《麻雀》一文为例。

麻　雀

我打猎回来，走在林荫路上。猎狗跑在我的前面。

突然，我的猎狗放慢脚步，悄悄地向前走，好像嗅到了前面有什么野物。

风猛烈地摇撼着路旁的白桦树。我顺着林荫路望去，看见一只小麻雀呆呆地站在地上，无可奈何地拍打着小翅膀。它嘴角嫩黄，头上长着绒毛，分明是刚出生不久，从巢里掉下来的。

猎狗慢慢地走近小麻雀，嗅了嗅，张开大嘴，露出锋利的牙齿。突然，一只老麻雀从一棵树上飞下来，像一块石头似的落在猎狗面前。它挓挲起全身的羽毛，绝望地尖叫着。

　　老麻雀用自己的身躯掩护着小麻雀，想拯救自己的幼儿。可是因为紧张，它浑身发抖，发出嘶哑的声音。在它看来，猎狗是个多么庞大的怪物啊！可是它不能安然地站在高高的没有危险的树枝上，一种强大的力量使它飞了下来。

　　猎狗愣住了，它可能没料到老麻雀会有这么大的勇气，慢慢地，慢慢地向后退。

　　我急忙唤回我的猎狗，带着它走开了。

——统编版《语文》四年级上册

（人民教育出版社）

　　当阅读标题《麻雀》的时候，我们"停顿"一下，想一想自己见过麻雀没有，麻雀长什么样子？有什么特点？尽可能地调取出所有你对麻雀的知识，这有助于后面的阅读。

　　在这里，为大家准备了一个记叙文大纲阅读的工具表，同学们可以边阅读边填写。

文章标题	
主要内容	
起因	
经过	
结果	
你的感想	

二、快速扫读

完成第 1 步之后，我们需要做的是扫读一遍全文，这里的扫读要非常迅速，就像汽车挡风玻璃上的雨刮器一样，"唰唰唰"地"清扫"文字。 这一遍只是让我们快速了解文章的长短、大概的内容，看完之后，能用一句话对这篇文章进行概括，说出什么人，在什么时间、什么地点，做了一件什么样的事，这个事情的结果是什么就可以了。 所以，我们通过第 2 步的快速扫读，先把记叙文的 6 要素给找出来。

进行快速扫读后，我们就会知道《麻雀》这篇文章讲的是这样一个小故事："我"带着猎狗在打猎回来的路上，发现了一只掉落在地上的小麻雀，猎狗靠近的时候，老麻雀勇敢地站出来，最后"我"带着猎狗离开了。

可以将内容填写到表格中：

文章标题	《麻雀》
主要内容	"我"带着猎狗在打猎回来的路上，发现了一只掉落在地上的小麻雀，猎狗靠近的时候，老麻雀勇敢地站出来，最后"我"带着猎狗离开了。

三、高效阅读

在快速扫描阅读完之后，"我们已经知道了事情的大概内容"，带着这样一个认知，我们再进行高效阅读。 用我们前面提到的"一目多字的有节奏的技巧"进行阅读，在这一步非常重要的是要集中专注力，眼睛快速抓取关键信息。

当然，在使用高效阅读技巧进行阅读的时候，需要大家重点分析出记叙文的起因、经过和结果。 有了这样一个故事脉络，思路会更加清晰。

那么《麻雀》这篇文章，我们可以这样填写：

文章标题	《麻雀》
主要内容	"我"带着猎狗在打猎回来的路上，发现了一只掉落在地上的小麻雀，猎狗靠近的时候，老麻雀勇敢地站出来，最后"我"带着猎狗离开了。
起因	打猎回来，猎狗嗅到了什么。
经过	1. 猎狗慢慢接近掉在地上的小麻雀； 2. 老麻雀飞下来保护小麻雀； 3. 猎狗愣住了，慢慢地向后退。
结果	我带着猎狗回家了。

四、脑中成像

在完成第 3 步之后，进入非常重要的第 4 步——脑中成像。我们之前说过，记叙文的"画面感"非常强，所以，在高效阅读完一遍之后，要做的事情就是在脑海中将一段一段的文字转化成图像。

脑中成像还有一个好处，就是通过成像，我们可以更直接地跟作者产生"共鸣"，产生自己的感受。当然，我们也可以把感受记录下来。到此，我们也就完整地完成了一次记叙文的阅读啦。

文章标题	《麻雀》
主要内容	"我"带着猎狗在打猎回来的路上，发现了一只掉落在地上的小麻雀，猎狗靠近的时候，老麻雀勇敢地站出来，最后"我"带着猎狗离开了。
起因	打猎回来，猎狗嗅到了什么野物。
经过	1. 猎狗慢慢接近掉在地上的小麻雀； 2. 老麻雀飞下来保护小麻雀； 3. 猎狗愣住了，慢慢地向后退。
结果	我带着猎狗回家了。
你的感想	麻雀妈妈是非常勇敢的，它用生命在保护它的孩子，我想到了我的妈妈，在平时的生活中也是无时无刻不在守护着我，保护着我，感谢我的妈妈。

五、回忆复述

这是阅读完后非常重要的一步。很多人往往读完一本书或者一篇文章后就放下不管了，这是不足的，因为我们大脑的遗忘速度非常快，读完就进行回忆和复习，能够保证阅读的效率。

回忆和复习最好的方式是立即与别人交流和分享，把刚学习的内容以及自己的心得体会说给别人听。

第 3 节　议论文阅读的 3 个重点

阅读议论文的步骤与记叙文大同小异，也是阅读标题、快速扫读、高效阅读和回忆复述。唯一不同的是议论文阅读过程中不需要脑中成像。

另外，在阅读议论文的时候有这样几个重点是需要大家注意的：

一、预判观点

预判观点是第 1 步。当阅读议论文标题的时候，我们可以停顿思考一下作者的观点可能是什么？或者说，对于这件事情，我将有怎样的观点和见解？通过这样预判的方式，不仅可以与作者产生共鸣，也能够激发阅读的代入感和阅读兴趣。

我们以课本中的《真理诞生于一百个问号之后》举例。

真理诞生于一百个问号之后

有人说过这样一句话：真理诞生于一百个问号之后。其实，这句话本身就是一个真理。

纵观千百年来的科学技术发展史，那些定理、定律、学说的发现者、创立者，差不多都善于从细小的、司空见惯的现象中看出问题，不断发问，不断解决疑问，追根求源，最后把"？"拉直变成"！"，找到了真理。

洗澡是一件非常普通的事情，而美国麻省理工学院机械工程系的谢皮罗教授却敏锐地注意到：每次放掉洗澡水时，水的漩涡总是朝逆时针方向旋转的。这是为什么呢？谢皮罗紧紧抓住这个问号不放，进行了反复的实验和研究。1962年他发表了论文，认为这种漩涡与地球的自转有关，如果地球停止旋转，就不会产生这种漩涡。他认为，在北半球，洗澡水朝逆时针方向旋转；如果是在南半球，洗澡水的漩涡将朝顺时针方向旋转；而在赤道，则不会形成漩涡。他的这个见解，引起各国科学家的极大兴趣，他们纷纷在各地进行实验，结果证明谢皮罗的结论完全正确。

无独有偶。17世纪的一个夏天，英国著名化学家波义耳正急匆匆地向自己的实验室走去，刚要跨入实验室大门，阵阵醉人的香气扑鼻而来，他这才发现花圃里的玫瑰花开了。他本想好好欣赏一下迷人的花朵，但想到一天的实验安排，便摘下几朵紫罗兰插入一个盛水的烧瓶中，然后开始和助手们做实验。不巧的是，一个助手不慎把一滴盐酸溅到紫罗兰上，爱花的波义耳急忙把冒烟的紫罗兰用水冲洗了一下，重新插入花瓶中。谁知当水落到花瓣上后，溅上盐酸的花瓣奇迹般地变红了，波义耳立即敏感地意识到紫罗兰中有一种成分遇盐酸会变红。那么，这种物质到底是什么？别的植物中会不会有同样的物质？别的酸对这种物质会有什么样的反应？这对化学研究有什么样的意义？这一奇怪的现象以及一连串的问题，促使波义耳进行了许多实验。由此他发现，大部分花草受酸或碱的作用都会改变颜色，其中以石蕊地衣中提取的紫色浸液最明显，它遇酸变成红色，遇碱变成蓝色。利用这一特点，波义耳制成了实验中常用的酸碱试纸——石蕊试纸。在以后的三百多年间，这种试纸一直被广泛应用于化学实验中。

最有趣的是一位奥地利医生。一次儿子睡觉时，他发现儿子的眼珠忽然转动起来。他感到很奇怪，连忙叫醒儿子，儿子说他刚才做了个梦。这位医生想，眼珠转动会不会与做梦有关呢？会是什么关系呢？他百思不得其解。于是，带着一连串的疑问，他以儿子、妻子、邻居为实验对象，进行了反复地观察实验，最后得出结论：当睡觉的人眼珠转动时，他确实正在做梦。如今，人们研究梦的生理学，便根据眼珠转动的次数和时间，来测量人做梦的次数与梦的长短。

洗澡水的漩涡，紫罗兰的变色，睡觉时眼珠的转动，这些都是很平常的事情。善于"打破砂锅问到底"的人，却从中有所发现，有所发明，有所创造，有所成就。

在科学史上，这样的事例还有很多，它说明科学并不神秘，真理并不遥远。只要你见微知著，善于发问并不断探索，那么，当你解答了若干个问号之后，就能发现真理。

当然，见微知著、善于发问并不断探索的能力，不是凭空产生的。正像数学家华罗庚说过的，科学的灵感，绝不是坐等可以等来的。如果说，科学领域的发现有什么偶然的机遇的话，那么这种"偶然的机遇"只能给那些有准备的人，给那些善于独立思考的人，给那些具有锲而不舍精神的人。

——《中华美德读本·壹》

（新世界出版社　蒙木、苍松　编著）

这篇文章的题目是《真理诞生于一百个问号之后》，我们就可以预判一下：

1. 我认为这是作者的观点，真理是真的需要不断提问才能发现的；

2. 我认为作者的观点可能是真理就是真理，需要不断发问。

在这里不需要停留太久，也不需要纠结太久，我们只需要预判一下，然后带着预判进行阅读就可以了。

二、寻找证据

阅读完标题，预判了观点之后，我们开始阅读议论文。也是先"快速阅读"一遍，大概了解文章的篇幅以及主要的信息。然后一目多字、有节奏技巧地高效阅读。在高效阅读的时候，需要注意第 2 点：寻找证据。

议论文的三要素：论点、论据和论证，其中非常重要的载体是论据。在通常情况下，论据分为两种：一种是事实论据，一种是道理论据。事实论据包括事例、数据、历史资料等，而道理论据主要是科学理论、名人名言、警句格言、公理公式等。

所以我们在阅读中寻找论据时，就需要快速提取一些数字、人名信息等客观内容。

比如这篇《真理诞生于一百个问号之后》，我们在阅读的时候，就要寻找证据。包括这三条重要的实事论据：

1. 麻省理工学院谢皮罗教授 1962 年通过洗澡水旋转的疑问，证实漩涡与地球自转有关；

2.17 世纪英国著名化学家波义耳发现花草受酸碱作用会改变颜色，因而制成了酸碱试纸——石蕊试纸；

3. 奥地利的一位医生因为睡觉时眼珠转动的疑问，证明眼珠转动的次数和时间与做梦的次数与长短有关；

通过这些真实例证，证明了作者"成功在于从问号中寻求真理"的观点。

三、呈现结构

一般情况下，如果"预判观点"和"寻找证据"都做得很好，那么，在阅读完之后，我们需要注意的是第 3 点：呈现结构。

什么意思呢？我们需要还原出作者的整个论证过程，也就是作者是如何一步一步证明自己的观点的。因此我们在阅读完一篇议论文之后，一般就会比较清楚作者想要表达什么。

比如这篇《真理诞生于一百个问号之后》，我们通过阅读，可以这样整理出文章的结构。

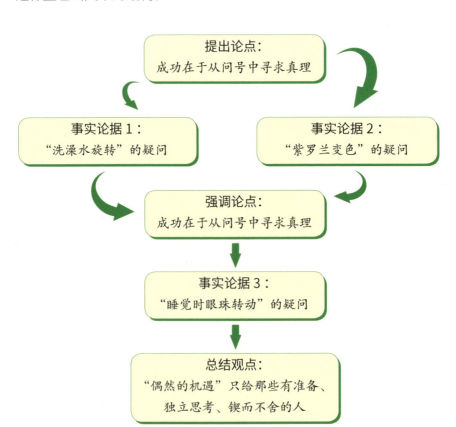

一篇议论文，通过这 3 个要点：预判观点、寻找证据、呈现结构。我们不仅可以了解作者的观点态度，更能够明了作者的写作框架，同时也为以后写作议论文打好基础。

议论文的大纲阅读，郭老师也为大家准备了一个表格，大家也可以跟记叙文一样边阅读边填写，就像这样：

文章标题	《真理诞生于 100 个问号之后》
主要内容	作者论述了自己的观点，真理是需要见微知著，不断地发问，真理才能够在一系列"问号"之后呈现出来。
论点	真理诞生于 100 个问号之后
论据素材	1. 麻省理工学院谢皮罗教授 1962 年通过"洗澡水旋转"的疑问，证实漩涡与地球自转有关； 2. 17 世纪英国著名化学家波义耳发现花草受酸碱作用会改变颜色，因而制成了酸碱试纸——石蕊试纸； 3. 奥地利的一位医生因为"睡觉时眼珠转动"的疑问，证明眼珠转动的次数和时间与做梦的次数和长短有关。
论证过程	1. 提出观点；2. 提出 3 个事实论据；3. 强化观点；4. 总结观点。
你的感想	通过作者的论证，我明白了要在平时的学习中勤于思考，善于提问，这样才能懂得真正的科学道理和知识。

第 4 节　说明文阅读的 3 个技巧

在阅读说明文的时候也可以按照：阅读标题、快速扫读、高效阅读和回忆复述这样的过程。同时，阅读说明文也有特定的方法或技巧。

说明文是以"说明"为主要表达方式，以传授科学知识为根本任务，通过介绍事物，阐明事理来说明事物运动、变化、发展规律的。因此，阅读此类文章，自然也应该抓住说明的对象及其特征，看看它是如何来"说"的。

　　我们以初二上学期第四单元的课本《奇妙的克隆》为例：

奇妙的克隆

1. 克隆是什么

　　一个细菌经过 20 分钟左右就可一分为二；一根葡萄枝切成十段就可能变成十株葡萄；仙人掌切成几块，每块落地就生根；一株草莓依靠它沿地"爬走"的匍匐茎，一年内就能长出数百株草莓苗……凡此种种，都是生物靠自身的一分为二或自身的一小部分的扩大来繁衍后代，这就是无性繁殖。无性繁殖的英文名称叫"Clone"，音译为"克隆"。实际上，英文的"Clone"起源于希腊文"Klone"，原意是用"嫩枝"或"插条"繁殖。时至今日，"克隆"的含义已不仅仅是"无性繁殖"，凡来自一个祖先，无性繁殖出的一群个体，也叫"克隆"。这种来自一个祖先的无性繁殖的后代群体也叫"无性繁殖系"，简称无性系。

　　自然界的许多动物，在正常情况下都是依靠父方产生的雄性细胞（精子）与母方产生的雌性细胞（卵子）融合（受精）成受精卵（合子），再由受精卵经过一系列细胞分裂长成胚胎，最终形成新的个体。这种依靠父母双方提供性细胞、并经两性细胞融合产生后代的繁殖方法就叫有性繁殖。但是，如果我们用外科手术将一个胚胎分割成两块、四块、八块……最后通过特殊的方法使一个胚胎长成两个、四个、八个……生物体，这些生物体就是克隆个体。而这两个、四个、八个……个体就叫作无性繁殖系（也叫克隆）。

可以这样说，关于克隆的设想，我国明代的大作家吴承恩已有精彩的描述——孙悟空经常在紧要关头拔一把猴毛变出一大群猴子，猴子变猴就是克隆猴。

2.克隆鲫鱼出世前后

1979年春，中国科学院武汉水生生物研究所的科学家，用鲫鱼囊胚期的细胞进行人工培养，经过385天59代连续传代培养后，用直径10微米左右的玻璃管在显微镜下从培养细胞中吸出细胞核。与此同时，除去鲫鱼卵细胞的核，让卵细胞留出空间做好接纳囊胚细胞核的准备。一切准备就绪后，把玻璃管吸出的核移放到空出位置的鲫鱼卵细胞内。得到了囊胚细胞核的卵细胞在人工培养下大部分夭亡了。在189个这种换核卵细胞中，只有两个孵化出了鱼苗，而最终只有一条幼鱼渡过难关，经过80多天培养后长成8厘米长的鲫鱼。这种鲫鱼并没有经过雌、雄细胞的结合，仅仅是给卵细胞换了个囊胚细胞的核，实际上是由换核卵产生的，因此也是克隆鱼。

在克隆鲫鱼出现之前，英国牛津大学的科学家已经在1960年和1962年，先后用非洲一种有爪的蟾蜍（非洲爪蟾）进行过克隆试验。试验方式是先用紫外线照射爪蟾卵细胞，破坏其中的核，然后依靠高超的外科手术从爪蟾蝌蚪的肠上皮细胞、肝细胞、肾细胞中取出核，并把这些细胞的核精确地放进已被紫外线破坏了细胞核的卵细胞内。经过精心照料，这些换核卵中终于有一部分长出了活蹦乱跳的爪蟾。这种爪蟾也不是经过精细胞和卵细胞相结合产生的，所以也是克隆爪蟾。

我国著名学者童第周在1978年成功地进行了黑斑蛙的克隆试验。他将黑斑蛙的红细胞的核移入事先除去了核的黑斑蛙卵中，这种换核卵最后长成能在水中自由游泳的蝌蚪。

鱼类换核技术的成熟和两栖类换核的成功，使一批从事良种培育工作的科学家激动不已。既然鲫鱼的囊胚细胞核取代鲫鱼卵细胞核后能得到克隆鱼，那么异种鱼换核能否得到新的杂种鱼呢？我国科学家首先提出了这个问题，也首先解决了这个问题。就是培养克隆鲫鱼成功的那个研究所，设法把鲤鱼胚胎细胞的核取代了鲫鱼卵细胞的核。鲤鱼细胞核和鲫鱼卵细胞质居然能相安无事，并开始了类似受精卵分裂发育的过程，最后长出有"胡须"的"鲤鲫鱼"。这种鱼有"胡须"，生长快，完全像鲤鱼，但它的侧线鳞片数和脊椎骨的数目与鲫鱼相同，而且鱼味鲜美不亚于鲫鱼。这种人工克隆新鱼种的出现，为鱼类育种开辟了新途径。

对科学的追求是永无止境的。鱼类、两栖类克隆的成功自然而然地使科学家把目光投向了哺乳类。美国和瑞士的科学家率先从灰色小鼠的胚胎细胞中取出细胞核，用这个核取代黑色小鼠受精卵细胞核。实际上，这个黑色小鼠的受精卵在精细胞核刚进入卵细胞后，就把精细胞核连同卵细胞的核一起除去。灰鼠胚胎细胞的核移入黑色小鼠的去核受精卵后，在试管里人工培养了四天，然后再把它植入白色小鼠的子宫内。经几百次灰、黑、白这样的操作以后，白色小鼠终于生下了三只小灰鼠。

3.克隆绵羊"多利"

1997 年 2 月 27 日出版的英国《自然》杂志公布了爱丁堡罗斯林研究所威尔莫特等人的研究成果：经过 247 次失败之后，他们在 1996 年得到了一只名为"多利"的克隆雌性小绵羊。

"多利"绵羊是如何"创造"出来的呢？威尔莫特等学者先给"苏格兰黑面羊"注射促性腺素，促使它排卵。得到卵之后，立即用极细的吸管从卵细胞中取出核。与此同时，从怀孕三个月的"芬多席特"六龄母羊的乳腺细胞中取出核，立即送入取走核的"苏格兰黑面羊"的卵细胞中。手术完成之后，用相同频率的电脉冲刺激换核卵，让"苏格兰黑面羊"的卵细胞质与"芬多席特"母羊乳腺细胞的核相互协调，使这个"组装"细胞在试管里经历受精卵那样的分裂、发育而形成胚胎的过程。然后，将胚胎巧妙地植入另一只母羊的子宫里。到1996年7月，这只"护理"体外形成胚胎的母羊终于产下了小绵羊"多利"。"多利"不是由母羊的卵细胞和公羊的精细胞受精的产物，而是"换核卵"一步一步发展的结果，因此是"克隆羊"。

"克隆羊"的诞生，在全世界引起了轰动。它的难能可贵之处在于换进去的是体细胞的核，而不是胚胎细胞核。这个结果证明：动物体中执行特殊功能、具有特定形态的所谓高度分化的细胞与受精卵一样具有发育成完整个体的潜在能力。也就是说，动物细胞与植物细胞一样，也具有全能性。

4.克隆技术造福人类

克隆技术会给人类带来极大的好处。例如，英国PPL公司已培育出羊奶中含有治疗肺气肿的 α—I 抗胰蛋白酶的母羊。这种羊奶的售价是6000美元一升。一只母羊就好比一座制药厂。用什么办法能最有效、最方便地使这种羊扩大繁殖呢？最好的办法就是"克隆"。同样，荷兰PHP公司培育出能分泌人乳铁蛋白的牛，以色列LAS公司育成了能生产血清白蛋白的羊。这些高附加值的牲畜如何有效地繁殖？答案当然还是"克隆"。

母马配公驴可以得到杂种优势特别强的动物——骡，然而骡不能繁殖后代，那么，优良的骡如何扩大繁殖？最好的办法也是"克隆"。我国的大熊猫是国宝，但自然交配成功率低，因此已濒临绝种。如何挽救这类珍稀动物？"克隆"为人类提供了切实可行的途径。

除此之外，克隆动物对于研究癌生物学、研究免疫学、研究人的寿命等都有不可低估的作用。

不可否认，"克隆绵羊"的问世也引起了许多人对"克隆人"的兴趣。例如，有人在考虑，是否可用自己的细胞克隆成一个胚胎，在其成形前就冰冻起来。在将来的某一天，自身的某个器官出了问题时，就可从胚胎中取出这个器官进行培养，然后替换自己病变的器官。这也就是用克隆法为人类自身提供"配件"。

有关"克隆人"的讨论提醒人们，科技进步是一首悲喜交集的进行曲。科技越发展，对社会的渗透越广泛深入，就越有可能引起许多有关的伦理、道德和法律等问题。我想用诺贝尔奖获得者、著名分子生物学家 J.D. 沃森的话来结束本文："可以期待，许多生物学家，特别是那些从事无性繁殖研究的科学家，将会严肃地考虑它的含意，并展开科学讨论，用以教育世界人民。"

——2014 年版《语文》八年级上册

（人民教育出版社）

我们来分析一下，在阅读这篇课文的时候，应当注意哪些技巧：

一、读总纲——整体把握说明点

说明文写作的目的是告诉读者，某个事物本身或某个事物的某方面的知识。而作者传达的这个知识即说明，也是说明文的中心思想。把握中心思想的方法主要有三点：

首先，可抓住文章的标题明确说明点。俗话说"标题是文章的眼睛"，说明文的标题往往揭示了说明的中心。先看总标题《奇妙的克隆》，我们就知道是有关神奇的克隆技术知识介绍，以揭开"克隆"的秘密。再看内容，全文用了四个小标题："克隆是什么""克隆鲫鱼出世前后""克隆绵羊'多利'""克隆技术造福人类"。我们只需要浏览一下课文的小标题，就会对课文内容有个大体的了解。

其次，可抓住文章的结构归纳说明点。说明文往往都围绕一个主要问题或内容进行说明，而有的说明文则需要我们把一些小的说明点归纳起来，构成全文的整体说明。例如《奇妙的克隆》采用的是并列式结构，从不同的侧面说明克隆。除了抓小标题，我们也可以根据四部分的内容结构把它归纳出来。也就是克隆的含义、实验、发展与好处等。

最后，可以抓住说明的顺序弄清说明点。事物、事理本身有顺序，人们认识事物、事理也有一定的顺序，理清了文章的顺序，有助于弄清说明的中心。

比如这篇课文主要是阐述事理的，无疑采用的是逻辑顺序：先写克隆的含义，接着写克隆实验，再写克隆的发展，最后写克隆对人类的造福和对克隆的思考。行文脉络十分清楚，说明事理步步推进，文章的中心也就一目了然。

二、读精细——局部研讨方法点

要说清说透事物事理，离不开说明方法。因此阅读说明文，应当抓住主要的说明方法，搞清各种说明方法的联系和作用，这样才能比较准确地把握说明的内容和文章的结构。我们可以从两方面入手：

1. 全文提领各部分的说明方法。

2. 抓住重点段落，精准分析具体的说明方法。例如：在"克隆是什么"一节里，作者为了说明"克隆"，运用了三种说明方法：举例子、释义和引用。

举例子：列举植物、动物界当中的人们比较熟悉的例子来说明，把艰深的科学知识说得简明易懂；

释义：对克隆一词溯源并作出解释；

引用：引入《西游记》中孙悟空拔一把猴毛变出一大群猴子的故事，生动形象地说明了"克隆"是怎么一回事，把科学技术写得富有趣味。

三、读品味——捕捉咀嚼情感点

与其他文体一样，说明文中也同样"说"着作者的情感态度，而这也正是帮助我们理解课文所不可或缺的。《奇妙的克隆》是国际遗传学家谈家桢写的一篇科普文章。学习这篇课文，既要了解克隆这一科技成果，更要从中学习科学家在科学的道路上锲而不舍、不断攀登的精神，还要在此基础上，对科学这把"双刃剑"有一个初步的认识。

为了说明什么是"克隆"，作者精心组织材料，把"克隆是什么""克隆技术的发展脉络""克隆羊'多利'的诞生""克隆技术如何造福人类"介绍得清清楚楚。但是作者又不限于一般性的知识介绍，而是融入自己的赞赏之情和严肃思考。具体地说，本文既向我们介绍了克隆科学知识，又展现了包括中国科学家在内的"科学精神"，同时又引领读者全面地看待科学技术的发展。阅读时，我们就要从课文中找出能表现科学家严谨、求实、锲而不舍的态度与精神的句子，加以体味。

知识矩阵 >>>>

在第十章中，我们一共讲解了阅读不同体裁文章的 12 个知识点。通过这些知识点，我们能针对不同类型的文章选择不同的阅读重点，从而快速抓取到不同类型文章的重点内容。

什么是记叙文

记叙文是以写人物的经历和事物发展变化为主要内容的一种文体形式

记叙文的六要素

人物、时间、地点、起因、经过、结果

记叙文的 5 种表达方式与写作顺序

1. 表达方式：叙述、描写、说明、抒情、议论
2. 写作顺序：顺叙、倒叙、插叙、补叙、分叙

什么是议论文

1. 议论文，又叫说理文，是一种剖析事理，论述事理，发表意见，提出主张的文体
2. 作者通过摆事实、讲道理、辨是非、举例子等方法，来确定某观点正确或错误，树立或否定某种主张

议论文的三要素

1. 论点：阐述作者观点的句子
2. 论据：支撑论点的材料
3. 论证：用严密论据来证明论点的过程

议论文的写作结构

1. 故事式开头
2. 层进式结构
3. 点例法举例
4. 假设式分析

什么是说明文

1. 说明文是一种以说明为主要表达方式的文章体裁；对客观事物做出说明或对抽象事理的阐释
2. 说明文的中心鲜明突出，文章具有科学性、条理性，语言确切生动

说明文的三要素

1. 内容的严密性
2. 说明的条理性
3. 语言的准确性

说明文的写作结构与说明顺序

1. 写作结构：总分式、并列式、连贯式、递进式
2. 说明顺序：逻辑顺序、时间顺序、空间顺序

记叙文阅读的 5 个步骤

1. 阅读标题
2. 快速扫读
3. 高效阅读
4. 脑中成像
5. 回忆复述

议论文阅读的 3 个重点

1. 预判观点
2. 寻找证据
3. 呈现结构

说明文阅读的 3 个技巧

1. 读总纲：整体把握说明点
2. 读精细：局部研讨方法点
3. 读品味：捕捉咀嚼情感点

任务卡片 〉〉〉〉

知识需要从"知道"到"做到",而在这个过程中,我们需要完成一系列的小任务哦!

 Task

完成一篇记叙文的阅读

结合记叙文阅读的 5 个步骤,完成一篇记叙文的阅读

One

 Task

完成一篇议论文的阅读

结合议论文阅读的 3 个重点,完成一篇议论文的阅读

Two

 Task

完成一篇说明文的阅读

结合说明文阅读的 3 个技巧,完成一篇说明文的阅读

Three

 Task

系统的阅读力提升训练

完成一整套的阅读力系统训练,包括:固点凝视训练、眼部基础能力训练、视幅范围训练、一目多字训练和文章测试

Four

 Task

文章限时闯关训练

根据自己的实际情况,完成相应速度级别的文章闯关。一定要选择比自己阅读速度高的关卡哦

Five

 Task

周末的亲子游戏时间

跟爸爸或妈妈分享自己本周的学习心得

Six

第十一章

"黄金解题法"——助力语文阅读理解

"子晴，学完高效阅读这么久，感觉怎么样？"

"郭老师，我觉得我看书比以前快了很多，也越来越喜欢阅读了。"

"嗯，挺好的，继续加油。阅读是一件长久的事情，要坚持阅读哦！"

"好的，郭老师，不过，我马上就要期末考试了……"

"嗯，怎么了？感觉你有点儿担忧呢？"

"是啊，虽然我的阅读速度提高了，但还是会担心语文考试的那些阅读理解题。"

"哦，原来你担心的是这个啊。这不难，其实阅读理解题也是有方法和技巧的。郭老师跟你说一说吧。"

"好的！"

我想很多同学都跟子晴一样，也希望通过学习快速阅读来快速提升自己的语文能力，尤其是在阅读理解题方面的能力。

常言说得好，得语文者得天下。随着语文教材和考试大纲的改革，从小学阶段开始，语文在所有科目中的地位越来越高。在语文学习中，阅读理解更是成了大家考试时候的"失分区"。那么，如果在阅读理解中能够多拿分数，语文成绩自然就会有很大的提高。所以，接下来就跟大家分享一下如何在阅读理解中拿到高分。

语文的学习不是一蹴而就的，需要一个长期积累的过程。在长期积累的过程中，学习一些方法和技巧会事半功倍。

在学习方法之前，我们需要先明白阅读理解题"考"些什么。

黄金解题法
助力语文阅读理解

解题步骤
5步
1审题
2阅读
3思考
4做题
5检查

阅读理解
内容理解
课题鉴赏
课后分析
主题理解

解题技巧
关键词理解法
1.确定位置
2.联系上文
3.表达情感
摘抄摘录法
用原文作答
语言理解法
缩写一句话
扩写一句话

第 1 节　阅读理解考查的 3 项核心能力

大多数阅读理解题会考查我们三个方面的能力：

信息筛选能力

第一个考查的能力是信息的筛选能力。 一般情况下主要通过"概括文章的主要内容""本文的主要线索是什么"和"文中运用了哪些表达方式"这样的问题呈现，主要锻炼我们的信息筛选提取能力和概括能力。

比如：

熊猫吃食真有趣！当饲养员把竹叶放在它面前时，熊猫立刻用前爪抓起一片塞到嘴里，一屁股坐在地上，使劲地嚼着。 只见它越吃越香，一口接一口，还不时地抬起小眼瞅一下饲养员。 吃完竹叶，熊猫放下前爪站起来，吧嗒着嘴看着饲养员，好像没吃饱似的。

——《三年级阅读之我会找中心句》

问：这段话是围绕什么描写的？也就是这句话的中心句是什么？

一般情况下，这种题目考查我们是否能够分析出文章段落的结构。上面的这段文字是"总—分"的结构。 先总说"熊猫吃食真有趣！"，然后再分别描写吃食有趣的地方都有哪些。

找到段落的结构之后，我们就很快能够找到中心句，就是"熊猫吃食真有趣！"

　　当然，除了"总一分"结构，还有"分一总""总一分一总"结构等。中心句一般情况下也是在文章的开头或结尾。

　　我们再来看一个：

今天风真大

　　今天风真大啊！路旁的树木被风吹得摇摇摆摆，不时地发出呜呜的声音。大街上尘土飞扬，枯黄的树叶、碎纸被风卷起，在灰暗的天空中飞扬。行人几乎都闭着嘴、眯着眼，不少人用围巾把头包起来。顶风骑车的人，就像自行车比赛的运动员一样，弓着身，双脚吃力地向前一步一步地蹬着。顺风骑车的人则缩着头，两脚搭在车蹬上，毫不费力地飞向前去。我走进学校，来到教室里，看见窗台上、桌子上、椅子上全是尘土。

——《暑假衔接训练 43》

　　问：请概括这篇文章的主要内容？

　　这种题目是考查我们对于信息的概括能力。针对这种题，我们首先需要分析出这段文字是围绕什么描写的，即这段文字的中心句是什么。

　　很显然，这段文字的中心句是"今天风真大"。找到中心句之后，我们再来仔细阅读文中的内容，看一看作者用了哪些具体的描写来说明今天的风很大。

　　仔细分析一下，我们会发现描写了"路旁的树、大街上的尘土、树叶和碎纸、路上的行人、骑车的人"还有"教室里"。

　　将中心句和描写的内容重新组织语言，我们可以得出答案："作者通过描写自己在路上看到的景象、听到的声音和亲身的感受，细致地描写了今天的大风。"

审美鉴赏能力

第二个考查的是审美鉴赏能力。一般情况下出题会要求我们分析文中"标题"的作用、"关键句子"的表达方式以及人物形象的描写和表达手法等。

我们以一道例题说明：

那条白线很快地向我们移来，逐渐拉长，变粗，横贯江面。再近些，只见白浪翻滚，形成一堵两丈多高的水墙。<u>浪潮越来越近，犹如千万匹白色战马齐头并进，浩浩荡荡地飞奔而来</u>；那声音如同山崩地裂，好像大地都被震得颤动起来。

问：1.画线的句子运用了 _____ 的修辞方法；2.把 _____ 比作 _____ ；3.写出了大潮的 _____ 。

——统编版《语文》四年级上册

（人民教育出版社）

我们根据题目的要求，反复用心地读画线的句子。发现了一个关键词"犹如"，因为"好像、好比、犹如、仿佛、恰似"等词语都叫作喻词，所以我们就知道这句话运用了"比喻"的修辞方法。

修辞手法确定之后，接下来又问我们"把 _____ 比作 _____"，很明显，这是让我们回答"本体"和"喻体"。通过联系上下文，我们不难看出，本体是"浪潮"，喻体是"白色战马"，第二道题也迎刃而解了。

继续来看第三道题，"写出了大潮的 _____"。这就需要我们再回到句子中，仔细地阅读，尤其要注意一些"形容词"。这样我们有目的性地找到了"浩浩荡荡""飞奔而来"这两个词语，再认真思考一下，就知道答案是"写出了大潮的壮观"。

我们再来看一道题，各位同学可以自己尝试解答一下哦！

登上万寿山，站在佛香阁的前面向下望，颐和园的景色大半收在眼底。葱郁的树丛，掩映着黄的绿的琉璃瓦屋顶和朱红的宫墙。正前面，昆明湖静得像一面镜子，绿得像一块碧玉。游船、画舫在湖面慢慢地滑过，几乎不留一点痕迹。

——统编版《语文》四年级下册

（人民教育出版社）

问：1. 文中画线的句子，作者运用_____的修辞手法；2. 把昆明湖分别比作_____和_____；3. 生动形象地写出了昆明湖水_____和_____的特点。

首先，我们通过阅读画线句子，找到了"像"这个喻词，直接就能判断出运用的是"比喻"的修辞手法。

其次，把昆明湖比作什么？昆明湖是本体，这道题考我们的是喻体。这里我们需要知道一个知识点：在喻词后面的一般情况下都是喻体。所以，我们能够知道这句话中，喻体分别是"镜子"和"碧玉"。

最后，问我们通过这种写作手法，展现昆明湖的哪些特点。其实，答案就在句子中间，仔细阅读句子，就会发现昆明湖"静"和"绿"这两个特点。

深层分析能力

第三个考查的是深层分析能力。主要锻炼我们除了理解文章字面含义，更要理解深层含义的能力，包括对"标题、关键词、关键句、关键段落"的深层含义理解。除此之外，还有一个非常重要，也是经常考核的点：我们联系生活的实际的能力。比如"谈谈你的看法"或者是"对你有什么启示"等问题都是此类。

这项能力的考查是最全面的，从题目难度来说也是最难的。以一道例题来详细说一说这种题目应当如何解答：

母亲大冬天都要赤裸着双腿下到冰冷的河里去洗衣服，因此，母亲落下了腿疼的毛病，一碰上阴雨天，整夜整夜的疼痛让她无法入睡，可她却从来不吭一声。每次我看着痛得揉搓着双腿的母亲，她都装作很平静的样子，面带微笑地看着我说："揉揉就没事了。别担心我，快睡吧，明天还得上学呢！"

问：我的母亲是怎样一个人？请结合文中的内容进行分析。

做这种阅读理解题，我们需要先从文章段落中找到人物的具体事例，然后再分析概括出人物身上的优秀品质或者性格。

在这段文字中，关于母亲的具体事例包括：

1. 母亲落下了腿疼的毛病，一碰上阴雨天，整夜整夜的疼痛让她无法入睡，可她却从来不吭一声；

2. 母亲对我说："揉揉就没事了。别担心我，快睡吧，明天还得上学呢！"

再分析思考一下，通过第一个"场景"，我们能看到母亲非常坚强，即使是疼痛到无法入睡，还是不吭一声。

通过第二个"场景"，我们能够看到母亲即使是很痛，依然不忘孩子第二天要上学，可见多么关心孩子。

通过这样的分析，我们得到这道题的答案：

从母亲疼得无法入睡还不吭一声，我们能够看出母亲是一个非常坚强的人。从母亲想着孩子上学，怕影响孩子休息，能看出母亲是一个非常爱孩子的人。

大家都说言为心声，一个人物的言行举止能够反映人物的品质。因此，我们在做这种题目的时候一定要记得抓住人物的"言行"，然后再分析。

当然，在分析"言行"的过程中，需要我们具备"同理心"，能体会感受这个人物的品质或者性格。甚至有的时候我们可以"将心比心"，如果是自己会怎么说，怎么做。这样的分析思考过程会让我们更接近题目的答案。

第 2 节　阅读理解的 5 个解题步骤

我们明白了阅读理解题的考查面之后，在实际练习和答题的时候会判断出题者每道题目想要考查什么，这样我们就会站在更高的角度理解题目和文章本身。同时，也更容易答对题目得分。

接下来，我们看看如何做阅读理解题。做阅读理解题共有 5 个步骤，分别是：审题、阅读、思考、做题、检查。

审题

第 1 步是审题。很多同学在做阅读理解题目的时候，习惯先快速阅读文章，然后再审题，从答题的角度来看，这样其实不够高效。我的建议是先审题，看看题目问了什么，想要考什么，这样我们才能够更聚焦、更有目的性地进行阅读，甚至有可能在阅读的时候就完成了部分题目，这样就为考试节省了大量的时间。

以这样一篇阅读理解题目为例：

小牛和老骡子

有一段时间，老农夫一直用小牛和老骡子一起耕作，耕作相当辛苦。年轻的小牛对骡子说："今天我们装病吧，休息休息。"老骡子却答道："不行啊，我们需要把工作做完，因为耕种的季节很短啊。"

但小牛还是装病了，农夫给它弄来新鲜的干草和谷物，尽量让它舒服些。等老骡子耕种回来，小牛询问地里的情况如何，"没有以前耕种得多，"老骡子回答道，"但我们也耕种了相当长的一段距离。"小牛又问道："老家伙说我什么没有？""没有。"老骡子回答。

第二天，小牛还想偷懒，就再次装病。当老骡子从田间回来时，小牛问道："今天怎么样？""还不错，我认为。"老骡子答道，"但耕种得还不是太多。"小牛又问道："老家伙说我什么了？""啥也没有对我说，"老骡子说，"但是，他停下来和屠夫说了好长时间的话。"

——懒惰是一种自我扼杀。

——《阅读训练题目11篇》

这是文章的正文内容，我们需要先跳过正文，快速审一下"考"什么。

1.小牛两次装病，第一次是：＿＿＿＿＿＿＿＿＿＿＿＿＿＿＿；
第二次是：＿＿＿＿＿＿＿＿＿＿＿＿＿＿＿＿＿＿＿。

2.小牛装病不耕田，却一再询问"老家伙说我什么了？"老家伙是谁？一再询问表明什么？

老家伙是：＿＿＿＿＿＿＿；一再询问表明＿＿＿＿＿＿＿＿＿＿。

3.短文中出现了骡子、牛，他们都是农村的力畜，还有一样是什么，你知道吗？＿＿＿＿＿＿＿＿＿＿＿＿＿＿＿＿。

4.老骡子和小牛的差距在哪里？＿＿＿＿＿＿＿＿＿＿＿＿＿。

5."他停下来和屠夫说了好长时间的话。"屠夫是干什么的？农夫和屠夫说话，意味什么？＿＿＿＿＿＿＿＿＿＿＿＿＿＿＿。

6.最后一处破折号的作用是？（　　）

　　A.解释说明　　　　B.话题突然转换　　　　C.声音延长

第1题和第2题主要考查的是"信息筛选"能力，这点我们一会儿可以边阅读边完成。

第 3 题考查我们的基本生活知识，大家可以思考一下，农村除了骡子和牛，"力畜"还有什么？我们知道，力畜是出力干活的，"马"是大家很容易想到的，所以这道题我们甚至都不需要阅读正文，就可以回答出来。

第 4 题其实考查的是我们的审美鉴赏能力，"差距在哪里"我们可以理解为"文中的老骡子和小牛的性格特点是什么？"一会儿阅读的时候就可以有目的地思考一下。

第 5 题考查更多的是理解深层含义的能力，需要我们联系实际生活来理解。

第 6 题考查的是基础的语文知识，"破折号"的作用，它的作用有这 3 种，我们需要回到文中看看是属于哪种。

通过审题明确了考核的内容和方向，这样我们在下一步阅读的时候就会更加有的放矢了。

阅读

第 2 步是阅读。这时候我们需要带着刚才的问题去阅读。当然，在阅读的过程中可以采用我们前面提到的阅读方法和技巧，比如"有节奏的阅读"，还有利用"关键词提取法"等技巧来高效阅读。

注意，我们在阅读的过程中，要认真仔细，如果第一遍没有读得特别明白，可以再读一遍，然后再进入下一步。

思考

第 3 步是思考，阅读完文章之后要思考一下作者这篇文章写的是什么"事情"、写了哪几个"人物"，以及作者想要表达什么态度和价值观。

对于上面的文章，我们很自然能够知道它写的是"老骡子"和"小牛"，事情就是"小牛偷懒不干活"，最后作者想要表达是"懒惰是一种自我扼杀"。所以说，最后这一句就是文章的中心句，点睛之笔。

做题

第4步是做题。在答题过程中要审清楚题，答案要结合文章内容，有的题型甚至可以直接引用原文作答。

第1题：小牛的两次装病，第一次是因为累了想休息；第二次是觉得"老家伙"没说什么，就想偷懒，然后大家组织一下自己的语言完成答题即可。

第2题：老家伙自然指的是"老农夫"，这个很简单。一再询问表明什么呢？这个题想要答出来，就需要我们的"共情"能力了。如果是我们自己"装病不上课"，然后找同学问老师有没有说什么的时候，会是什么心态呢？是不是会有一点儿"担心"呢？你看，我们跟"小牛"是一样的，所以在这里，小牛的心态就是担心，害怕会有什么不好的结果。

第3题：我们在"审题"的阶段就搞定了，这里不再重复。

第4题：我们之前说过，考查的其实是老骡子和小牛的性格特点。分析一下，老骡子不肯偷懒，那么它是"勤劳、负责任"的，相比之下，小牛是"懒惰的、不负责任、过于精明的"，分析好之后，答案自然就呈现了。

第5题：屠夫是"宰杀牲畜"的，这个是生活常识。那么"农夫和屠夫说话"，我们根据"屠夫"的职业就清楚，农夫可能是要宰杀牲畜。宰杀谁呢？不可能是一直勤劳负责的老骡子，那肯定是小牛了，为什么呢？因为小牛如果一直"偷懒不干活"，那么它就没有"用处"，只能被宰杀了。

第6题：我们来看破折号的作用。我们用"排除法"来分析一下，首先不是C，因为没有人说话，所以肯定不是声音的延长；其次，话题也没有转换，整个文章从上到下一直讲的是一件事情，所以不是B；因此，答案就是A"解释说明"。

答案都清楚了。而同学们需要学会这样的分析过程，最后再写出自己的答案。

检查

答完题之后，我们要通篇检查。需要检查的内容有：

1. 有没有题漏掉没有作答；

2. 审题是否正确，有没有出现答非所问的情况；

3. 答案有没有错别字，语句是否通顺，回答的问题是否完整。

第3节 阅读理解解题的3个技巧

对于阅读理解的题，虽然阅读内容总是不同的，但题目却是万变不离其宗。所以，我们可以总结出几个小技巧来应对不同类型的阅读理解。

顺藤摸瓜法

顺藤摸瓜法是指利用题目中给到的"藤"（关键词），去原文找"瓜"（答案）的方法。

我们来看看如何在做阅读理解的时候使用顺藤摸瓜法。

例：

自然界的时钟（节选）

有些人认为太阳的出现和潮汐的涨落为生物报了时。但这只是生物外在的条件。动植物生命的内部还有一个像时钟一样的机构——生物钟。正是靠着生物钟，花草才能感知时间，昆虫才能按时"赴约"。

问：什么叫生物钟？它的作用是什么？

——鄂教版《语文》二年级上册

（湖北教育出版社）

来分析一下，这道题目中，"生物钟"就是"藤"，我们要顺着这个"藤"去原文中找"瓜"。

首先，我们在原文中找到"生物钟"的位置，然后，反复多读几遍，理解它的意思。我们能够发现，文中"生物钟"的解释就是"动植物生命的内部还有一个像时钟一样的机构"。这样，这道题目的第一个问题就迎刃而解了。

接下来，我们看看"生物钟的作用是什么？"一般情况下，"瓜"都在"藤"的后面，所以我们仔细阅读一下原文中"生物钟"后面的内容："正是靠着生物钟，花草才能感知时间，昆虫才能按时'赴约'。"这就很明显了，生物钟的作用有两个：一是帮助花草感知时间，二是帮助昆虫按时"赴约"。

顺藤摸瓜法能够帮助我们快速定位关键词的位置，然后帮助我们从上下文中提取有用的信息。

顺藤摸瓜法是先在题目中确定"藤"是什么，然后回到原文中找到"藤"，最后结合上下文的内容，把答案这个"瓜"确定下来。

摘录摘抄法

摘录摘抄法就是直接摘录文章中的原话作答，有的时候摘录的是词语，有的时候摘录的是整句话。

举个例子来看看如何运用摘录摘抄法。

例：

七鳃鳗

从列宁格勒到库页岛的大大小小的河域里，生存着一种奇怪的鱼。它的身子又细又长，你乍一看还以为那是一条蛇呢！它的鳍没有生在身子两边，而是生在了背上和离尾巴很近的地方。它游泳的时候，身子扭来扭去的，确实很像一条蛇。它的皮软软的，没有鳞。它的嘴和普通的鱼嘴不一样，是一个漏斗形的圆孔，是个吸盘。你看到这吸盘，会觉得它根本不是鱼，而是巨大的水蛭。

在我们乡下，人们都叫它七孔鳗，因为在它的身体两侧，眼睛后面，每一边都长着七个呼吸孔。

七鳃鳗的幼鱼长得很像泥鳅。孩子们常用它们当鱼饵去钓食肉的大鱼。七鳃鳗有时候会用吸盘吸着大鱼，跟着大鱼在河里游逛，大鱼怎么也甩不掉它。渔人们还告诉我们，有时候七鳃鳗还会吸着水底下的石头。当它吸住石头后，就会拼命地扭动全身，不断地扭啊、拉啊，石头居然被搬动了——这种鱼的力气真够大的！七鳃鳗搬开石头后，就留在石头底下的坑里产卵。这种奇怪的鱼还有个学名叫石吸鳗。

——［苏］比安基《森林报》

（北京联合出版公司　叶德新　译）

问：

1. "七鳃鳗"又叫"七孔鳗"，这个名字的由来是因为什么？

2. 它的另外一个名字是什么？而这个名字的由来是因为什么？

3. 七鳃鳗是一种奇怪的鱼，它的奇怪体现在哪些方面呢？至少写出6条。

首先是第1题。通过仔细阅读文章，我们很容易找到在第2自然段中写道："在我们乡下，人们都叫它七孔鳗，因为在它的身体两侧，眼睛后面，每一边都长着七个呼吸孔。"

所以，答案呼之欲出了，就把"因为"后面的文字，原封不动地抄写下来就可以了。

1. 答：因为在它的身体两侧，眼睛后面，每一边都长着七个呼吸孔。

有的同学可能会觉得，这么容易，相当于开卷考试了啊。这当然不是开卷考试，我们能够这么快地解答出来的前提是在大脑中进行了一系列的分析。而且，并不是所有的题目都这么轻而易举。比如第2题。

第2题就有一点儿难度，"它的另外一个名字是什么？而这个名字的由来是因为什么？"它的另外一个名字比较容易，我们在文章的最后能找到答案，就是"石吸鳗"。不过这道题目的后半部分就需要我们的分析思考了。因为"石吸鳗"在最后一个自然段才出现，所以我们要仔细阅读最后一个自然段。通过阅读，我们了解到七鳃鳗用它的吸盘吸住大鱼，还会吸住石头，而且力气也非常大。所以答案在文中摘抄出来就可以了："七鳃鳗还会吸着水底下的石头。"

2. 答：石吸鳗。七鳃鳗还会吸着水底下的石头。

最后，我们来看最难的第 3 题。在分析这道题目的时候，我们可以借助上面提到的顺藤摸瓜法，确定"藤"是什么。很明显，"藤"是"奇怪的鱼"。然后我们再回到文中，定位"藤"的位置。在第 1 自然段开头"从列宁格勒到库页岛的大大小小的河域里，生存着一种奇怪的鱼"。很明显，在这句话的后面都是描写"奇怪的鱼"到底奇怪在哪里。我们就在后面分别找到"瓜"就可以了。

对于这种说明性的文体，我们在寻找这种题目中的"瓜"的时候，需要注意像"它的"这类代词。

我们能够很明显在文中找到"它的"，且一共有 5 个，而这 5 个就是"奇怪的鱼"的特点：

"从列宁格勒到库页岛的大大小小的河域里，生存着一种奇怪的鱼。它的身子又细又长，你乍一看还以为那是一条蛇呢！它的鳍没有生在身子两边，而是生在了背上和离尾巴很近的地方。它游泳的时候，身子扭来扭去的，确实很像一条蛇。它的皮软软的，没有鳞。它的嘴和普通的鱼嘴不一样，是一个漏斗形的圆孔，是个吸盘。你看到这吸盘，会觉得它根本不是鱼，而是巨大的水蛭。

"在我们乡下，人们都叫它七孔鳗，因为在它的身体两侧，眼睛后面，每一边都长着七个呼吸孔。"

我们使用摘录摘抄法，把"它的"后面的内容照抄下来就可以了：

1. 身子又细又长；

2. 鳍没有生在身子两边，而是生在了背上和离尾巴很近的地方；

3. 皮软软的，没有鳞；

4. 嘴和普通的鱼嘴不一样，是一个漏斗形的圆孔，是个吸盘；

5. 身体两侧，眼睛后面，每一边都长着七个呼吸孔。

那还少一个怎么办呢？其实最后一条我们在前面已经接触到了，就是它另一个名字的原因。在最后一个自然段中间的部分写道"七鳃鳗还会吸着水底下的石头"。

所以第6条特点就是：

6. 会吸着水底下的石头。

总结一下，摘录摘抄法虽然看起来很简单，直接摘抄原词原句就可以了，但是在摘抄之前需要我们认真动脑思考，分析。有的时候也需要结合其他的方法，比如刚才我们就结合了顺藤摸瓜法。

关键词理解法

在很多阅读理解题中，会要求你通过某个关键词来理解文中所表达的意思。很多同学遇到这种题目就比较容易抓狂，不知道如何作答。

接下来我们就以一个案例来讲讲如何做这类阅读理解题。

攒 钱

那天晚上，我在灯下写作业，妈妈在我旁边，埋头补着衬衫。那是件很破旧的衬衫，领口卷曲着，袖口的布也磨破了。我知道，妈妈就两件衬衫，换着穿。她自己这样节省，为的是让我们能吃好、穿好、好好读书。望着妈妈消瘦的脸庞，我突然萌发了一个小小的念头，要为妈妈做一件小事。

第二天中午放学时，我肚子饿得咕咕直叫。校门外正好有卖饼的，很多同学都涌过去。我忍不住把手伸向口袋，可一想起妈妈那件打着补丁的衬衫，便本能地缩回了手。就这样，我攒起了钱，一元一元地凑。那钱里包含着多少次渴望，多少次忍耐。

一年过去了，终于等来了妈妈的生日。我把自己攒的零花钱给妈妈买了一件天蓝色衬衫，捧给她时，她先是一愣，随即一把搂住我："好孩子，你长大了，懂事了！"

我用行动证实自己长大了。长大的含义，其实并不复杂。

——《六年级课外阅读精选1》

问：

"那钱里包含着多少次渴望，多少次忍耐。"其中的"渴望"与"忍耐"分别指什么？表达了作者怎样的思想感情？

遇到这种需要根据关键词来理解文章含义题目的时候，一般有这样几个步骤：

1. 找到关键词在文中的位置；

2. 联系上下文，明确关键词"代表"的是什么；

3. 结合全文，理解关键词"表达"的是什么情感。

根据这样的方法，我们一步一步地分析。

1. 找到关键词"渴望"和"忍耐"在文中的位置。这很容易，我们在第2自然段的最后一句话，"那钱里包含着多少次渴望，多少次忍耐"，即可找到。

2. 联系上下文，我们要先明确"渴望"和"忍耐"分别代表什么。我们先来分析"渴望"，我们知道作者之所以攒钱，是因为他看到妈妈就两件衬衫，而且还是很破旧的衬衫，所以想要为妈妈做点儿小事。再结合最后一个自然段，最后送给了妈妈一件天蓝色的衬衫，综合分析，我们就知道"渴望"指的是：给妈妈买一件新衬衫的愿望。

再来分析一下"忍耐"。在第2自然段里写道，为了要攒钱给妈妈买衬衫，一元钱一元钱地凑，所以不得不省吃俭用，结果中午不能吃饭，肚子饿得咕咕叫。综合分析，就知道"忍耐"指的是：忍受饥饿的煎熬。

3. 结合全文，理解关键词"渴望"和"忍耐"表达的是什么情感。其实这并不难，之所以作者一次又一次地"忍耐"饥饿，就是因为有一个"渴望"，希望给妈妈买一件新衣服。作者这么做的原因是看到"妈妈那件很旧的衬衫，领口卷曲着，袖口的布也磨破了"。想到了妈妈为了让自己能够吃好、穿好、读好书而付出了很多，想要报答妈妈。所以，这里面所蕴含的感情就是：对妈妈的感恩之情，希望通过自己做的一点儿小事来孝敬父母、关心父母的感情。

这种题目乍一看好像没有思路、没有头绪，其实只需要按照步骤分析和思考，就会逐渐找到答案。

想更好地完成阅读理解题，重要的不仅仅是方法和技巧，更重要的是做到多练习、多思考。只有这样，才能不断提高自己的阅读能力和解题能力。

知识矩阵 >>>>

在第十一章中，我们一共讲解了语文阅读理解解题的 5 个知识点。这些知识点能够让我们更有方法、更有思路地完成阅读理解题，从而提升自己的语文能力。

阅读理解考查的 3 个能力

1. 信息筛选能力
2. 审美鉴赏能力
3. 深层分析能力

摘录摘抄法

摘录摘抄法，就是直接摘录文章中的原话作答，有的时候摘录的是词语，有的时候摘录的是整句话

顺藤摸瓜法

顺藤摸瓜法，是利用题目中给的"藤"（关键词），到原文中找到"瓜"（答案）的方法。

阅读理解解题的 5 个步骤

1. 审题：通过审题判断考察重点，获得阅读目的
2. 阅读：在阅读过程中带着问题阅读
3. 思考：读完之后，思考作者的写作内容和写作意图
4. 做题：在做题时要善于思考和总结
5. 检查：检查答案的内容与书写

关键词理解法的 3 个步骤

1. 找到关键词在文中的位置
2. 联系上下文，明确关键词"代表"的是什么
3. 结合全文，理解关键词"表达"的是什么情感

任务卡片 >>>

知识需要从"知道"到"做到"，而在这个过程中，我们需要完成一系列的小任务哦！

 Task

制订阅读理解做题计划

制订一份适合自己的阅读理解题做题计划，并按计划完成

One

 Task

每日总结与反思

结合议论文阅读的3个重点，完成一篇议论文的阅读

Two

 Task

总结反思笔记本

根据总结与反思的内容，将自己的心得与感受记录到一个笔记本中

Three

 Task

系统的阅读力提升训练

完成一整套的阅读力系统训练，包括：固点凝视训练、眼部基础能力训练、视幅范围训练、一目多字训练和文章测试

Four

 Task

文章限时闯关训练

根据自己的实际情况，完成相应速度级别的文章闯关。一定要选择比自己阅读速度高的关卡哦

Five

 Task

周末的亲子游戏时间

跟爸爸或妈妈分享自己本周的学习心得

Six

高效阅读自我检测文章及答案

阅读速度（每分钟阅读字数）计算公式：文章字数 ×60/ 阅读所用时间（秒）；
阅读效率计算公式：阅读速度 × 理解率

我们的先生（723 字）

从今天起，现在的先生也可爱起来了。我们进教室去的时候，先生已在位子上坐着。先生前学年教过的学生们都从门口探进头来和先生招呼。"先生早安！""配巴尼先生早安！"大家这样说着。其中也有走进教室来和先生匆忙地握了手就出去的。可知大家都爱慕这位先生，今年也想请他教。先生也说着"早安"去拉学生伸着的手，却是不看学生的脸。和他们招呼的时候，虽也现出笑容，额上皱纹一蹙，脸孔就板起来，并且把脸对着窗外，注视着对面的屋顶，好像他和学生们招呼是很苦的。完了以后，先生又把我们一一地注视，叫我们默写，自己下了讲台在桌位间巡回。看见有一个面上生着红粒的学生，就让他中止默写，两手托了他的头查看，又摸他的额，问他有没有发热。这时先生后面有一个学生趁着先生看不见，跳上椅子玩起洋娃娃来。恰好先生回过头去，那学生就急忙坐下，俯了头预备受责。先生把手按在他的头上，只说："下次不要再做这种事了！"其他什么都没有说。

默写完了，先生又沉默了，看着我们好一会儿，用粗大的亲切的声音这样说：

"大家听我说！我们从此要同处一年，让我们好好地过这一年吧！大家要用功，要规矩。我没有一个家属，你们就是我的家属。去年以前，我还有母亲，母亲死了以后，我只有一个人了！你们以外，我没有别的家属在世界上，除了你们，我没有可爱的人！你们是我的儿子，我爱你们，请你们也喜欢我！我一个都不愿责罚你们，请将你们的真心给我看看！请你们全班成为一家，给我慰藉，给我荣耀！我现在并不要你们用口来答应我，我确已知道你们已在心里答应我'愿意'了。我感谢你们。"

这时校役来通知放学，我们很静很静地离开座位。那个跳上椅子的学生走到先生的身旁，抖抖索索地说："先生！饶了我这次！"先生用嘴亲着他的额说："快回去！好孩子！"

——[意]亚米契斯《爱的教育》

（北京联合出版公司　夏丏尊　译）

请完成下列测试题，满分100分。

一、选择题（共40分，每道10分）

1.从（　　）起，现在的先生也可爱起来了。

  A.昨天   B.今天   C.明天   D.前天

2.这时先生后面有一个学生趁着先生看不见，跳上椅子玩起（　　）来。

  A.动物   B.怪兽   C.洋娃娃   D.木偶

3."大家听我说！我们从此要同处一年，让我们好好地过这（　　）吧！大家要用功，要规矩。

  A.一年   B.二年   C.三年   D.四年

4.学生抖抖索索地说："先生！饶了我这次！"先生用嘴亲着他的（　　）说："快回去！好孩子！"

  A.左脸颊 B.右脸颊   C.额   D.手背

二、填空题（共40分，每空5分）

1.其中也有走进教室来和先生（　　）地握了手就出去的。可知大家都（　　）这位先生，今年也想请他教。

2.和他们招呼的时候，虽也现出（　　），额上皱纹一蹙，脸孔就（　　），并且把脸对着窗外，注视着对面的（　　），好像他和学生们招呼是很苦的。

3.我一个都不愿（　　）你们，请将你们的真心给我看看！请你们全班成为一家，给我（　　），给我（　　）！

三、判断题（共20分，每道10分）

1.配巴尼先生对于以前学生的问候，感觉到特别开心。（　　）

2.配巴尼先生告诉学生们，他们就是他的唯一的家人。（　　）

灾　难（736字）

学年开始就发生了意外的事情。今晨到学校去，我和父亲正谈着先生所说的话。忽然见路上人满了，都奔入校门去。父亲就说：

"出了什么意外的事了？学年才开始，真不凑巧！"

好不容易，我们进了学校，人满了，大大的房子里充满了儿童和家属。听见他们说："可怜啊！洛佩谛！"从人山人海中，警察的帽子看见了，校长先生的光秃秃的头也看见了。接着又走进来了一个戴着高冠的绅士，大家说："医生来了！"父亲问一个先生："究竟怎么了？"先生回答说："被车子轧伤了！""脚骨碎了！"又一先生说。原来是洛佩谛，是二年级的学生。上学来的时候，有一个一年级的小学生忽然松开了母亲的手，倒在街上了。这时，街车正往他倒下的地方驶来。洛佩谛眼见这小孩将被车子轧伤，大胆地跳了过去，把他拖救出来。不料来不及拖出自己的脚，被车子轧伤了。洛佩谛是个炮兵大尉的儿子。正在听他们叙述这些话的时候，突然有一个妇人发狂似的奔到，从人堆里挣扎进来，这就是洛佩谛的母亲。另一个妇人同时跑拢去，抱了洛佩谛的母亲的头颈啜泣，这就是被救出的小孩的母亲。两个妇人向室内跑去，我们在外边可以听到她们"啊！洛佩谛呀！我的孩子呀"的哭叫声。

立刻，有一辆马车停在校门口。校长先生抱了洛佩谛出来。洛佩谛把头伏在校长先生肩上，脸色苍白，眼睛闭着。大家都静默了，洛佩谛母亲的哭声也听得出了。不一会儿，校长先生将抱在手里的受伤的人给大家看，父兄们、学生们、先生们都齐声说："洛佩谛！好勇敢！可怜的孩子！"靠近一点的先生学生们都去吻洛佩谛的手。这时洛佩谛睁开他的眼说："我的书包呢？"被救的孩子的母亲拿书包给他看，流着眼泪说："让我拿吧，让我替你拿去吧。"洛佩谛的母亲脸上现出微笑。许多人出了门，很小心地把洛佩谛载入马车。马车就慢慢地驶去，我们都默默地走进教室。

——[意]亚米契斯《爱的教育》

（北京联合出版公司　夏丏尊　译）

请完成下列测试题，满分 100 分。

一、选择题（共 40 分，每道 10 分）

1.洛佩谛是（　　）学生。

    A.二年级　　　　　B.三年级　　　　　C.四年级　　　　　D.五年级

2.两个妇人向（　　）跑去，我们在外边可以听到她们"啊！洛佩谛呀！我的孩子呀"的哭叫声。

    A.学校　　　　　　B.室内　　　　　　C.大厅　　　　　　D.办公室

3.靠近一点的先生学生们都去吻洛佩谛的手。这时洛佩谛睁开他的眼说："我的

（　　）呢？”

    A.衣服　　　　　B.帽子　　　　　C.手套　　　　　D.书包

    4.许多人出了门，很小心地把洛佩谛载入（　　）。

    A.汽车　　　　　B.马车　　　　　C.三轮车　　　　　D.手推车

二、填空题（共40分，每空5分）

    1.从人山人海中，警察的（　　）看见了，校长先生的（　　）的头也看见了。接着又走进来了一个戴着高冠的（　　），大家说：“（　　）来了！”父亲问一个先生：“究竟怎么了？”

    2.洛佩谛眼见这小孩将被车子（　　），大胆地（　　）了过去，把他拖救出来。不料他来不及拖出自己的脚，被车子轧伤了。

    3.洛佩谛把头伏在（　　）先生肩上，脸色（　　），眼睛闭着。

三、判断题（共20分，每道10分）

    1.学年开始就发生了一件不意外的事情。（　　）

    2.所有人都认为洛佩谛是一位勇敢的小天使。（　　）

乌鸦的奶酪（2228字）

    在清凌凌的小溪旁，有一片绿油油的草地，草地上挺立着一株高大茂密的山毛榉树。

    繁花绿草，景色宜人，列那跑到这里，心旷神怡，禁不住想跳到欢腾的溪水里洗个澡。

    洗完澡，为让身上的皮毛干得快点，他便在青草地上打着滚儿玩。

    他本想舒舒坦坦睡一会儿，无奈饥肠辘辘，先得找点儿吃的填填肚子。

    离这里没多远的地方，有一户农家，那家的农妇做了许多奶酪，正放在太阳光下晒干。一只叫田斯兰的乌鸦被奶酪的香味吸引住了，他在这诱人的奶酪上面飞来飞去。农妇并没有提防他，回到屋子里去了。乌鸦赶紧抖动翅膀，扑下来叼去了一块奶酪。

    正在这时候，农妇从屋里面走出来，看到乌鸦，就大声吼起来：“小偷，下流的小偷，你还不放下奶酪！”她捡了许多石块，狠狠向他扔去，可是没有一颗打中。田斯兰呢，把抢到的东西紧紧地衔在嘴里，向她冷笑着喊叫："老太太，你有那么多奶酪，给我一块算什么？还是赶快去提防那些贪吃的狼吧！他们的胃口可比我大多啦！这块奶酪好像很合我的口味。好太太，我吃着奶酪的时候，一定会想起你的。

看上去它的味道不错，我希望它吃起来更可口。啊，别打我了，你对其他的动物可要格外当心些！"

田斯兰抓着奶酪，寻找理想的进餐场所，最后他选定了河边这棵高大的山毛榉树。他觉得，再也没有比这儿更好的餐厅了：环境优美，安全舒适，还有清凌凌的河水可以在用餐后漱口，一切的一切好像都是为他准备的。他找了一个比较舒服的树枝落脚，开始狼吞虎咽地吃起奶酪来。他用很坚硬的嘴来啄奶酪，很利索地剥去了表皮。就这样，碎皮屑从树上落下来，正好落在树下胡思乱想的列那头上。这时，列那正在山毛榉树底下为找吃的而急得团团转呢！列那耸了耸鼻子，马上知道这是什么好东西了。他抬起头来找寻这些奶酪皮屑是从哪儿掉下来的。很快他发现一只乌鸦正藏在树叶里，一小口一小口地吃着那偷来的奶酪。

"啊！上面不是田斯兰先生吗？伙计，您身体好吗？"

听到列那的声音，正在吞吃奶酪的乌鸦吓得呛了一下，没好气地骂了不速之客一通："别再假客气了，我很清楚你在打什么主意……我老婆布吕娜就是上了你的当才送命的。但是，任凭你鼓动如簧之舌，也别想靠甜言蜜语把我抓去。"

"你走开，让我安安静静地吃完自己的奶酪。"

"我很愿意走开，"列那客气地回答，"不过要在听到您从父亲那儿继承下来的美妙歌声在大树底下回荡以后，我才会离开。我不但现在说，而且将来还要说，听到您那神奇的歌声，人人都会心旷神怡，连夜莺也只好甘拜下风，不敢出声……您能不计前嫌，唱两句给我听听吗？"

田斯兰被列那的甜言蜜语搞得昏头昏脑，立刻张开嘴巴，"啊啊"地大叫了几声。

虽然列那被田斯兰沙哑的叫声吵得很不舒服，但他依然亲切地笑着说："啊，田斯兰，您唱得真好听！不过您站在那么高的地方，我听得不太清楚，请把声音再提高一些，可以吗？"

乌鸦田斯兰感觉，自己的才能还没有充分地显露出来，在列那的怂恿下，他吸足气，发出了尖叫声，希望能创造一个高音纪录，以震撼列那。

"真是棒极了，"奶酪没到手，列那仍然不依不饶，"若是您能戒掉一些对您嗓子不利的食物，像核桃啦、松子啦，我想，您一定会成为比您父亲更出色的歌手！"

听了列那的这些话，田斯兰实在太为自己感到自豪了。于是，他聚集了全身的力气，准备发出世界上最了不起的声音来。这时的田斯兰，早忘了他的奶酪了，忘乎所以地振翅高歌起来，美味的奶酪就这样从他的爪子中滑了出来，掉在了列那面前。

看到奶酪掉了下去，田斯兰的叫声戛然而止，愣住了。

但是，列那想要的不只是一点儿奶酪，而是一顿完美的午餐。因此，他暂时不理会奶酪，站立起来，跛着脚走了几步，装出要离开的样子，并且抱怨地说："唉，我不走运啊！我远道而来，是为了休养一下我最近受了伤的脚。您的歌声，使我暂时忘记了脚的痛苦。可偏偏就在这个时候，一股臭味儿使我不能忍受。原来是树上掉下来一块脏东西！如果您不下来帮一下忙，把它弄走，我就不能再继续欣赏你那美妙的歌声了。我受伤的脚痛得很厉害，瞧，连这点儿臭东西都弄不开。朋友，您是喜欢这种食物的，为什么不快快下来吃掉它并解除我的痛苦呢？"

田斯兰的确舍不得丢掉他的奶酪，所以马上飞了下来。可一到了地面上，他还是相当警惕，不随便往前走一步。

"您怎么啦？"列那用和蔼可亲而温柔的声音说，"瞧，我的脚痛得动也不能动了，您还怕什么呢？"

"我不是害怕。"田斯兰边走边回答。谁知列那却再也不能等下去了。他身子一纵，凶相毕露地向田斯兰扑去。可是，田斯兰离得相当远，反应又很快，马上飞了起来，让列那扑了个空。不过还是损失了几根羽毛和他的奶酪。

"你这个恶棍！"田斯兰气得发疯，"我真蠢，竟然被你的谎话蒙蔽！强盗！该死的红毛狐狸！我一开始就知道你迟早要下毒手，但刚才我还是掉以轻心了。唉，我可怜的尾巴上掉了四根漂亮的羽毛。"

"您不要生气，"列那面不改色心不跳地强辩，"我正在发烧，头脑有些不清醒，刚才那是下意识的动作，我自己都不明白为什么会那么做……"

"算了吧，你还好意思说。今天你赚了，但也就是那块奶酪和我的四根羽毛。除非有一天你能长出翅膀来，否则休想吃到我的肉。这一次我总算彻底看清了你，以后你说什么我也不会相信了。"

"管你以后相信什么，"列那反唇相讥，"见你的鬼去吧，我现在想的就是安安静静地享用这块奶酪了，今天算你命大，下次你就不会有这么好的运气了。"

乌鸦田斯兰又愤怒又沮丧地飞走了。列那边吃奶酪边看着田斯兰的背影，感觉很可惜。当然，他可惜的不是听不到田斯兰的美妙歌声了，而是午餐本来可以有乌鸦肉吃的，现在呢，只好吃素了。

——［法］季诺夫人《列那狐》

（北京联合出版公司　龙婧　译）

请完成下列测试题，满分 100 分。

一、选择题（共 50 分，每道 10 分）

1.乌鸦的名字叫（　　）。

A.田斯兰　　　　B.田兰斯　　　　C.斯田兰　　　　D.斯兰田

2.乌鸦抓着奶酪，寻找理想的进餐场所，最后他选定了河边这棵高大的（　　）。

A.桦树　　　　B.松树　　　　C.榉树　　　　D.橡树

3.唉，我可怜的尾巴上掉了（　　）漂亮的羽毛。

A.三根　　　　B.四根　　　　C.五根　　　　D.六根

4.若是您能戒掉一些对您嗓子不利的食物，像（　　）啦、松子啦，我想，您一定会成为比您父亲更出色的歌手！"

A.山楂　　　　B.奶酪　　　　C.核桃　　　　D.樱桃

5.但是，列那想要的不只是一点儿奶酪，而是一顿完美的（　　）。

A.早餐　　　　B.午餐　　　　C.晚餐　　　　D.邂逅

二、填空题（共 30 分，每空 5 分）

1.繁花绿草，（　　），列那跑到这里，心旷神怡，禁不住想跳到（　　）的溪水里洗个澡。

2.乌鸦被列那的甜言蜜语搞得（　　），立刻张开嘴巴，"（　　）"地大叫了几声。

3.乌鸦田斯兰又愤怒又（　　）地飞走了。列那边吃奶酪边看着乌鸦的背影，感觉很（　　）。

三、判断题（共 20 分，每道 10 分）

1.列那骗乌鸦唱歌，导致乌鸦的奶酪掉了下来。（　　）

2.列那最后只吃到了干巴巴的奶酪。（　　）

列那狐染布（2168 字）

列那把叶森格仑害得那么惨，他当然知道叶森格仑非常恨他。几个朋友也曾经来向他透露过叶森格仑的复仇计划。列那非常心虚，成天待在家里。他也正好顺便利用在家这段时间管教一下自己的孩子们，给他们上一些有用的课，教他们一些谋生的本领。同时也可以关心和照顾一下他可爱的妻子海默琳，他帮她收拾房间，准备饭菜，还为她设计各种美丽时尚的发型。一家人和和美美，快快乐乐，他感到从没有过的舒适和温馨。同时，他还把马贝渡城堡重新修理加固，以防袭击。

但是，久而久之，他又开始不安分了，并且厌倦这种过于安静的日子了。另外，对于海默琳精心做成的那些食物，吃的时间长了他当然也感到有些乏味而不满足了。他又开始想吃些鲜嫩的母鸡了。于是，他打了个哈欠，伸了伸懒腰，然后向夫人说要出去。

海默琳一听，大声说："亲爱的，你要出门我从不阻拦，但你要格外谨慎啊！叶森格仑的怒气还未消，他还在外面等着找你报仇雪恨呢，千万不要落到他手里啊！"

列那向她发誓绝不会粗心大意。再说家里也确实有必要补充些食物了，于是全家人看着他走出了门。

叶森格仑呢，他始终没有离开过马贝渡城堡附近。他常在城堡的周围侦察列那的动向，以便寻找机会抓住这个狡猾的列那，狠狠地教训他一顿。他越想越恨，终夜不眠，而且饮食也不好，脾气变得坏透了。他对列那的仇恨，不但没有因为时间的流逝而减少，相反却与日俱增。他想，光是惩罚他一顿是不解恨的，一定要杀死他才甘心！

一天又一天，正当他守候得有点儿疲倦时，他不由得想起了家中的妻子海德逊太太和孩子们，他们一定也很惦记他，想念他了。他忽然想要回家去。正当他起身准备暂时离开仇人的房前时，忽然看见大门被轻轻地推开了，列那往外探头探脑，像是想要出来。

叶森格仑马上振作起来，想到复仇的机会就在眼前，禁不住兴奋得浑身发抖。他又潜伏在树丛里，等时机一到，就跳出来动手。他咬着牙自言自语地说："到底等到你了。我断尾的痛苦，我打钟时受到的折磨，还有你给我造成的一切灾难，我都要你今天通通偿还！"

然而，列那可没那么傻，他知道马上笔直地向前走去，肯定会落入叶森格仑的袭击圈内，所以他关上门后，便小心地紧贴着墙壁走，绕着屋子先兜了一个圈子，准备见机行事。

见列那久久地不走近树丛，叶森格仑有点儿沉不住气了。本来他可以继续隐藏在树丛里，到时候再跳出来，出其不意地抓住列那，可现在他害怕失去机会，于是从潜伏地方钻出来，撒腿去追列那。

听到附近呼呼的声音，列那竖起耳朵，马上明白仇人追来了。于是一场追逐开始了。

列那睡得好，吃得好，经过好几天充分的休养，现在一呼吸到大自然的新鲜空气，头脑特别清醒，精神抖擞地在前面飞跑。

恰巧相反，叶森格仑已经变得很疲劳，加上一直吃不好，又长期在露天守候空等，因此他根本不像平时那么雄壮勇猛。可是，满肚子的气愤和复仇的怒火使他鼓起劲来冲上去。他紧紧地顺着列那的踪迹穷追不舍。

列那跑起来故意让人捉摸不定，他不时改变路线。当人家以为他在这里时，他却出现在那里。刚刚看到他在右边大路上飞奔，转眼间又失去踪影，仿佛钻进了一个地洞，使得叶森格仑又急又躁，无法知道他究竟逃向了哪里。幸亏叶森格仑很快又重新找到了列那的足迹，于是又继续穷追。就这么追呀追呀，到底叶森格仑身大力不亏，而列那却弱小得多，列那渐渐感到体力支持不住，以为这下子完蛋了。他灵机一动，突然掉转头来，向右面一跳，朝着一栋房子跑去。那栋房子门前堆放着许多装满颜料的大木桶。列那一纵身子，原本打算越过木桶进入室内，躲到那所似乎无人在内的屋子里去。然而一路上拼命地狂奔已经使他精疲力竭，他跳得不够远，正好不偏不斜地跌进一个颜料桶里。他淹没在颜料里，感到呼吸困难，气味刺鼻，难受得眼泪直流，还打喷嚏、咳嗽。

"若是我依旧不发出声音，我很快就会消耗完力气，沉下去淹死，就像一只耗子；若是呼救呢，染布匠就会过来把我砸死，轻而易举。不过，他也可能不愿糟蹋他的一缸染料，他若是这样想，我就有办法骗他了。还是叫的好！"

主意已定，列那立即高声呼叫"救命"，一声接一声，凄厉尖亮。很快，染布匠不知从哪个角落出现，拼命赶来。他推开门，染缸里不知是什么畜生的鬼模样，把他惊得目瞪口呆。

"真难以置信！"他一手操起粗大的搅棒，一边想，"这是什么怪物？他怎么到里面去的？……不管这些，先砸烂他的脑袋再说！"

"住手，我的好心大人！在没有弄清楚我是谁之前，千万不要下手！我是您的同行，或许搞染布这一行当，比您的历史还长呢！我是来帮助您搞新配方的。您瞧！刚才我正在搅拌溶液呢。这种配方染得均匀，又好染，巴黎的作坊都是这样做的，我以前还曾在巴黎当过学徒呢！来，先把我拉出来再说。让我隔开一段距离，仔细看看效果。"

列那伸出爪子。染布匠虽然惊奇，仍然伸出手拉了一下。他拉了又马上把手缩回来，生怕挨咬。可是这一下已经够了：列那猛地蹿上窗台，身上还滴滴答答地掉溶液。窗外就是田野和森林了。

"染布匠先生，"列那笑着说，"下一步的活儿就请您自己干了。工作要认真，一定要搞出好配方！我不想再参与此事。刚才，我是偶然跳进缸里看看的，好玩而已，差点儿要了我的命。至于对您的配方有什么评价，过些天再说吧。眼下，我觉得它还行：瞧我这一身，简直就像地狱里的精灵！"

　　说毕，当着这位老好人的面，列那轻抖身子，使毛干得快些，然后轻轻一跳，向林子跑去，转眼间无影无踪。那天，列那空着肚子在林子里睡了一夜。

——[法]季诺夫人《列那狐》

（北京联合出版公司　龙婧　译）

请完成下列测试题，满分100分。

一、选择题（共40分，每道10分）

　　1.几个朋友也曾经来向他透露过叶森格仑的复仇计划。列那非常（　　）。

　　　　A.放松　　　　　B.紧张　　　　　C.心虚　　　　　D.恐惧

　　2.他又开始想吃些鲜嫩的（　　）了。于是，他打了个哈欠，伸了伸懒腰，然后向夫人说要出去。

　　　　A.公鸡　　　　　B.母鸡　　　　　C.小样　　　　　D.肥鸭

　　3.叶森格仑又潜伏在（　　），等时机一到，就跳出来动手。

　　　　A.城堡后　　　　B.草堆里　　　　C.树上　　　　　D.树丛里

　　4.刚才我正在搅拌溶液呢。这种配方染得均匀，又好染，（　　）的作坊都是这样做的。

　　　　A.巴黎　　　　　B.伦敦　　　　　C.罗马　　　　　D.都灵

二、填空题（共40分，每空5分）

　　1.他对列那的（　　），不但没有因为时间的流逝而减少，相反却（　　）。

　　2.听到附近（　　）的声音，列那竖起耳朵，马上明白仇人追来了。于是一场（　　）开始了。

　　3.他淹没在颜料里，感到（　　），气味（　　），难受得眼泪直流，还打喷嚏、咳嗽。

　　4.列那轻抖身子，使毛干得快些，然后（　　），转眼间无影无踪。那天，列那空着肚子在（　　）里睡了一夜。

三、判断题（共20分，每道10分）

　　1.叶森格仑轻而易举就能追上列那。（　　）

2.列那真的是一个染布工。（　　）

捣蛋的木偶——匹诺曹（2047字）

杰佩托的家是一处狭小的地下室，楼梯的底端有一扇小小的窗子透着微光。一把残破的椅子、一张陈旧的床和一张摇摇欲坠的小桌子拼凑成了一个极其简单的陋室。除了外面这几样可怜的家具，里面倒是显得有些生气，墙上有个小壁炉，生着火，红红的火苗上热着一口小锅，锅里正冒着滚滚的热气。可是仔细一看，呀！这些竟然都是画出来的，就连冒出来的热气都画得特别生动，像是真的一样。

杰佩托刚一走进家门，立马就拿出工具，着手刻他的木偶。

"我要称呼他什么好呢？"杰佩托一个人嘟囔道，"我就叫他匹诺曹吧，这将会是一个带给他幸福的名字。因为我知道有一家子，他们都叫匹诺曹：匹诺曹爸爸、匹诺曹妈妈、匹诺曹孩子们……这一家人都非常幸运，尤其是那个靠乞讨为生的，过得很富有。"杰佩托给木偶选定了称呼，就专心工作起来，专心地挥舞着他手中的刻刀。头发、脑门儿、眼睛，一一呈现。

木偶的两只眼睛刚刚刻好，竟然就自己骨碌碌地转了起来，非常生动，接着就目不转睛地瞪着杰佩托。大家想象一下，看到这一情景的杰佩托该有多吃惊吧！然而被这双活的木头眼睛瞪得实在受不了，杰佩托终于恼怒地说：

"可恶的木头眼睛，你干吗瞪着我？"

没有回应。

刻好了眼睛，接下来是鼻子。鼻子刚刻好，他就开始疯狂地长起来，长着，长着，长着，一直到长成了一个特别长特别长的鼻子，似乎还没有停止长下去的意思。

可怜的杰佩托动手把鼻子弄短，可他越是截断，这鼻子反倒越是没完没了地变长，真是毫不客气。

鼻子刻好之后就该刻嘴巴了。可是嘴巴还没刻好呢，竟然就咧开嘴角笑了起来！

"不许笑！"杰佩托恼怒地说。然而这句话像是对着空气说的，没有得到任何回应。

"我再重申一遍，不准笑！"他用恐吓人的语气大吼。

于是嘴巴不再咧着嘴角，却调皮地伸出了整条舌头。

这次杰佩托为了不浪费时间而误了进度，便假装什么都没看见，继续挥动他手中的刻刀。

把嘴巴刻好之后，下巴、脖子、肩膀，然后是肚子，再然后是胳膊和手，都依次在杰佩托的手中成了形。

就在他刚刚把手指尖的最后一刀落成的时候，杰佩托突然觉得头上的假发被拽掉了。他抬头一看，脸色都变了，大家是不是已经猜到发生了什么？只见木偶的手里正摆弄着杰佩托那顶黄色的假发呢。

"匹诺曹！快把头发还我！"

可匹诺曹非但没还给他假发，还把他戴到自己头上。弄得他整个头都被假发遮住了，差点儿闷得不能呼吸。

木偶如此不懂事，杰佩托觉得生平第一次这样难过。于是他面对匹诺曹难过地说：

"我还没把你做完呢，你这个坏家伙，就已经如此不孝敬你可怜的老父亲了！太糟糕了，我的孩子，你这样真的是太坏了！"说完他抹去眼泪。

说完杰佩托就继续刻腿和脚了。

在脚刚刚被刻好的一刹那，杰佩托就觉得鼻尖上被踢了一下。

"我真是活该受罪！"杰佩托感慨地说道，"如果一开始就能想到这一点该多好！现在一切都晚了！"

他打算教他走路，于是架起木偶的胳肢窝，小心地把他放在地板上。

开始匹诺曹的腿十分麻木，硬挺挺的不会挪动。杰佩托便扶着他的手，耐心地教他一点一点挪动双腿，练习走路。

等腿刚能迈开步子，匹诺曹就已经迫不及待地开始自己走了，兴奋得满屋子乱蹦乱跳，最后竟然冲出大门，逃到街上，跑了。

可怜的杰佩托拼命地追赶，怎么能追得上呢！小坏蛋匹诺曹像只野兔一般，欢蹦乱跳。一双木脚像石头一般撞击着路面，噼里啪啦的声音就像二十双农民的木头鞋一齐在响。

"抓住他！快抓住他！"杰佩托大叫着求救。可街上的人看见一个跑得像匹小马驹一样的木偶，都觉得惊奇，只是停下来好奇地张望，忍不住哈哈大笑，真是笑得肆无忌惮。

幸运的是有一个警察听到了人们的吵闹声，误以为是谁家的小马驹逃脱了，为了避免其闯祸，警察就大胆地横在道路中间，并且叉开他那粗壮的大腿，准备阻拦。

匹诺曹在很远处就看见警察拦住了整条街，心想只能从他两腿之间猛冲过去了，可是他的计划失败了。

警察毫不费力地一把就抓住了匹诺曹的鼻子（他的鼻子这么长，像是特地做出来方便警察抓的），把他还给了杰佩托。杰佩托真想马上狠狠地拉住他的耳朵，好好地教训他一顿，可这想法却让他自己吃了一惊！因为他前后左右翻看着，竟找不到耳朵，大家想想这究竟是怎么一回事啊？原来他拼命地赶工时，却忘了为他刻两只耳朵。

杰佩托打算把木偶带回家，既然没有耳朵可揪，只好揪住了他的颈背，同时晃着脑袋威胁他说：

"咱们马上回家，到了家，我一定好好跟你算账！"

匹诺曹听到这样的狠话，瞬间就躺倒在地上，赖着不肯走。这时很多有强烈好奇心的闲人们都赶来凑热闹，一下子就聚成了一个小集会。

大家你一言我一语地议论着。

"这木偶真可怜！"有人说，"他不回家也没错啊！天晓得杰佩托这凶老头会如何收拾他呢……"

还有人心怀不轨地接着话茬儿说道：

"杰佩托这老家伙，表面看着仁慈，对孩子可真凶！如果这个可怜的木偶栽到他手里，肯定被他剁成碎木屑……"

总而言之，被他们这么胡乱地议论着，那位警察竟然放开了匹诺曹，反倒把可怜的杰佩托抓到监狱。在去往监狱的路上，杰佩托断断续续地抽泣着说：

"可恶的小坏蛋！我原本辛辛苦苦是想做出个好木偶！结果却是自作自受！早知如此，当初我真该再多想一想啊！"

——［意］卡尔洛·科洛迪《木偶奇遇记》

（北京联合出版公司　筱菲　译）

请完成下列测试题，满分 100 分。

一、选择题（共 40 分，每道 10 分）

1.杰佩托的家是一处狭小的地下室，（　　）的底端有一扇小小的窗子透着微光。

A.房顶天窗　　　B.楼梯　　　　　C.卧室　　　　　D.客厅

2.大家想象一下，看到这一情景的杰佩托该有（　　）吧！

A.多激动　　　　B.多恐惧　　　　C.多吃惊　　　　D.多愤怒

3.大家是不是已经猜到发生了什么？只见木偶的手里正摆弄着杰佩托那顶（　　）的假发呢。

A.黄色   B.蓝色   C.红色   D.紫色

4.小坏蛋匹诺曹像只（   ）一般，欢蹦乱跳。

A.小猫   B.老鼠   C.猴子   D.野兔

二、填空题（共40分，每空5分）

1.除了外面这几样可怜的家具，里面倒是显得有些（   ），墙上有个小壁炉，生着火，红红的（   ）上热着一口小锅，锅里正冒着滚滚的（   ）。可是仔细一看，呀！这些竟然都是画出来的。

2.一双木脚像（   ）一般撞击着路面，（   ）的声音就像二十双农民的（   ）一齐在响。

3.这时很多有强烈（   ）的闲人们都赶来凑热闹，一下子就聚成了一个（   ）。

三、判断题（共20分，每道10分）

1.杰佩托给他的木偶找到名字之后，先为他做出了眼睛，然后是额头，最后是头发。（   ）

2.警察抓住了匹诺曹，杰佩托为了教训他，真想马上狠狠地拉一下他的头发。（   ）

登上旺杜峰（1320字）

旺杜峰位于普罗旺斯，是一座高耸的秃峰。它是法国境内阿尔卑斯山脉和比利牛斯山脉海拔最高的一座山峰。常年屹立于云端，在很远处就能看到它。因为它的周围没有其他山峰，或者说没有能与它比肩的山峰。多少年来，它就那样静静地、孤独地矗立在法国南部。

旺杜峰是研究不同气候带植物分布的天然实验室，随时准备供科学家、植物学家和对此感兴趣的爱好者前来观察研究。

由于海拔太高，旺杜峰的山脚和山顶差异特别大。山脚下生长着一些半木本植物，例如惧寒橄榄树、百里香；与山脚下茂盛的植物形成鲜明对比的是山顶上的荒芜，那里一年中有一半的时间被白雪覆盖，只生长着一些极地区系植物，这些植物的老家都是在北极。如果你想了解同一经线上由南到北的植物分布和特征，并不需要进行一次长途旅行，只需要拿出半天时间去攀登一次旺杜峰。你从山脚下出发，成片的百里香散发出芬芳的气味，这些气味让你感受到大自然的美好和旅行的快乐。百里香的叶子又小又圆，层层堆叠在一起，像是铺了一层地毯。在向上攀登几小时之后，你就会见到对生叶虎耳草，它们非常繁茂，远远看上去就像厚厚的垫子。这种植物还分布在北冰洋中的岛屿上，每年七月都会有植物学家登上北冰洋中的斯匹次卑尔根群岛上考察，它们在这些岛屿上见到的第一种植物便是对生叶虎耳草。在旺杜峰的山脚下你会感觉到像是在晴空万里的非洲，树篱笆中的石榴树上铺满了鲜红的石榴花，这种小花最喜欢的便是非洲的晴空；等到了山顶，你就仿佛到了格陵兰和北角的冰地。那里的碎石块中，生长着罂粟，它的茎秆被碎石块埋着，只留一朵艳丽的黄色花冠露在地表。这里的环境是如此荒凉，然而这朵花却是如此惊艳，攀登过旺杜峰的人一定不会忘记它迷人的身影。

我已经二十五次登上旺杜峰了，从来没有厌倦过，每一次都会有新鲜感。这种新鲜感正是来自那些反差鲜明的景象，那些本应该生长在不同气候环境中的植物聚集到这一座山峰上，这些景象令人迷恋。我还记得在 1865 年 8 月第二十三次攀登旺杜峰时的情景。当时我们一行八人，有三个人的目的是考察沿途植物，其余的人不过是想锻炼身体及好奇上面的风光而已。攀登旺杜峰非常艰辛，以至于这次之后，它们之中再没有人愿意跟我再去攀登一次。在他们眼中，仅仅是为了玩一下要付出如此大的代价，甚至是要躺在床上好几天爬不起来的话，太不合算了。

如果你没去过旺杜峰，难以想象它的样子，那么我来给你打个比方。你试想一下，你用铺公路用的碎石堆起一个石堆，只不过这个石堆有点大，足足有两千米高。然后，你再把一些墨水洒到石堆的表面，用来象征森林，这样你就可以把这个石堆想象成是旺杜峰了。在旺杜峰的山体上，你会发现一些砾石，还会发现一些其他大块的岩石。继续攀登的话，你还会碰上一些小平原。这些平原大都是突然出现的，没有缓冲坡，也没有过渡地段。你可以在这些小平原上休息一下，为接下来的攀登补充一些能量。接下来的路非常难走，脚下全是石头，而且非常窄。这种糟糕的路况一直持续到顶峰，那里的高度是海拔 1912 米。旺杜峰上没有绿绿的草坪，没有欢快流淌的溪水，更没有百年大树。这里只有石头，数不清的石头。你走在上面的时候，脚下被踩碎的石灰层岩发出金属般的声响，就像踩到了一串风铃。滑落的岩石像是山上泄下的水一般，形成了旺杜峰特色的碎石瀑布。

——［法］法布尔《昆虫记》

（北京联合出版公司 富强 译）

请完成下列测试题，满分 100 分。

一、选择题（共 50 分，每道 10 分）

1.旺杜峰位于（   ），是一座高耸的秃峰。

A.蒙彼利埃   B.南特   C.图卢兹   D.普罗斯旺

2.多少年来，它就那样静静地、孤独地矗立在法国（   ）。

A.东部   B.西部   C.南部   D.北部

3.每年（   ）都会有植物学家登上北冰洋中的斯匹次卑尔根群岛上考察，它们在这些岛屿上见到的第一种植物便是对生叶虎耳草。

A.五月   B.七月   C.九月   D.十一月

4.我已经（   ）次登上旺杜峰了，从来没有厌倦过，每一次都会有新鲜感。

A.25   B.26   C.27   D.28

5.我还记得在 1865 年 8 月第二十三次攀登旺杜峰时的情景。当时我们一行（   ）人。

A.6   B.7   C.8   D.9

二、填空题（共 30 分，每空 5 分）

1.与山脚下（   ）的植物形成鲜明对比的是山顶上的（   ），那里一年中有一半的时间被（   ）覆盖，只生长着一些极地区系植物，这些植物的老家都是在北极。

2.在旺杜峰的山脚下你会感觉到像是在（   ）的非洲，树篱笆中的石榴树上铺满了（   ）的石榴花，这种小花最喜欢的便是非洲的晴空。

3.滑落的岩石像是山上（   ）的水一般，形成了旺杜峰特色的碎石瀑布。

三、判断题（共 20 分，每道 10 分）

1.由于海拔不高，旺杜峰的山脚和山顶差异不是很大。（   ）

2.旺杜峰上没有绿绿的草坪，没有欢快流淌的溪水，更没有百年大树。（   ）

萤火虫（880 字）

在各种昆虫中，能够发光的很少。但是有这么一种，它就是以发光而出名的。这是一种稀奇的小动物，为了表达它对快乐生活的美好祝愿，它把一盏灯挂在了自己的尾巴上。即便是我们未曾与它相识，也不曾与它谋面，单从它的名字上我们就可以多少知道它是什么样子。古代的时候，希腊人曾经给它起了很形象的一个名字：

亮尾巴。到了现代，科学家们则给它起了一个新的名字，叫作萤火虫。

萤火虫的六条腿都很短，但是它知道如何去发挥这些短足的长处。有的时候，我们不得不承认它是一位真正的闲游家。随着雄性的萤火虫发育越来越完全，它会生长出像甲虫一样的翅盖。其实，它本身就是一只甲虫。相对于雄性的萤火虫来说，雌性的萤火虫对于飞行的快乐一无所知。可怜的它们终身都处于幼虫的状态，似乎永远长不大，也永远不会懂得世上有自由飞行这种快乐可以享受。

虽然人们喜欢叫它发光的蠕虫，但无论从哪一方面来看，萤火虫都不是蠕虫，尤其是外表。对于没有一点儿保护和遮掩的动物，我们法国人经常会用"像蠕虫一样"来形容。萤火虫不一样，它是有衣服的。它的外皮就是它的衣服，可以起到保护作用。它的衣服颜色非常丰富，它全身黑棕色，胸部有一些微红，还有一些粉红色的斑点装饰在它身体每一节的边沿部位。蠕虫是不会穿衣服的，更不用说这么色彩斑斓的衣服。

萤火虫有两个特点最有意思：第一，就是它如何获取食物；第二，就是身体会发光。

有一位著名的法国科学家，他主要研究食物。他跟我说过："只要让我知道你吃的是什么东西，我就会告诉你，你究竟是什么东西。"

同样，这个道理用在任何昆虫身上都合适。要想研究昆虫们的生活习性，就必须研究它的饮食。因为"民以食为天"，饮食是动物生活中最主要的问题，也就不可避免地成了我们应该重点研究的问题。

单从外表来看，萤火虫这种昆虫似乎是既善良又可爱。但事实上，它却是一种食肉动物，并且凶猛无比。它猎取山珍野味的捕猎方法非常凶恶，就像一个狡猾的猎人。看来，它那副清纯善良的外表不过是用来迷惑众人的一个假象。被它俘虏最多的要数蜗牛了，这一点很多人都知道。鲜为人知的是它的那些稀奇古怪的捕食方法，至少这些方法我在其他的地方还没有看到过。

——[法]法布尔《昆虫记》

（北京联合出版公司　富强　译）

请完成下列测试题，满分100分。

一、选择题（共40分，每道10分）

1.古代的时候，（　　）曾经给它起了很形象的一个名字：亮尾巴。

A.埃及人　　　B.中国人　　　C.罗马人　　　D.希腊人

2.萤火虫的（　　）条腿都很短，但是它知道如何去发挥这些短足的长处。

A.五　　　　　B.六　　　　　C.七　　　　　D.八

3.它的衣服颜色非常丰富，它全身（　　　　），胸部有一些微红。

　　A.灰色　　　　　　B.黑色　　　　　　C.黑棕色　　　　　　D.棕色

4.被它俘虏最多的要数（　　　　）了，这一点很多人都知道。

　　A.蚂蚁　　　　　　B.蜘蛛　　　　　　C.蜗牛　　　　　　D.蚂蚱

二、填空题（共40分，每空5分）

1.有的时候，我们不得不承认它是一位真正的（　　　　）。随着雄性的萤火虫发育越来越完全，它会生长出像（　　　　）一样的翅盖。

2.萤火虫不一样，它是有（　　　　）的。它的（　　　　）就是它的衣服，可以起到（　　　　）作用。

3.单从外表来看，萤火虫这种昆虫似乎是既（　　　　）又（　　　　）。但事实上，它却是一种（　　　　）动物，并且凶猛无比。

三、判断题（共20分，每道10分）

1.相对于雌性的萤火虫来说，雄性的萤火虫对于飞行的快乐一无所知。（　　　　）

2.萤火虫有两个特点最有意思：第一，就是它如何获取食物；第二，就是身体会发光。（　　　　）

同窗朋友（954字）

　　送邮票给格拉勃利亚小孩的，就是我所最喜欢的卡隆。他在同级中身躯最高大，年十四岁，是个大头宽肩笑起来很可爱的小孩，但他身上却已有大人气。我已认识了许多同窗的友人，有一个名叫可莱谛的我也喜欢。他着了茶色的裤子，戴了猫皮的帽，常说有趣的话。父亲是开柴店的，一八六六年曾在温培尔脱亲王部下打过仗，据说还拿到三个勋章呢。有个名叫耐利的，可怜是个驼背，身体怯弱，脸色常是青青的。还有一个名叫华梯尼的，他时常穿着漂亮的衣服。在我的前面，有一个绰号叫作"小石匠"的，那是石匠的儿子，脸孔圆圆的像苹果，鼻头像个小球，能装兔子的脸，时常装着引人笑。他戴着破絮样的褴褛的帽子，常常将帽子像手帕似的叠了藏在口袋里。坐在"小石匠"旁边的是一个叫作卡洛斐的瘦长、老鹰鼻、眼睛特别小的孩子。他常常把钢笔、空火柴盒等拿来做买卖，写字在手指甲上，做种种狡猾的事。还有一个名叫卡罗·诺琵斯的高傲的少年绅士。这人的两旁有两个小孩，我看是一对。一个是铁匠的儿子，穿了齐膝的上衣，脸色苍白得好像病人，对什么都胆怯，永远没有笑容。一个是赤发的小孩，一只手有了残疾，挂牢在项颈里。

听说他的父亲到亚美利加去了，母亲走来走去卖着野菜呢。靠我的左边，还有一个奇怪的小孩，他名叫斯带地，身材短而肥，项颈好像没有一样，他是个乱暴的小孩，不和人讲话，好像什么都不知道，可是先生的话，他总目不转睛地蹙了眉头、闭紧了嘴听着。先生说话的时候，如果有人说话，第二次他还忍耐着，一到第三次，他就要愤怒得起来跺脚了。坐在他的旁边的是一个毫不知顾忌的相貌狡猾的小孩，他名叫勿兰谛，听说曾在别的学校被除了名。此外还有一对很相像的兄弟，穿着一样的衣服，戴着一样的帽子。这许多同窗之中，相貌最好最有才能的，不消说要算代洛西了。今年他大概还是要得第一的。我却爱铁匠的儿子，那像病人似的泼来可西。据说他父亲常要打他，他非常老实，和人说话的时候，或偶然触犯别人的时候，他一定要说"对不住"，他常用了亲切而悲哀的眼光看人。至于最长的和最高尚的，却是卡隆。

——[意]亚米契斯《爱的教育》

（北京联合出版公司　夏丏尊　译）

请完成下列测试题，满分100分。

一、选择题（共30分，每道10分）

1.他在同级中身躯最高大，年（　　）岁，是个大头宽肩笑起来很可爱的小孩，但他身上却已有大人气。

A.十一岁　　　　B.十二岁　　　　C.十三岁　　　　D.十四岁

2.父亲是开柴店的，（　　）年曾在温培尔脱亲王部下打过仗，据说还拿到三个勋章呢。

A.一八六六　　　B.一八六七　　　C.一八六八　　　D.一八六九

3.可莱谛的爸爸有（　　）勋章。

A.两枚　　　　　B.三枚　　　　　C.四枚　　　　　D.五枚

二、填空题（共50分，每空5分）

1.有一个名叫可莱谛的我也喜欢。他着了（　　）的裤子，戴了（　　）的帽，常说有趣的话。

2.坐在"小石匠"旁边的是一个叫作卡洛斐的（　　）、（　　）、（　　）特别小的孩子。

3.这人的两旁有两个小孩，我看是一对。一个是铁匠的儿子，穿了齐膝的上衣，脸色（　　）得好像病人，对什么都胆怯，永远没有（　　）。

019

4.靠我的左边，还有一个奇怪的小孩，他名叫斯带地，身材（　　），项颈好像没有一样，他是个乱暴的小孩，不和人讲话，好像什么都不知道，可是先生的话，他总目不转睛地瞧了（　　）、闭紧了（　　）听着。

三、判断题（共20分，每道10分）

1.作者已经认识了非常多的同学。（　　）

2.代洛西是最伟大和最善良的。（　　）

记忆中的童年（2857字）

我已经记不清在生病后的几个月里发生了什么事情，只记得我常常坐在母亲的腿上，或者拉着她的裙角，随她忙里忙外。我用手去触摸每一个物体，去感觉每一个动作，通过这种方式，我熟悉了许多事物。渐渐地，我可以通过触摸来分辨各种东西的用途了。或者通过触摸来揣摩别人的动作、表情，进而明白发生了什么事情；表达自己想说的、想做的。我渴望与人交流，于是开始做一些简单的动作，摇摇头表示"不"，点点头表示"是"，拉着别人向我这个方向，表示"来"，向外推则表示"去"。我若是想要面包，就做切面包和涂黄油的动作；若是要母亲做冰激凌，在吃饭时吃，就做开动冰箱的手势并打几个冷战，表示凉的感觉。母亲也竭尽所能做出各种动作，让我了解她的意思。说实在的，我总是能够明白母亲的意思。母亲的慈爱和智慧是我那漫长黑夜里的灯盏，给我心里带来了光明。

随着年龄的增长，我渐渐学会了做生活中的许多事情。5岁时，我学会了把洗好的衣裳叠好收起来；把洗衣店送回来的衣服分类，并能分辨出哪些是自己的。从母亲和姑母的梳洗打扮中，我知道她们要出去，就请求她们带着我去。有亲戚朋友来访，家里人总是让我来见客人。他们走时，我会挥挥手和他们告别，我还模模糊糊记得这种手势的意义。记得有一次，有客人来拜访我的母亲，我从前门的一开一关中知道他们已经到了，于是突发奇想，趁大家不注意快速地跑到楼上，在房间里穿着打扮起来。模仿着母亲在镜子前梳妆打扮，往头上抹油，在脸上擦粉，把面纱用发夹固定在头发上，让它垂下来，轻轻遮住脸。然后，我找了一件宽大的裙子套在身上，带着这身可笑的打扮，下楼去帮助他们接待客人。

我已经记不清什么时候才第一次觉察出我是与众不同的，但是在我的老师到来之前，我已经发现了这个问题。我曾注意到母亲和我的朋友们都是用嘴巴在交谈，而不像我是用手比画着。因此，我只有在两个谈话者之间，用手摸摸他们的嘴，摸过以后我还是无法明白他们的意思。于是我也活动我的嘴唇，并且用力地打手势，但是别人仍然弄不懂我的意思。这使我感到愤怒，于是就大叫大嚷、乱踢乱闹，直到声嘶力竭才罢休。

在我无理取闹的时候，我的心里其实是很明白的，就像我明白自己伤害了照顾我的护士埃拉。我知道她很痛，所以当我气消了的时候，我会觉得很内疚，但是当又有不顺心的事情时，我还是会发疯似的乱踢乱打。

那时，我有两个朝夕相处的好伙伴：一个是厨师的孩子，名叫玛莎·华盛顿，是个黑人小姑娘；另一个是老猎犬贝尔，它是只了不起的猎犬。玛莎·华盛顿很容易就懂得了我的手势，所以每次吩咐她做事情，她都能很快就完成。玛莎很听我的话，甚至于我的无理取闹、飞扬跋扈在她那里也通常能得到绝对的服从，她从不会与我发生激烈的冲突，而是努力满足我的任何要求。我的身体非常结实，又好动，情绪冲动起来就不顾后果。而且我还非常自负和刚愎自用，心情不好时甚至会拳打脚踢，不达目的决不罢休。那个时期，我跟玛莎在厨房里度过了很多美好的时光，我喜欢帮玛莎揉面团，做冰淇淋，或是和她一起喂喂鸡，不然就是为了几个小点心而争吵不休。那些家禽一点儿也不怕人，它们在我手上吃食，并乖乖地让我抚摸。一天，一只高大的雄性火鸡抢走了我手中的番茄，可能是受到它的启发，我和玛莎也偷偷拿走了厨房里刚刚烤好的蛋糕，躲在木材堆里好好地享受了一番，吃了个一干二净，却不料事后不久我们就闹开了肚子，可能这就是偷吃东西的下场，只是不知道那只火鸡是否也得到了同样的惩罚。

珍珠鸡最喜欢把它们的窝建在人迹罕至的地方，我特别爱到很深的花丛里去找它们的蛋。我虽不能对玛莎说"我要去找鸡蛋"，但我可以把两手合成圆形，放在地上，示意草丛里有某种圆形的东西，玛莎一看就明白了。我们若是有幸找到了蛋，我总是不允许玛莎拿着蛋回家，我用手势告诉她，她拿着蛋，一摔跤就要打碎的。回想起童年、谷仓、马棚以及乳牛场，都给了我和玛莎无穷的快乐，我们简直就是伊甸园里的天使。

我还记得，每当奶牛工人挤奶的时候，他们就会让我把手放在牛背上，让我去抚摸、去感觉，好奇的我总是乐此不疲，也因此被牛尾巴打到了好多次。

为圣诞节做准备也是一件快乐的事情，虽然我不明白过节的意义，但是只要一想到那诱人的美味，我就非常快乐。家里人会让我们磨香料、挑选葡萄干、舔舔那些搅拌过食物的调羹。我还会像别人一样，把长袜子挂在床头，事实上，我记得我对所谓圣诞老人的礼物并不是特别感兴趣，所以也不会兴奋好奇得在天还没亮时就爬起来，看看袜子里装进了什么样的礼物。

和我一样，玛莎·华盛顿也喜欢搞恶作剧。在 7 月一个酷热的午后，我和玛莎坐在阳台的台阶上，像黑炭一样的玛莎把她像绒毛般的头发用鞋带扎起来，一束束的头发看起来就像很多螺丝锥长在头上，而我皮肤白皙，一头长长的金黄色卷发，一个六岁，另一个大约八九岁。小的那个盲童就是我。坐在台阶上，我和玛莎开始剪纸娃娃，但是没多久我们就觉得厌倦了。于是就把鞋带剪碎，又把石阶边的忍冬叶子剪掉。突然，我的注意力转向玛莎那一头"螺丝锥"。一开始，玛莎挣扎着，不肯让我剪，但是最后还是屈服了。她以牙还牙，拿起剪刀就来剪我的头发，把我的头发剪下了，幸亏母亲及时赶来，不然玛莎很可能会把我的头发统统剪光。

贝尔是我的一只老猎狗，也是我童年时期的玩伴。它很懒惰，就喜欢躺在暖炉旁睡觉，一点儿也不爱陪我玩。它也不够精明，我尽力教它手语，但是它又懒、又笨，根本不懂我在干什么。贝尔有时候也会兴奋得突然跳起来狂奔，这时候的它看起来就像瞄准了猎物的机敏猎犬，显得威风凛凛。我不明白它为什么会这样，但它不听我的指挥是肯定的。我觉得自讨没趣，就又去厨房找玛莎玩。童年时代的种种往事仿佛就在眼前，那些寂静而又没有光明的日子里我无所事事地生活着，回忆起来尤感愧疚。

我童年的回忆里充斥着许许多多这样零星的片断，虽然细碎，却非常清晰生动，它使我在没有声音、没有光明甚至没有前途的情况下，仍然能够强烈地感觉这个世界。

有一天，我不小心把水溅在了围裙上，我便把围裙张开，放在室内炉子的余火边上烤。但急性子的我觉得这实在太慢了，于是便靠得更近了。最后干脆直接把它放在了火炉上。突然间，火一下子着了起来，燃着了围裙，把我的衣裳也烧着了，我狂叫起来，老奶奶维尼赶来了，用一床毯子把我裹住，差点儿把我闷死，但火倒是灭了。还算幸运，我除手和头发之外基本上没有别的烧伤。

大约也就是在这个时期，我发现了钥匙的妙用，我对它的使用方法表现出了极大的兴趣。一天早晨，我把母亲锁在厨房里，由于仆人们都在别的屋里干活，她被锁在里边足有 3 小时。她在里边拼命敲门，我却坐在走廊前的石阶上，感觉着敲门所引起的震动而咯咯地笑个不停。这次的恶作剧使父母觉得如果让我再这样顽皮下去，情况将会越来越糟，于是决定让我尽快接受教育。于是我的家庭教师——莎莉文小姐来了。但是我本性难改，一找到机会就会把她锁在房间里。有一次母亲让我上楼送东西给莎莉文小姐，我回转身来"砰"地一下把门锁上了，将钥匙藏在大厅的柜子底下。后来父母不得不搭了一架梯子让莎莉文小姐从窗户爬出来，当时我得意极了，几个月之后，才把钥匙交出来。

——[美]海伦·凯勒《假如给我三天光明》

（北京联合出版公司　刘军　译）

请完成下列测试题，满分100分。

一、选择题（共40分，每道10分）

1.（　　）岁时，我学会了把洗好的衣裳叠好收起来，把洗衣店送回的衣服分类。

    A.4　　　　　　B.5　　　　　　C.6　　　　　　D.7

2.我有两个朝夕相处的伙伴，一个是（　　）的女儿——玛莎·华盛顿。

    A.厨师　　　　B.管家　　　　C.门卫　　　　D.神父

3.（　　）一个酷热的午后，我和玛莎坐在阳台的石阶上。

    A.6月　　　　B.7月　　　　C.8月　　　　D.9月

4.一天早晨，我把母亲锁在厨房里，由于仆人们都在别的屋里干活，她被锁在里边足有（　　）小时。

    A.2个小时　　B.3个小时　　C.4个小时　　D.5个小时

二、填空题（40分，每空5分）

1.母亲的（　　）和（　　）是我那漫长黑夜里的灯盏，给我心里带来了（　　）。

2.我和玛莎也偷偷拿走了厨房里刚刚烤好的（　　），躲在木材堆里好好地享受了一番，吃了个（　　）。

3.她在里边拼命敲门，我却坐在走廊前的（　　）上，感觉着敲门所引起的震动而（　　）地笑个不停。

4.当时我得意极了，几个月之后，才把（　　）交出来。

三、判断题（共20分，每道10分）

1.作者经常因为一些小事而无理取闹，大发脾气。（　　）

2.有一天，一只大火鸡竟把我手中的土豆给抢走了。（　　）

亲近大自然（1536字）

1887年的夏天，我的灵魂渐渐苏醒了，我拥有丰富多彩的回忆，我每天所做的事情就是触摸所有的物体，并练习写下它们的名字。我触摸的东西越多，对它们的名称和用途也就了解得越细，我就越发高兴和充满信心，越发感到同外界联系得紧密。

当繁花似锦的夏天来临时，莎莉文小姐牵着我的手漫步在田纳西河的岸边，望着田野、山坡，而人们正在田间地头翻土播种。我坐在河边柔软的草地上，开始学习人生的新课程。知道了大自然对人类的恩惠。我懂得了阳光雨露怎样哺育灌溉大地万物，使花草树木茁壮地成长，粮食得到大丰收；我知道了鸟儿如何建造自己的家园，又为何会随着季节的变化而南北迁徙；我了解了松鼠、小鹿和狮子以及各种各样的动物是怎样寻找食物、保护自己。我对大自然了解得越多，就越觉得它伟大；对世界了解得越多，就越觉得它美好。莎莉文小姐教会我从那粗壮的树木，那片片草叶，还有我妹妹的那双小手上去领略美的存在，进而使我对自然、对地球有了初步的了解与印象。

她把对我的启蒙同大自然联系起来，使我和鲜花、小鸟结成愉快的伙伴。但是这期间却发生了一件事，让我发现大自然并不总是那么慈爱可亲。在一个明朗的早晨，我和莎莉文小姐随心所至，散步到了很远的地方。回来的时候，天开始变得闷热，我们不得不几次停下来，在路旁的树下休息。我们最后一次休息，是在离家不远的一棵野樱桃树下。这棵树枝叶茂盛而且很好爬，莎莉文小姐找了个树杈，然后，把我托到树杈上坐了下来，树上十分凉爽，莎莉文小姐说，就在树上吃午饭吧！我答应她一定安静地坐在那里，等她回去把饭拿来。

突然间，开始变天了，温暖的阳光消失殆尽，天空中乌云密布，大地的热气向上升腾，空气中弥漫混合着泥土的怪味。我知道暴风雨就要降临了。离开了亲人，离开了大地，我顿时觉得十分孤独，很快，巨大的恐惧感布满了我的心。我一动不动地坐着，紧紧地抱着树干，身上一阵阵地发抖，心中祈盼着莎莉文小姐快快回来。一阵不祥的沉寂以后，树叶哗啦啦齐声作响，树身猛烈地摇动起来。一阵狂风险些把我从树上刮下来，幸亏我紧紧抓着树枝。

树摇动得越来越厉害，折断的小树枝像雨点般向我打来。我几乎冲动得要跳下去，但很快又被恐惧战胜了。我蜷缩在大树的枝杈处，树枝不断地抽打着我，风不时从我耳边呼啸而过。我觉得大地在一阵一阵地震动，像有什么沉重的东西掉到了地上，这震动由下而上地传到了我坐着的枝干上。我的恐惧到了极点，正要放声大叫时，莎莉文小姐赶到了，她抓着我的手，扶我下来。我紧紧地抱住她，我又回到地上了！我的双脚踩在坚实的大地上，心中有一种劫后余生的狂喜。这件事让我对大自然有了新的认识——大自然有时候也会和她的儿女过不去，她那温和的外表下原来还藏着利爪！

经过这一次惊险的经历后，我很长时间都不敢再爬树了，因为我克服不了内心的恐惧，直到有一天，当我面对一棵美丽的开满鲜花的含羞树时，极大的诱惑还是战胜了恐惧。春天一个晴朗的早晨，我独自坐在亭子里看书，一股奇异的香气向我袭来。我决定去看看，于是摸索到花园的尽头，含羞树就长在篱边小路的拐弯处。这时阳光温暖地照耀着大地，含羞树开满花朵的树枝快要垂到青草上了，只要碰一下树枝，那些美丽的花儿就会纷纷掉落，在阳光下轻轻飞舞。我穿过如雨般飘落的花瓣，来到含羞树面前，短暂的犹豫之后，就伸脚踏上了枝丫的空处，两手抓住树干开始往上爬，由于树干实在太粗了，我几乎抱不住，而且已经剥离的树枝和树皮还弄伤了我的手，尽管爬得有点艰难，但是我觉得自己在做一件精彩绝伦、非比寻常的事，因此还是热情十足地不断往上爬，直到爬上了一个舒适的座位。这座位是很早以前被砌在那里的，日久天长，成了树的一部分。我在上面待了很长时间，好像云端的仙女一样。从那以后，我常在这棵"天堂之树"上尽兴玩耍，冥思遐想，遨游在美妙的梦境中。

——［美］海伦·凯勒《假如给我三天光明》

（北京联合出版公司　刘军　译）

请完成下列测试题，满分 100 分。

一、选择题（共 40 分，每道 10 分）

1.（　　）年的夏天，我的灵魂渐渐苏醒了，我拥有丰富多彩的回忆。

　A.1886　　　　　B.1887　　　　　C.1888　　　　　D.1889

2.在一个（　　）的早晨，我和莎莉文小姐随心所至，散步到了很远的地方。

　A.阴沉　　　　　B.炽热　　　　　C.下雨　　　　　D.明朗

3.我们最后一次休息，是在离家不远的一棵野（　　）下。

　A.苹果树　　　　B.樱桃树　　　　C.桃树　　　　　D.柿子树

4.我独自坐在（　　）看书，一股奇异的香气向我袭来。

　A.亭子里　　　　B.窗前　　　　　C.树下　　　　　D.门口

二、填空题（40分，每空5分）

1. 当（   ）的夏天来临时，莎莉文小姐牵着我的手漫步在田纳西河的岸边，望着（   ）、（   ），而人们正在田间地头翻土播种。

2. 突然间，开始变天了，（   ）的阳光消失殆尽，天空中（   ），大地的热气向上升腾，空气中弥漫混合着泥土的（   ）。

3. 我穿过如雨般飘落的（   ），来到含羞树面前，短暂的犹豫之后，就伸脚踏上了枝丫的（   ）。

三、判断题（共20分，每道10分）

1. 作者对大自然有了全新的认识，认为大自然不仅温和，而且还藏着利爪。（   ）

2. 最终作者也没有战胜爬树的恐惧。（   ）

掉进兔子洞（3604字）

爱丽丝靠着姐姐坐在岸边，没什么事好做。她开始觉得厌烦啦。她朝姐姐看的那本书偷偷瞧了一两眼，可是那本书上既没有插图，也没有对话。爱丽丝想："连插图和对话都没有的书，还有什么意思呢？"

她就开始琢磨着要编个雏菊花环，可是又不知道，起身去摘雏菊花是不是太费事。这天的天气非常炎热，她都觉得昏昏欲睡啦。这时，一只粉红色眼睛的白兔从她身边跑了过去。

朦胧间，爱丽丝并没有感到特别奇怪，就连听到那兔子开口说话，她也没有觉得太古怪。那只兔子自言自语地说："哦，天哪！哦，天哪！太晚了，我可要迟到了！"事后，她想起这事，认为本来应该感到奇怪的，可当时她真觉得没什么不自然。可是那兔子竟然从背心口袋里掏出一只怀表看时间，然后匆匆离去，爱丽丝这才一下子跳起来，因为她突然想到，她还从来没见过兔子穿背心，也没见过兔子从背心口袋里掏怀表呢。她满怀好奇，在田野上奔跑着追赶那只兔子。她刚巧赶上看见兔子钻进树丛下面一个挺大的兔子洞里。

爱丽丝紧跟着跳了进去。她根本就没想过，到底怎么才能从洞里再出来。

这个兔子洞刚进去的时候笔直向前，像个隧道一样，后来突然转向下面，爱丽丝还没来得及想是否该停下脚步，就一头栽进了一口深深的井里。

也不知道是因为那口井太深，还是因为她落得太慢，她居然有足够的时间东张西望，还有时间猜测下一步会发生什么事。首先，她朝下面望去，想看清楚自己会掉到什么地方。可是，下面黑得什么也看不见。接着，她又朝井壁望去，只见井壁上排满了橱柜和书架，有的地方还挂着地图和图画。她经过一个架子的时候，顺手从上面抓起一个罐头瓶，标签上写着"橘子酱"，不过里面是空的，她觉得很失望。她不愿意把罐头瓶扔下去，因为害怕砸了下面的人，所以，经过一个橱柜的时候，就设法把它放进去了。

"啊！"爱丽丝心里想，"从这么高的地方摔过一次以后，从楼梯上滚下去可就没什么大不了的啦！家里人会觉得我多勇敢啊！可不是嘛，我就是从房顶上掉下去，也不值得说什么吹嘘的话啦。"当然，要真是那样的话，恐怕想说也说不出来了。

爱丽丝掉啊，掉啊，掉啊，难道永远也到不了尽头？"真不知道我已经落了多少里啦，"她大声说道，"准是快到地球的中心啦。我想想，那可有四千里呢，我想……"爱丽丝在课堂上学过不少这种知识呢。可惜周围没有人听她说，这不是个炫耀知识的好机会，不过，大声说出来，倒不失为很好的练习。"……对，距离大约就是这么远，可我不清楚到了什么经度，什么纬度了。"爱丽丝不懂经度和纬度是什么意思，不过她觉得这是两个挺了不起的字眼，说出来怪好听的。

过了一阵子，她又开口说话了："不知道我会不会穿过地球，要是到了头朝下走路的人们那儿，该有多滑稽呀！我想他们是地理课本上说的'对角人'吧。"她很高兴周围没人听她说话，因为她这个词说得根本不对。"不过，我要问他们那个国家的名称是什么。夫人，请问这是新西兰还是澳大利亚？"她说着就想行个屈膝礼——你想想在空中往下落的时候怎么能行屈膝礼！"我要是这么问，她准会把我当成个什么也不懂的小姑娘！不行，决不能问，也许什么地方写着那个国家的名称，我能看到的。"

掉啊，掉啊，掉啊，什么事情也不能干，所以，爱丽丝不久便重新开始说话了："我想，今天晚上黛娜一定特别想念我。"黛娜是只猫。"我希望他们别忘了，喝午茶的时候给它倒一碟牛奶。黛娜，我的宝贝儿！要是你跟我一起掉进这里面来，该有多好啊！恐怕空中没有小老鼠，不过，你也许能逮上只蝙蝠，蝙蝠跟老鼠挺像的。可是，我不知道，猫吃蝙蝠吗？"这时候，爱丽丝开始瞌睡了，可她嘴里还在喃喃地说着："猫吃蝙蝠吗？猫吃蝙蝠吗？"说着说着就说成了："蝙蝠吃猫吗？"因为这两个问题她都回答不上来，所以不管她怎么颠过来倒过去说，都没什么关系。她觉得打了个盹，已经开始做起梦来，梦中，她跟黛娜手拉着手，她很诚恳地问它："黛娜，跟我说实话，你吃过蝙蝠没有？"正在这时，只听"扑通"一声，她落到一堆干枯的枝叶上，终于掉到底了。

爱丽丝一点儿也没伤着，立刻就站起身来。她朝着上面望了一眼，上面是漆黑一片；往前面看看，又是一条长长的洞，她还能看见那只白兔，只见它正匆匆忙忙往前跑呢。爱丽丝片刻也没耽搁，一阵风似的追上去，正好在拐弯的地方听见兔子说："啊，我的耳朵呀，我的胡子，咱们来得太晚啦！"她拐弯的时候，离兔子挺近的，可是兔子一眨眼不见了，她发现自己来到一个低矮狭长的大厅里，挂在屋顶上的一排灯，照亮了整个大厅。

大厅周围有好多门，爱丽丝从大厅一端走到另一端，把每扇门都推过了，但都锁着。最后，她走到大厅中间，不知道该怎么走出去。

突然，她看见一个三条腿的小桌子，这桌子整个是用坚硬的玻璃做的，上面只放着一把特别小的金钥匙。爱丽丝一看，首先就想到这把钥匙准是开大厅中的一扇门用的，可是，不行啊！随便哪一把锁都太大，或者说，这把钥匙太小，反正哪扇门也打不开。不过，她绕着大厅走第二圈的时候，发现一个刚才没注意到的低矮的布帘子，帘子后面有一扇小门，只有十五寸高，她把钥匙插进锁眼后，心里不禁一阵狂喜：正合适！

爱丽丝打开这扇门，看见里面有一个低矮的洞，比老鼠洞大不了多少。她跪下朝里面望去，看见在洞的尽头有个花园，谁也没见过那么漂亮的花园。她多想离开这个黑黢黢的大厅，到那些鲜艳的花圃和清凉的喷泉之间去玩耍，可她连脑袋都伸不进那扇小门。"就算我能把脑袋伸进去，"可怜的爱丽丝琢磨着，"肩膀进不去也是白费事。唉，要是我能缩成望远镜里的小人那该多好啊！我想我能变小的，只要找到变小的方法就行了。"爱丽丝这天遇到那么多稀奇古怪的事情，她觉得几乎什么事情都是可能发生的。

看来待在小门前面没什么用处了，于是，她就走回那张桌子旁边，心里还存着一线希望，想再次找到一把钥匙，至少也想找到一本能教人秘诀的书，好让人变得像望远镜里看到的那么小。这回，她在桌上找到一个小瓶子。爱丽丝说："这儿刚才确实没有这个小瓶子。"瓶口上挂着一张标签，上面用漂亮的大字印着"喝吧"。

说得倒挺好——"喝吧"，聪明的爱丽丝才不急着喝呢。"不，我得先看一看，"她说，"看上面有没有标着'毒药'两个字。"因为她读过一些精彩的小故事，说的是孩子们被烧伤或是让野兽吃掉，还有别的一些让人害怕的事。这都是因为他们没有记住大人教的规矩。比方说，要是把烧红的拨火棍拿得太久，就会烫手；要是用刀把手指头割得太深，就会流血。她记得很清楚：要是从标着"毒药"的瓶子里喝得太多，迟早会觉得不舒服的。

不过，这个瓶子上没有标着"毒药"的字样，所以爱丽丝就壮着胆子尝了一点儿。她觉得那味道很美，像是把樱桃馅饼、奶油蛋糕、菠萝、烤火鸡、奶糖和热奶油面包的味道混合在一起似的。她很快就把它喝得精光。

"多么奇怪的感觉呀！"爱丽丝说，"我准是变成望远镜里的小人啦。"

她真的变小啦！她现在只有十寸高。想到自己已经小得能走进那扇门，到那个美丽的花园里去，她乐得眉开眼笑。动身之前，她先等了几分钟，看看自己的身体是不是还在继续变小。她心里有点紧张，自言自语说："说不定会不停地变小，最后就像蜡烛的火苗熄灭一样，变得无影无踪，到那时候，我会是什么样子呢？"她又开始想象，蜡烛给人吹灭以后，那火焰会变成什么，她可从来没见过那种不发光的火焰。

过了一阵儿，她发现自己不再有变化了，就决定立刻到花园里去。哎哟，可怜的爱丽丝！她到了门口，发现忘了拿那把小钥匙，回到桌子边以后，又发现自己矮得根本够不到放在桌子上的钥匙了。她能看见钥匙就在玻璃桌子上放着，她顺着一条桌腿拼命往上爬，可是桌腿太滑。试了几次，累得她精疲力竭也爬不上去，这个可怜的小东西坐在地上哭起来。

"得啦，这么哭下去没用！"她口气严厉地对自己说，"我劝你立刻停止哭泣！"她常常对自己提出挺好的劝告，只是她很少听从这种劝告。有时候，她严厉责骂自己，把自己都骂哭了。有一次，她一个人代表两方打一局槌球，因为自己捣鬼，她打了自己一个耳光。这个奇怪的小孩子，特别喜欢装成两个人。不过可怜的爱丽丝心想："现在装成两个人又有什么用处呢？我的个头小得实在不够体面啦！"

不久，她的目光落在桌子下面的一个小玻璃盒子上。她把盒子打开，看见里面有一块很小的蛋糕，上面用葡萄干拼成两个漂亮的字"吃吧"。爱丽丝就说："好吧，我就把它吃掉。要是它能让我变大，我就能拿到桌子上的钥匙；要是它会把我变得更小，我就能从门底下的缝里钻进去。所以，不管发生什么事，我都能进那个花园去，变成什么样子，我都不在乎！"

她吃了一丁点儿，就焦急地自言自语说："变大了还是变小了？变大了还是变小了？"她用手摸着脑袋，想感觉一下，到底是变大了还是变小了。可是一点儿也没变，她觉得十分奇怪。当然，这本来是吃过普通蛋糕后的正常现象，但爱丽丝经历过那么多稀奇古怪的事情，所以她只能预料会发生怪事，正常现象在她看来倒成了又乏味又无聊的事情。

她又吃起来，很快就把那块蛋糕吃光了。

——[英]刘易斯·卡罗尔《爱丽丝漫游奇境》

（陕西师范大学出版总社　贾文浩，贾文渊　译）

请完成下列测试题，满分100分。

一、选择题（共40分，每道10分）

1.兔子竟然从背心口袋里掏出（　　　）看看，然后又匆匆忙忙跑了。

　　A.镜子　　　　　　B.怀表　　　　　　C.卡片　　　　　　D.本子

2.她从一个架子上拿了一个罐头，罐头上写着"（　　　）"，却是空的，她很失望。

　　A.苹果酱　　　　　B.西瓜酱　　　　　C.胡萝卜酱　　　　D.橘子酱

3.突然，她发现了一张三条腿的小桌，桌子是（　　　）做的。

　　A.木头　　　　　　B.大理石　　　　　C.玻璃　　　　　　D.铁皮

4.她真的变小啦！她现在只有（　　　）高。

　　A.八寸　　　　　　B.九寸　　　　　　C.十寸　　　　　　D.七寸

二、填空题（共30分，每空5分）

1.她就开始（　　　）着要编个雏菊花环，可是又不知道，起身去摘雏菊花是不是太费事。这天的天气非常（　　　），她都觉得（　　　）啦。

2.这个兔子洞刚进去的时候（　　　），像个（　　　）一样，后来突然转向下面。

3.爱丽丝一看，首先就想到这把（　　　）准是开大厅中的一扇门用的。

三、判断题（共30分，每道10分）

1.开始的时候，爱丽丝觉得自己掉落了四千里。（　　　）

2.爱丽丝靠着妹妹在河边坐着。（　　　）

3.爱丽丝很快就把一块点心吃完了。（　　　）

编号	文章题目	文章答案
文章1	我们的先生	选择题：B、C、A、C
		填空题：匆忙，爱慕，笑容，板起来，屋顶，责罚，慰藉，荣耀
		判断题：×，√
文章2	灾难	选择题：A、B、D、B
		填空题：帽子，光秃秃，绅士，医生，轧伤，跳，校长，苍白
		判断题：×，√
文章3	乌鸦的奶酪	选择题：A、C、B、C、B
		填空题：景色宜人，欢腾，昏头昏脑，啊啊，沮丧，可惜
		判断题：√，√
文章4	列那狐染布	判断题：C、B、D、A
		填空题：仇恨，与日俱增，呼呼，追逐，呼吸困难，刺鼻，轻轻一跳，林子
		判断题：×，×
文章5	捣蛋的木偶——匹诺曹	选择题：B、C、A、D
		填空题：生气，火苗，热气，石头，噼里啪啦，木头鞋，好奇心，小集会
		判断题：×，×
文章6	登上旺杜峰	选择题：D、C、B、A、C
		填空题：茂盛，荒芜，白雪，晴空万里，鲜红，泄下
		判断题：×，√
文章7	萤火虫	选择题：D、B、C、C
		填空题：闲游家，甲虫，衣服，外皮，保护，善良，可爱，食肉
		判断题：×，√
文章8	同窗朋友	选择题：D、A、B
		填空题：茶色，猫皮，瘦长，老鹰鼻，眼睛，苍白，笑容，短而肥，眉头，嘴
		判断题：√、×
文章9	记忆中的童年	选择题：B、A、B、B
		填空题：慈爱，智慧，光明，蛋糕，一干二净，石阶，咯咯，钥匙
		判断题：√，×
文章10	亲近大自然	选择题：B、D、B、A
		填空题：繁花似锦，田野，山坡，温暖，乌云密布，怪味，花瓣，空处
		判断题：√，×
文章11	掉进兔子洞	选择题：B、D、C、C
		填空题：琢磨，炎热，昏昏欲睡，笔直向前，隧道，钥匙
		判断题：√，×，×

固点凝视训练

横向 "之" 字形训练

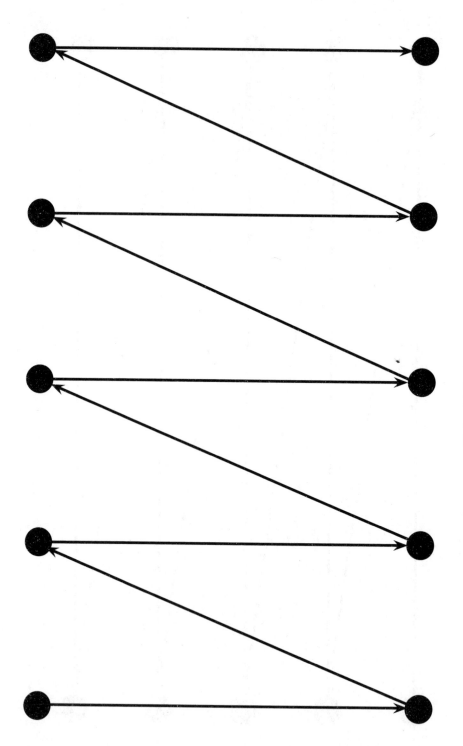

纵向 "之" 字形训练

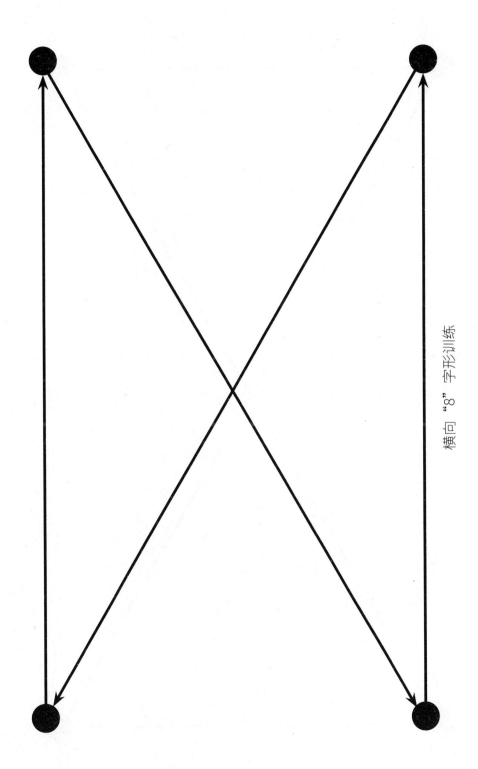

横向 "8" 字形训练

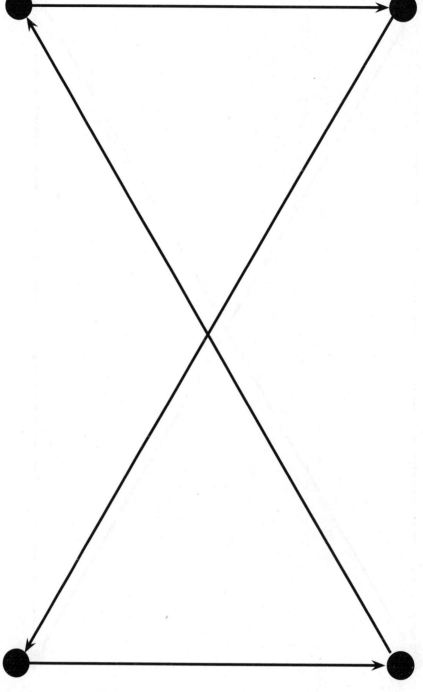

纵向 "8" 字形训练

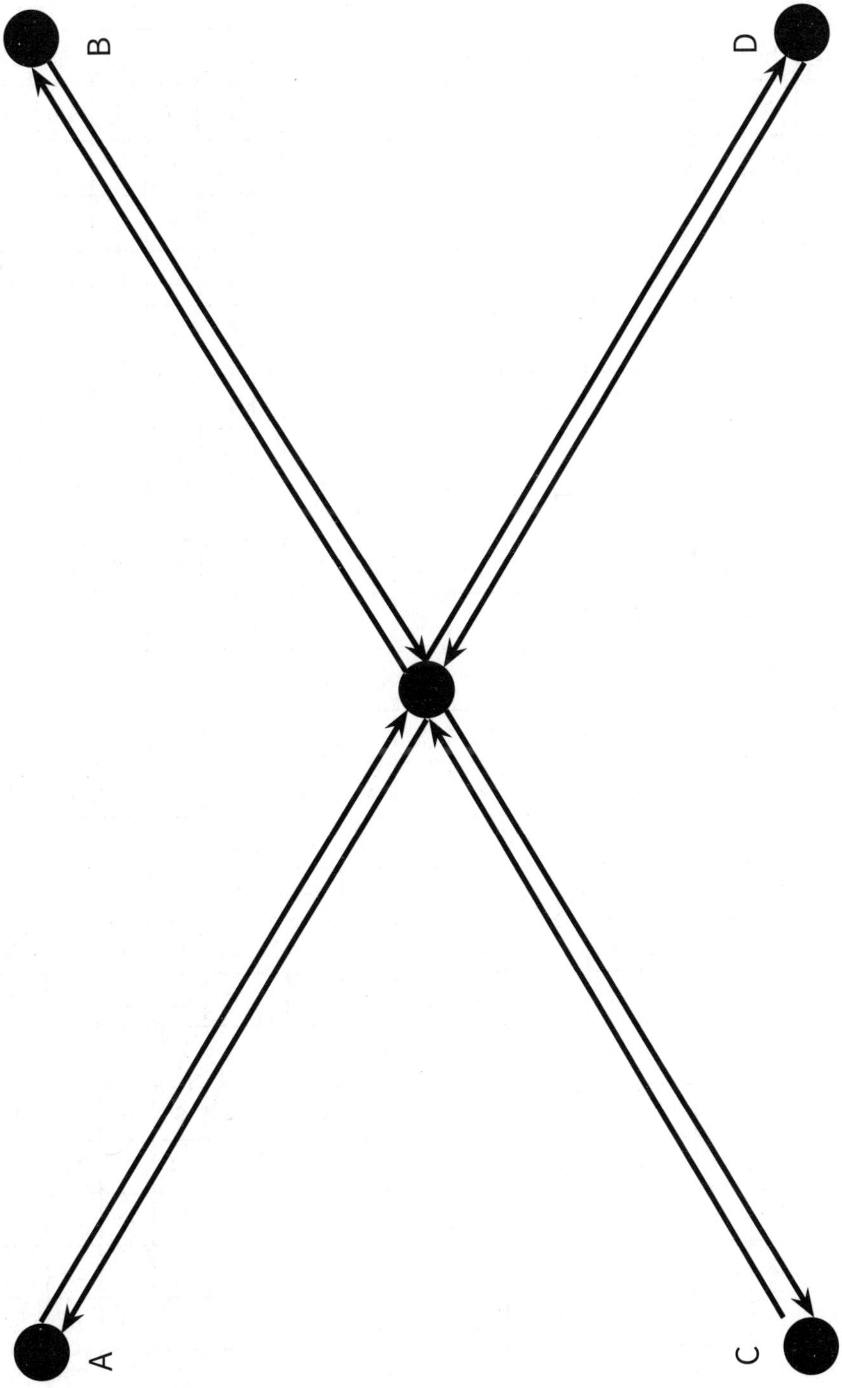
B
D
A
C

12	18	5	22	3
17	8	23	13	11
4	25	1	16	6
20	14	24	19	9
7	10	21	2	15

16	4	15	1	10
2	21	11	7	17
25	6	19	14	5
22	12	8	20	9
24	23	13	3	18

1	9	15	5	12
24	10	2	14	19
11	22	8	18	6
25	4	3	13	16
23	17	21	20	7

23	2	5	25	13
1	6	17	9	22
12	8	24	19	14
21	3	15	10	16
7	4	18	11	20

11	23	21	16	2
17	7	10	4	8
24	13	3	14	12
25	15	9	5	18
1	22	6	20	19

11	24	14	19	2
25	23	5	9	15
3	21	1	16	7
17	13	30	12	4
6	22	18	8	10

28	12	17	24	4
27	3	8	26	16
5	15	21	11	7
29	19	1	13	18
22	10	25	2	9
30	6	14	23	20

16	26	3	30	15
5	25	14	9	29
7	10	17	27	4
24	23	1	13	28
22	11	20	18	6
19	2	12	8	21

29	21	24	22	4
30	11	14	6	15
5	16	1	25	8
23	19	9	7	3
28	18	20	27	12
10	17	2	13	36

24	8	3	15	27
25	22	2	23	7
10	16	19	9	17
1	18	11	6	20
30	13	4	28	12
5	26	21	14	29

23	7	24	18	10
6	12	17	9	29
14	19	2	13	20
3	11	8	25	5
22	21	1	16	27
4	15	26	30	28

28	9	18	23	3
13	24	2	12	8
4	19	14	22	17
20	5	1	10	7
29	11	21	16	26
25	27	6	30	15

1039	3475	6546	2341
7673	9872	5457	7561
2347	0874	1235	5641
0983	1235	5645	8768
1934	9324	1237	5151
7851	6571	0824	1234
5670	1230	1324	6572

一目四字训练

小题大做　勤勤恳恳　黑白相间　大可不必　比比皆是　冷冷清清　花团锦簇

宝刀未老　栩栩如生　彬彬有礼　灯火通明　四面八方　眉飞色舞　如鱼得水

名胜古迹　一毛不拔　五彩缤纷　隐隐约约　栩栩如生　一叶障目　金碧辉煌

门可罗雀　点点滴滴　叽叽喳喳　闭月羞花　一手遮天　明察暗访　倾盆大雨

一目四字训练

87965	44787	01235	67123	65889	34581	56791
65753	45471	45823	45680	67091	54678	45687
45621	65735	32458	56897	45871	45571	34591
34516	45621	67912	45871	89123	45667	32456

一目五字训练

英雄纪念碑	山坡的果树	天下无难事	只要肯攀登
天涯若比邻	闻道有先后	铁杵磨成针	严师出高徒
下笔如有神	古老的文化	一去不复返	西安兵马俑
眼不见为净	行行出状元	虎父无犬子	美好的未来
美丽的世界	礼轻情意重	中国古代史	步步生莲花
热爱大自然	生命的价值	历史转折点	爱拼才会赢
庐山真面目	巨人的肩膀	确立人生观	集体凝聚力

409850	498759	290381	456567
043985	1033984	309874	657457
012938	549821	120394	489243
598421	220982	928374	132761
590432	019832	012398	5766968
549879	450913	459103	436587
094851	059832	948504	219738

一目六字训练

文坛万向更新

树立简朴作风

三寸不烂之舌

化干戈为玉帛

远亲不如近邻

铁是打出来的

有志不在年高

言必信行必果

养成勤俭美德

发展体育运动

增强人民体质

提高国家威望

振奋民主精神

百思不得其解

吃一堑长一智

百闻不如一见

学习雷锋精神

事实胜于雄辩

有眼不识泰山

一而再再而三

不出户知天下

祝你生日快乐

天热得像火炉

井水不犯河水

老死不相往来

冰雹越下越大

夜里河水冻了

钢不压不成材

029342	0928374	1029837	1923874
5097432	5998413	5984751	4875091
0921832	0019238	5984843	0958743
0129834	09187753	9875843	84375 98
54933 41	59 43873	0198349	1029387
0192384	4018293	5498722	9857413
0928343	0293842	5794387	1029387

一目七字训练

初生牛犊不怕虎　无事不登三宝殿　祖国更重于生命　一失足成千古恨

强将手下无弱兵　心有灵犀一点通　事业常成于坚韧　路是脚踏出来的

一朝天子一朝臣　天涯何处无芳草　君子之交淡如水　牵一发而动全身

情人眼里出西施　自己跌倒自己爬　辱莫大于不知耻　死去元知万事空

长江后浪推前浪　人是衣裳马是鞍　自知己短便是长　害人之心不可有

神龙见首不见尾　磨刀不误砍柴工　近水楼台先得月　志不强者智不达

浪子回头金不换　四海之内皆兄弟　读书不弃分与秒　防人之心不可无

一目七字训练

45879132	02913874	934487597	09238743
10239843	589477534	021983349	02139843
01298452	98437592	12098237	023988445
98475983	409833432	023998947	01298343
454998321	49387493	985579843	938995234
499837912	01298342	498857934	394889234
49875212	098488759	98237492	019928342

一目八字训练

给予比接受更快乐　一寸光阴一寸金　一夫当关万夫莫开　一日为师终身为父

一日不见如隔三秋　好奇是知识的萌芽　书籍是巨大的力量　穷苦和学问是好友

贤者不悲其身之死　时间就是一种财富　好小利必有大不利　三天打鱼两天晒网

新一代高素质人才　有一分热发一分光　书籍是最好的朋友　十年树木百年树人

儿童是祖国的未来　勤奋就是成功之母　读万卷书行万里路　勤劳远比黄金可贵

左脑主要负责逻辑　天知地知你知我知　上知天文下知地理　人非圣贤孰能无过

右脑主要负责图像　利人为利己的根基　知识永远战胜愚昧　理解还不等于知识

一日八字训练